上古迷思

我的五千年

①

迷离的神话

［美］夏维东　著

浙江人民出版社

图书在版编目（CIP）数据

上古迷思. 01，迷离的神话 / （美）夏维东著.
杭州 ：浙江人民出版社，2025. 6. -- ISBN 978-7-213
-11916-3

Ⅰ．K220. 9

中国国家版本馆 CIP 数据核字第 2025KJ0949 号

上古迷思 01：迷离的神话
SHANGGU MISI 01: MILI DE SHENHUA

[美]夏维东　著

出版发行：浙江人民出版社（杭州市环城北路 177 号　邮编：310006）
　　　　　市场部电话：(0571) 85061682　85176516
责任编辑：潘海林　魏　力　昝建宇
策划编辑：魏　力　孙汉果
特约策划：模因故事
营销编辑：杨　悦
责任校对：马　玉
责任印务：幸天骄
装帧设计：东合社·安　宁
电脑制版：北京京狮堂文化传播有限公司
印　　刷：杭州丰源印刷有限公司
开　　本：880 毫米 ×1230 毫米　1/32　　印　　张：9.75
字　　数：199 千字　　　　　　　　　　插　　页：2
版　　次：2025 年 6 月第 1 版　　　　　印　　次：2025 年 6 月第 1 次印刷
书　　号：ISBN 978-7-213-11916-3
定　　价：58.00 元

献给我的外婆计阳梅女士！

童年时，老人家哄我睡觉时讲的那些神话，是我最初的启蒙。

目 录

序言　我的五千年

2019年《上古迷思：三皇五帝到夏商》出版之际，我忽然想起父亲。

父亲古诗词和书法造诣都很高，可惜的是，他儿子我两样都没学到，但老人家培养了我的阅读爱好，或者说教会了我阅读。

我的阅读始于父亲的书橱。那个书橱的颜色介于蓝绿之间，我一直觉得它不太好看。现在那个书橱还在老宅，于我而言，那是通向世界的窗户，所有的窗户必定都是好看的。

我童年、青少年的时光一直与父亲的书橱有关，与父亲有关。小时候，父亲让我背诵古诗词，为了调动我的积极性，每背一首奖励五分钱（长诗价钱另议）。那些零钱攒起来可以买小人书，于是我背诵的热情非常高，高到父亲承受不了。假期时，我专挑"五绝""七绝"猛背（因为只有四句），一天能挣到一块钱。那时父亲一个月工资才几十块，不得不实行"涨停"制：他每天最多支付四首的钱。我也就相应调整背诵量，每天最多背四首，其余时间看闲书，反正那时也没啥游戏好玩儿。

书橱不大，书的种类倒是挺齐全，文史哲都有。我后来从中挑了二十来本带到美国，现在还不时翻翻那些书页已经泛黄、微脆的书籍，如同翻阅逝去的岁月。

父亲知道我喜欢文学。因为"涨停板"，我的文科成绩一直不错。但老人家坚决不让我学文。当时的我不像现在的孩子们这般叛逆，心里虽不情愿，但还是顺从父亲学了理科，从此开始了"专业"的"不务正业"。我这个理科生的书包里总是可疑地藏着文科类的书，从中学到大学，一直就这么"混"着，一直混到美国。

多年以后，我觉得父亲让我学理科也许是对的。虽然我更喜欢文科，但数理化对逻辑能力的训练不言而喻，我从中受益良多。

我从没想过要写一套"我的五千年"这样的书。在写这套书之前，我一直断断续续地写小说、评论等闲杂文章，偶尔也写写诗歌。不知道从什么时候开始，中文小说我看得越来越少，大多数小说看不到一半就不想看下去。

历史比小说好看多了，流氓无赖和英雄好汉都躲在故纸堆里。他们一直就在那里，无论他们曾经怎样叱咤风云，现在都安静了下来。本书在《侨报》上连载时，我写了几句话作为引言："那些远去的人和事远比任何小说都精彩，它们只是远去，没有逝去，无论光荣或是耻辱，它们都将永远活在民族的记忆里。"

父亲曾说，好读书不求甚解还不如不读书，我认为父亲的大白话说得比孟子的"尽信书，则不如无书"实在得多。

父亲说的书是泛指，而孟子的"书"则特指《尚书·武成》。

孟子之所以不信"书"，是因为《武成》里说商周的牧野之战"血流漂杵"。孟子认为"血流漂杵"绝无可能，理由是周武王是仁义之君，怎么可能让那么多人流血？孟子的"论据"完全基于自己的"论点"，裁判员和运动员都是他自己。《尚书》作为儒家经典，孟子不可能不信，可他是选择性地相信——凡是与自己"三观"有抵触的，一律都是假的，不予采信。

孟子的那句名言显示了儒家的双重标准。双重标准这个逻辑悖论在中国文化里运行得通畅无阻，并且对后世产生深远的负面影响，不仅仅影响了史观，甚至影响了文学观：单调的黑白二元，黑的特别黑，白的特别白，好人好得不像人，坏人也坏得不像人。比幼稚的黑白定位更可怕的是，权势是定位的唯一及终极标准。儒家独大就是受惠于权力，那么它反过来为权力服务毫不奇怪。权力可以让一切悖论都变得顺理成章，一个有着官方背景的学派是无敌的，也是无聊的，有时甚至是无赖与无耻的。

我不喜欢那些虚假的圣人，我喜欢历史本身。我无意为任何人翻案，也无意为任何人添彩，哪怕是夏家的祖先大禹，我也不愿为他添加任何不属于他的东西。比如，我不相信他老人家曾经高风亮节地"禅让"过，尽管圣人们对此津津乐道。

我无意成为古籍的翻译机，更无意成为前人的传声筒——虽然我从前辈那里获益匪浅。我只想表达自己对历史的看法，或者说是对人生的认识。"一切历史都是当代史"，历史又何尝不是人生？

我必须承认，起念写"我的五千年"很偶然。2014 年 11 月初的某个黄昏，下班回家的路上恰逢堵车。那天下雨，雨水中的灯光迷离，迷离得就像很久以前的事——历史。如果那天不堵车，不下雨，我是否会写这套书？应该会的，只不过不是在那一天罢了。我想我一定会在某个瞬间里进入历史的时空。

那天晚上我没有像往常一样打开 NBA 频道，也没看书，一口气写下《神奇的三皇》一章，接下来的一切似乎顺理成章。写下这套书，既偶然又必然，如同宿命。

我无法给写下的东西定位，论文、杂文、小说、评论的成分都有，姑且称之为"跨文体"吧。是什么文体也许并不重要，重要的是我在写作中体会到一种从未有过的愉悦和激情，似乎我以前的那些写作练习就是为了这个东西做准备的。

屈原在《天问》里问了很多问题，直指上古的传说与历史。上古是非信史时代，由于没有文字，史书中记载极少，而且都是一些支离破碎的碎片，同时因为口耳相传，很多东西已经走样。那些有限的碎片凌乱、迷离，要把它们拼接，再组装成一幅完整的画面几乎是不可能的事。在重新梳理这些史料传说的过程中，我忽然理解了屈老夫子为什么有那么多疑问，因为每一个碎片都是一片疑云。

那些疑云不是"偶尔投影到波心"那么简单，我无法对它们"挥挥衣袖"。它们驱使我思考、辨析，并用想象把它们黏合起来——想象是和疑云最接近的一种物质。想象的部分对于我而言很重要，它们给了我叙述的激情、言说的空间以及写作的乐趣。需要说明的是，那些想象只是针和线，把那些碎片连缀成一张相对完整的图片，关于传说或史实的部分则无一字虚构。

本书在"天涯社区"网站连载时，"天涯看点"的推荐语说："作者的文笔幽默，可以将各种文献记载的文字变成一个个丰满的故事，描述的人都活灵活现，而且有些观点也与传统的史学观点不尽相同，这正说明了作者是一个独立思考的作者，而不是一个古文的'翻译'。"我不知道自己的写作在多大程度上达到了推荐语的赞誉，但它准确地道出了我的写作初衷与企图：尽量写得有趣一点儿，尽量发出自己的声音。

"我的五千年"系列将是一次漫长的写作跋涉：从三皇五帝一直写到民国，预计二十部左右，将呈现一幅完整的五千年历史画面。

三皇五帝到夏商是中华文明的童年期。文字直到商朝中期才出现（另一说是夏代初出现），这段近两千年的历史在史籍里记载很少，所以我把这两千年合在一起。写前两部的难处在于搜集资料，周以后的文字记载就多了，但也带来另一个难处——取舍的问题，从一堆乱麻中理出头绪并不比找到零星的线索容易。

2019 年出版的《上古迷思：三皇五帝到夏商》，现在的修订版叫作《上古迷思：半遮面的夏商》，将里边三皇的内容整合到新写的《上古迷思：迷离的神话》里。

"我的五千年"系列原先没计划写神话，之所以补写上古神话，是因为在写作过程中，碰到很多神话素材，不适合放进历史里，但特别有意思，便存了单独写一本神话的念头。我计划利用零散时间把它写出来，可时间根本不够用，尤其是在 NBA 赛季，没有时间创造时间也要看比赛，连写历史的时间都没有，更别提神话了。我家二小子圣诞节时送了个好看的沙漏给我，不知道是不是暗示我不要让时间如沙一样漏掉。

2023 年初，与王强老师谈写作计划，他建议我应该先写出神话来，作为第一部先出版，日后补写的话影响出版节奏。王老师是经验丰富的出版人，出过很多爆款书，如《人类简史》《罗马人的故事》等。我觉得很有道理，便答应了下来。

既然答应了，便该守约。从那天开始，我像写连载一样，每一两天写一节，发到王老师建的群里。王老师总是第一时间给出中肯的读后感，他和他的小伙伴们的鞭策与鼓励让我不敢懈怠。终于在四个月零八天的时间里，我写完全书，便是《上古迷思：迷离的神话》。借此机会，我要特别感谢王老师，如果不是他把我逼得"无路可走"，神话到现在都只是神话。

这本神话是献给外婆（我们兄弟姐妹都叫老人家奶奶）的。年幼时，外婆哄我睡觉时讲的那些鬼怪故事，是我最初的启蒙。此外，我还从外婆那里学到了耐心和爱心。

前两部以后的都将是某个时代的断代史，比如第三部写的是西周，接下来第四部写春秋，第五部写战国……最后一部写清朝。

不多说了，看我写吧，跟我一起走过五千年！

借此机会，我想对父亲说：请允许我把《上古迷思》，五千年中的两千年献给您，是您把我领入如此迷人的文字之境，尽管您不让我学文科。您是我的父亲，也是我的导师，一直都是。

2019 年出版的书里曾有一篇序言，我仍然把它保留在这篇总序里，因为那是我的初心。愿我能一直保持初心、耐心以及爱心。

夏维东

2016 年 9 月 18 日于美国新泽西

2024 年 1 月 29 日修订于美国新泽西

第一章　所有的故事必定有开头

所有人都对宇宙起源充满了好奇，英国天体物理学家斯蒂芬·霍金的科普著作《时间简史》因而成为畅销书，其实买这本书的人大都看不懂，懂的人不会买。很不幸，我买了这本书。这本书我看了至少三遍，最后只记得三个关键词："奇点""边界"和"黑洞"。

对于宇宙诞生于奇点的大爆炸假设，霍金没有异议，比霍金更"大咖"的爱因斯坦也没有异议。他俩的分歧在于从奇点诞生的宇宙有没有边界。

奇点的特征很好记：该点的能量无限大，体积无穷小，于是就炸裂了。这很好理解，你拼尽全力用双手捏着一只气球，气球别无选择地崩溃了，气球的碎片于是成为大大小小的"星球"。奇点就是被你疯狂挤压的气球。

如果奇点是你手中的气球，那就说明宇宙是有边界的，而且你就是边界之外的超自然力量。恭喜你，玩一只气球就飞升成为上神了。爱因斯坦并不承认你的上神资格，因为他老人家虽然承认边界之外的超自然力量（不得不承认），但他拒绝将那股力量人格化为神。既然爱因斯坦这么不合作，那么我们只好采取中国化的方式，且将那股美艳不可方物的超自然力量称为"道"。这就好办了，老子早就给了"道"一个完美的诠释，他也因此飞升为上神：太上老君。我们有理由认为老子是个伟大的科学家，科学到了极处便是哲学，哲学到了极处便是神学。

霍金仍滞留在科学的"华山绝顶"下不来，他是个坚决的无神论者，认为宇宙没有边界，故此也就不需要边界外的超自然力量。但他仍然需要解释奇点能量的来处，既然你、我、他都没有挤压那只气球，那么气球怎么就炸了呢？霍金为了给个合理的说法，也是拼了，而且拼得很狠，就像在38摄氏度的高温下跑了个"全马"。他说，一开始的混沌一派温文尔雅，正能量与负能量（或者反能量）相抵，能量值为零，混沌一点都不混，比虚无还要安静。但在某个瞬间（时间尚未诞生，也就不可能有瞬间，此处只是为了叙述方便），正负能量产生偏移，于是发生能量的湮灭反应，也即奇点大爆炸，真是"柔肠一寸愁千缕"。那么问题又回来了：偏差是如何出现的？这个问题等同于问初始能量从哪里来，一切又回到起点。霍金的一番操作猛如虎，我原本期待着"燕山雪花大如席"的盛景，结果只看见几片寂寞的头皮屑落下来。

爱因斯坦比霍金诚实，他承认了创世背后的超自然力量。他不愿将这股力量拟人化也没关系，毕竟他的身份是物理学家，而不是神话的吟唱诗人或者拉比。杨振宁的看法与爱因斯坦相似，他在一次访谈中表示他相信宇宙背后的超自然能力。

然而文化不是物理学家建立的，它博大辽阔、源远流长，让我们回眸人类文明史中的"奇点"。

人类最早的文明公认由苏美尔人创立。苏美尔文明发源于美索不达米亚平原的南部，根据碳十四的断代测试，可以追溯到公元前4500年！一般来说，一个文明的发展是循序渐进的，可苏美尔人一下子就把文明提高到令人瞠目结舌的高度：他们有严格的教育（学院）、宏伟的建筑、成熟的法律（比《汉穆拉比法典》要早2000年以上）、商业、农业、冶金业，青铜乃至车轮都是他们的发明创造。苏美尔文明的出现突兀得无迹可寻，撒迦利亚·西琴（Zecharia Sitchin）在《地球编年史》（*The Earth Chronicles*）第一卷中惊叹道："它的出现太过突然，毫无预兆，毫无原因。"似乎就是为了给后世做示范。苏美尔文明在延续了大约2500年后，突然消失，它匆匆地来，正如它匆匆地去。它播下的种子却不会死亡，而是在世界各地开枝散叶。

任何一个成熟的文明都必须回答一个问题：世界从何而来？

屈原老师就很有探索精神，《天问》开头发问："遂古之初，谁传道之？上下未形，何由考之？冥昭瞢暗，谁能极之？冯翼惟象，何以识之？明明暗暗，惟时何为？"这几句文绉绉的话，用白话文简单表达就是：宇宙开端到底是咋回事？是谁把久远的往事传下来的？把创世的故事传下来的人都不是物理学家，他们是吟游诗人，行走于天地之间，他们的文本不是小说，而是神话。只有神话能够解释神话。

最古老的神话当然来自苏美尔。它的始祖神叫纳木（Nammu 或 Namma），在虚空中出现，一通操作，比大爆炸有效率得多，生出天神安（AN，阿努）和地神启（KI 或 GI），名副其实是创造天地的母亲。天、地当时连在一起，于是安、启兄妹一起努力，生出儿子恩利尔（Enlil）。恩利尔是一股能量惊人的飓风，愣是将天和地分开，这才有了空气。这和《圣经·创世记》相近："神就造出空气，将空气以下的水、空气以上的水分开了。"空气之上为天。恩利尔不仅是风神，还是空气之神，别号"巴力"，在《圣经》中受到强烈批判，成为邪神的代名词。天、地、水和空气都有了，就缺人了。人没有什么了不起，但如果没有人的话，也就没有了历史，自然也没有神话——除非神自己跟自己对话。

人类很快就出现了。纳木和儿子安生下儿子恩基（恩奇，ENKI，是 AN 和 KI 的组合），恩基和启用泥土创造了人类，他们还生下了自己的孩子。用现在的眼光看，纳木和安、安和启、恩基和启的行为属于乱伦，不过我们也许想多了。在遥远的上古，没有家庭，何来伦常？况且那些创世的大神如果不能单性生殖，就只能近亲相亲。这种现象在埃及、印度，乃至中国的上古神话里比比皆是。

泥土在很多神话与宗教经书中都是造人的原材料，可能是成本比较低的原因。希腊的普罗米修斯、咱们中国的女娲都擅长捏泥人。《圣经》中耶和华造人与其他的神话不一样，耶和华按照自己的形象用尘土造人，然后"将生气吹在他鼻孔里，他就成了有灵的活人，名叫亚当"。耶和华一共就造了两个人，另一个人是亚当的妻子夏娃，我们都是这一男一女的后裔。耶和华造人显然很精心，不仅按照自己的形象，还往人的鼻孔里吹入灵气。其他"神"造人都是批量生产，尤其是女娲，嫌捏人速度太慢，就捏了个大泥团，再用绳子搓，纷飞而下的每个泥点都是一个小人，那种泥人多一个少一个根本无所谓，被踩死的大不了回收进泥土，搓一搓又是个新造的人。还有种说法更省事，女娲用绳子蘸上泥浆，往空中一甩，四处飞溅的无数泥点落地成人。女娲娘娘也不是按照自己的形象造人的，谢天谢地，否则我们就都是蛇身，穿不了裤子，男女一律得穿裙子。苏美尔的神明之所以觉得人类珍贵，其中一个原因是人类会酿造啤酒。这真是匪夷所思，无所不能的大神们不会酿啤酒？业务不过关，差评。耶稣能把缸里的水变成满缸的红酒，这才是大能的表现，同时也说明他不需要人类为他造酒。他只是单纯地爱人，甚至不惜被钉死在十字架上。他的爱是纯粹的，不掺功利的杂质，所以才能死得如此壮烈与纯粹。

古埃及的拉神是个多愁善感的大神，因为诞生于原初之水，泪腺发达，便用眼泪造出人类，林黛玉肯定对此深信不疑。

苏美尔的文献都刻在泥板上，时间和载体让他们的传说支离破碎。在其他民族的传说中，我们窥见了苏美尔远去的背影。在埃及神话里，风神和雨神是一对兄妹，他们生出了地神和天神；地神和天神又生出其他诸神，仿佛苏美尔神话的镜像投射在尼罗河的上空。

在所有的神话谱系中，希腊神话最为完整，和荷马一样伟大的吟游诗人赫西俄德写出《神谱》，系统地汇总了希腊诸神，是后来各种希腊神话的母版。

希腊神话与苏美尔传说虽然细节上有差异，但有着惊人的相似性。苏美尔的始祖神在虚空中创造天地，希腊诸神则诞生于卡俄斯，英文"chaos"即源于此，意为混沌，混沌意为混乱无序。可是虚无谈不上无序，它空空如也，卡俄斯的原始意思也许是指虚空。斯蒂芬·弗莱在其《神话》一书中表示卡俄斯究竟是神明还是虚无状态不得而知，但如果是混乱无序就是在拆台了。混乱表示有很多东西，很凌乱，可那些"东西"从哪来的？这就又要开启循环叙述了，而且是个死循环。如果让叙述进行下去，卡俄斯必须是指虚空，此后，在我们的叙述里，混沌不是一团乱麻，而是指"无"。"有"从"无"而来，故老子曰："无名，天地之始。"

卡俄斯很像纳木，生出大地之神盖亚，盖亚单性生出儿子乌拉诺斯——天空之神，天王星（Uranus）的名字就是由此而来。

盖亚生出儿子后，就不愿自己一个人努力了，与乌拉诺斯一口气生出六个儿子、六个女儿，他们就是著名的提坦神。提坦神全是帅哥美女，可盖亚和乌拉诺斯不知道见好就收，接着又生下两对三胞胎。不幸的是，他们发生了基因突变，全都是丑八怪。天神乌拉诺斯受不了，开始怀疑这六个熊孩子是不是隔壁老王的。乌拉诺斯开始耍赖了，把他们全都塞进盖亚的子宫回炉。他根本不懂母亲的心，儿不嫌母丑，母更不嫌儿丑。盖亚出离愤怒，决定要杀掉既是儿子又是丈夫的乌拉诺斯。她按长幼次序与十二提坦交谈，前面十一个都不敢弑父，只有小儿子克洛诺斯答应了。这个老幺太妖了，趁乌拉诺斯与盖亚欢爱之际，用镰刀将其阉割。

乌拉诺斯在痛苦与屈辱中发出诅咒：克洛诺斯必被自己的孩子毁灭，就像他被阉割一样。乌拉诺斯在狂怒中说出的气话，克洛诺斯当真了，他跟姐姐瑞亚生的五个孩子都被他吞掉，连嗝都不打。生第六个孩子的时候，瑞亚终于知道要保障儿童的生命权益，把孩子藏在一个非常隐秘的角落。这个未被生吞的孩子便是大神宙斯。后来的故事我们都知道，宙斯取代克洛诺斯，成为宇宙的主宰。苏美尔神话里的恩利尔就相当于宙斯，他也把父亲安推翻，成为天空的主宰。奥林匹斯的神山上有十二位主神（神位有更迭，但一直保持十二个席位），对应苏美尔的十二位大神。我们可以看到，希腊神话与苏美尔神话在模式与逻辑上高度契合，当时又没有因特网，"心有灵犀一点通"是如何发生的？

希腊神话当然不是原创，它来自漂洋过海的雅利安人。《地球编年史》如是说："学者们相信，在公元前2000年左右的某个时候，一群说印欧语系的人，在北部伊朗的中心或者是高加索地区，开始了伟大的移民。"雅利安人来自苏美尔的故土，在印度语里是"高尚的人"的意思。不高尚的希特勒认准雅利安人是优种人，在没有任何理论支撑的情况下，断然宣称日耳曼人是第一等雅利安人，第二等是不列颠人和法国人，第三等是包括希腊人在内的南欧人，最低等级的是伊朗人。考古文献扇了希特勒一个大耳刮子，伊朗人才是最正宗的雅利安人，来自美索不达米亚大平原。

雅利安人脚步飞快，不仅到了希腊，也移民印度，这是印度神话与希腊神话相似的原因，它们的母版都来自苏美尔，但各自都对母版进行了改编。这个改编并非有意为之，而是不得已而为之，因为口耳相传的神话在舌头的翻转与唾沫的飞溅中产生了信息损耗，偏差由此出现。

古印度人的概括能力超强，把纳木、安、启乃至恩基——对应古希腊的盖亚、乌拉诺斯、克洛诺斯及宙斯——全都汇总在一起。印度神话里，世界就是一个巨人，诞生于混沌，此人亦男亦女，亦神亦人，世界在他身体里诞生，天、地、神、魔、人都是他的组成部分，省却了所有生育的尴尬与麻烦。这个巨人叫"原人"。

原人另外一个名字叫梵天，印度的三大主神之一。他造世界的过程与盘古很相似。盘古与原人，谁才是原创？

第二章　盘古的身世

　　屈原在《天问》里并没有追问宇宙是如何被创造出来的——他面对的是一个童年宇宙，天地尚未分开（"上下未形"），但他的兴趣显然不在谁开天辟地，而是缠绵于老子式的哲学问题：明暗、阴阳的对立与大自然的辩证关系。"明明暗暗，惟时何为？阴阳三合，何本何化？"意思是宇宙为啥忽明忽暗？阴阳和大自然孰先孰后？屈夫子的问题老子也答不上来，但霍金老师想必喜欢得紧：明暗、阴阳不正好对应正负能量吗？

　　屈夫子的好奇心那么强，为什么不问宇宙是谁创造的？屈夫子之所以没问，是因为问不出来，当时还没有创世的传说。

　　据说中国最古老的典籍是"三坟五典"，《左传·昭公十二年》记载，楚灵王对他的史官说："是良史也，子善视之，是能读《三坟》《五典》《八索》《九丘》。"《三坟》不是指三个古老的坟墓，而是指《易经》"三部曲"：《连山》《归藏》和《周易》；《五典》一种说法是《尚书》；《八索》指八卦；《九丘》指河图、洛书里的理数。《三坟》《五典》《八索》《九丘》也有其他说法，此处聊备一格，不一一列举。

奇怪的是，无论《三坟》《五典》还是《八索》《九丘》，从流传下来的资料看，都没有提到天地是如何被创造的。

我们再看看中国最古老的神话百科全书《山海经》有没有创世的记载。

《山海经》的年代和作者都是个谜。西汉刘歆给皇帝上书时信誓旦旦地表示《山海经》始于尧舜时代，作者是大禹和伯益，他们在治水过程中耳闻目睹各种怪状与怪物，于是记录下来，相当于治水之余的旅行随笔。东汉王充也持相似观点。清代学者毕沅的看法比较中肯："作于禹益，述于周秦，其学行于汉，明于晋。"《山海经》不太可能是一时一人之作，应该是历代累积而成。朱熹甚至认为《山海经》是战国之后的东西，是附会《天问》写出来的。

我不想讨论《山海经》的渊源及版本，这个问题几十万字都说不清。我觉得《山海经》始于尧舜是可能的，治水工程浩大，民夫众多，大家在工地上吹牛侃大山是免不了的，口耳相传下来或许便是《山海经》最原始的版本。

任何一部涉及中国神话的著作都避不开《山海经》，英国人马克·丹尼尔斯写的《极简世界神话》里有一章叫《博大精深的中国神话》，居然从《白蛇传》写起。他好歹提到了《山海经》中的"夸父逐日"，但总结道"夸父的故事揭示了领导力的重要性"。简洁不等于简陋，这位作者几乎是个中国神话的小白。

苏美尔、希腊、埃及、印度的神话都从创世开始，这是符合逻辑的，所有的故事必定有个开头。然而历史悠久的《山海经》并没有创世的传说，这是件非常奇怪的事。这就像有人问你早餐吃了什么，你回答说晚餐吃了牛排一样不着四六。

中国有没有创世神话呢？当然有，而且大多数中国人都耳熟能详：盘古开天辟地嘛。但盘古不在《山海经》里，甚至不在先秦的任何一部典籍里。这就是屈原只知女娲不知盘古的原因。

盘古这个大神首次出现在文献中居然是在三国时期，好像创世的秘闻过几千年才能解密似的——按常理他应该出现在所有神话的源头。吴国人徐整编撰的《三五历纪》是首次披露盘古创世的文献，然后盘古就名扬古今，小学生都知道盘古老爷爷的事迹，或者应该叫神迹。

中国神话学第一人袁珂先生在其著作《中国神话传说：从盘古到秦始皇》中认为，盘古是从瑶族传说中的"盘瓠"（或盘瓠）音转而来，如释重负地表示："三国时候徐整作《三五历纪》，吸收了南方少数民族中'盘瓠'或'盘古'的传说，加以古代经典中的哲理成分和自己的想象，创造了一个开天辟地的盘古，填补了鸿蒙时代的这一段空白，盘古遂成为我们中华民族共同的老祖宗。"

陈天水先生在《中国古代神话》中也表达了盘古是从盘瓠音转而来，还牵出另一个大瓜"盘王"："据说瑶族人民遵奉盘古为盘王，苗族有《盘王书》传唱于民间，歌颂盘古的功绩，可以佐证。"可盘王并不能"佐证"盘瓠与盘古是同一"神"，事实上盘王跟盘古与盘瓠都无关。在瑶族传说中，盘王原本是个猎人，上山打猎时被羚羊顶下山摔死，死后成神，保佑同胞平安，被尊为盘王。瑶族过盘王节是在盘王生日那天，亦可为"佐证"。谁要是知道盘瓠、盘古的生日，那简直"见神"了。

根据音似做判断有时是不靠谱的，不是有个教授根据英文与中文某些词发音相似推断出英语起源于汉语吗？虽说盘瓠的传说一直在中国南方的瑶族、苗族和黎族等地流传，盘瓠也被这些民族尊为祖先，但有案可查关于盘瓠最早的记载是在晋代的志怪小说家干宝的《搜神记》中，后来范晔在此基础上稍作规整，让传说披上历史的外衣（这似乎是中国史书的常规操作），收入《后汉书·南蛮西南夷列传》，故事是这样的：

在遥远的帝喾（五帝中的第三位）时代，犬戎犯边，造成人民生命财产的巨大损失。帝喾的将帅无人请缨出战。愁眉苦脸的帝喾只得在天下发布招贤榜，凡拿下犬戎主帅吴将军项上人头者，赏黄金千镒、采邑一万户（相当于后来万户侯的待遇），并将小公主许配给他。悬赏发出不久，吴将军的人头便出现在宫廷内。拿来人头的不是人，而是一只五彩毛色的犬。那条狗是帝喾的宠物犬，名唤槃瓠。帝喾高兴得不得了，不仅大敌被除，赏赐都可以免了，狗要黄金、采邑也没用，更不可能娶公主为妻。这位据说很聪明的帝喾没有考虑一个简单的问题：为什么槃瓠在边境烽烟四起时不去咬吴将军，悬赏令一下，它就直取吴将军人头？狗确实不需要黄金和爵位，但依然对爱情有向往。小公主比她爹有诚信，虽然不情愿，仍然嫁给槃瓠为妻。槃瓠于是背着小公主隐居山林，后来生下十二个孩子，六男六女，他们便成为蛮夷的祖先。

十二是个奇妙的数字，苏美尔和希腊神话里的大神也动不动生十二个孩子，此外，犹太人有十二支派，耶稣有十二使徒。西琴考察苏美尔文献、文物及神话传说后，在《地球编年史》中表达了神话即科幻的意思——神话是外星人对地球人的启示录，他认为十二代表太阳和其十一颗行星。我有限的天文学知识完全理解不了。

我想说的是，槃瓠除了咬下万恶的犬戎头目的脑袋、生了十二个孩子，他跟创世有什么关系？帝喾时代早就有天地万民，我们不能指望槃瓠用谐音梗穿越回去化身盘古创世，我有限的逻辑认知理解不了。既然"恺撒的归恺撒"，那么也让槃瓠的归槃瓠，盘古的归盘古吧。

《三五历纪》对盘古创世有具象化的描写：盘古诞生于像是鸡蛋壳的混沌中，一躺就是一万八千年，寂寞得冒火，于是决定创世。在我们耳熟能详的故事里，盘古不知道从哪摸出一把斧头，劈开"蛋壳"，其中轻而清的东西升上去成为天，重而浊的东西沉下去变成地，是为"开天辟地"。但板斧这个道具并没有出现在《三五历纪》里，不知出处。此后盘古在创世的道路上一路狂长："天日高一丈，地日厚一丈，盘古日长一丈。"如此一口气长了一万八千年，于是"天数极高，地数极深，盘古极长"，长达九万里，那正是天与地的距离。盘古辛劳过度，终于支撑不下去倒下了，去世时身体变作万物："气成风云，声为雷霆，左眼为日，右眼为月，四肢五体为四极五岳，血液为江河，筋脉为地里，肌肉为田土，发为星辰，皮肤为草木，齿骨为金石，精髓为珠玉，汗流为雨泽。"什么都有了，接下来人出现了，不过场面有好几重尴尬，盘古遗体上的虫子随风飘落，化为黎民百姓（"身之诸虫，因风所感，化为黎甿"）。看来人命真是贱，不是烂泥就是虫子。我也替虫子尴尬，你们从哪里来？和盘古同时诞生？徐整本来很贴心地说盘古之后出现三皇，女娲是三皇的当家花旦，其最著名的政绩是捏或甩泥人，现在造人算到盘古身上，女娲女士不尴尬吗？

最尴尬的还是盘（槃）瓠和盘古真的一毛钱关系都没有，这段描述给出了盘瓠不是盘古的合理解答。

《三五历纪》那段短短的文字颇足观，想象力丰富，文辞工整，节奏丝滑，但是有一个根本性的问题：盘古仍然是受造物（有生有死），更别提道具斧头了。按照物理学家追根究底的个性，"是谁创造了盘古"成为新问题，就像霍金必须要回答是什么让正负能量产生偏移一样。

自《三五历纪》之后，关于盘古的传说越来越多，历朝历代层层加码，故事不断丰富，印证了顾颉刚先生的论断："层累地造成的中国古史"，"时代愈后，传说中的中心人物愈放愈大"。我不想继续"放大"盘古，他已经那么大了，再放大就首尾都看不见了。

我更关心的是徐整的言说是否原创。吕思勉先生的《盘古考》基于与印度传入的吠陀创世神话比较得出结论：盘古神话乃是从印度的原人创世神话而来。《梨俱吠陀》中有《原人歌》：原人也是从"混蛋"（混沌如蛋状）中诞生；也破蛋而出，身体各部分化为世间万物。印度文化大概从西汉传入中国，徐整应该接触到了相关文献，他的言说不是原创。

原人面临和盘古一样的问题：虽神通广大，却都是受造之物；苏美尔、希腊神话稍微好一些，对纳木和卡俄斯含糊其词，他们在虚空中出现了，就像奇点的出现一样。奇点太刺激了，爱因斯坦和霍金为了它都抓狂，隔空厮杀，不分胜负。

我们假设盘古就是中国原创好了。盘古先生已经永垂不朽，轮到三皇登场了。

第三章　神奇的三皇

一　"好多三皇"

据说《史记》的第一篇本来是《三皇本纪》，遗失了。八百多年后，唐代司马贞在《史记索隐·三皇本纪》中说："古今君臣宜应上自开辟，下讫当代，以为一家之首尾。"说得挺好，故事本来就该有头有尾，没有开天辟地的三皇，哪来的五帝？

三皇有很多种组合，大体上有这些大神：盘古、天皇、地皇、人皇、燧人氏、伏羲、女娲、神农、有巢氏、知生氏，等等，甚至还有共工、祝融和黄帝。

把盘古当三皇之一的似乎只有清代的吴乘权，他在《纲鉴易知录·三皇纪》中将盘古列为三皇首选："盘古氏首出御世。""首出"没问题，"御世"（治理天下）就谈不上了。他老人家在漫长的数万年"神生"里都在创世，工作完成之后就与世长辞了，没时间"御世"。吴老师想必出于尊重才将盘古列为榜首，其实这恰是不尊重，三皇跟盘古相比是小字辈，没有可比性。没有盘古，三皇无处容身。吴老师的心意我们领了，就让盘古大神作为独一档的存在吧。

天皇、地皇和人皇的"天地人"组合所向披靡，入选多个三皇榜。他们的形象看起来挺吓人，天皇十二个头（也有十三头之说）、地皇十一个头（也有十二头之说）、人皇九头，一共有三十多个头。此三皇的外表任何一个人都接受不了，但奇怪的是，古代的知识分子偏偏舍不得放弃这三个人选，大概"天地人"这个组合的口彩太棒了。于是他们便使劲解释每个头其实代表兄弟或氏族。于是天皇"一姓十三人"，地皇"一姓十一人"，人皇"一姓九人"。吴老师声称，天皇、地皇的兄弟们每人都活了一万八千岁——似乎又是向盘古致敬。人皇九兄弟比较"短命"，一共才活了四万五千六百年。吴老师的数字大概是从唐代司马贞的《三皇本纪》来的，但司马贞笔下的天皇有十二个头而不是十三个。西晋皇甫谧的《帝王世纪》里，天皇治理天下一万八千年，而不是"十三太保"每人活了这么长时间；人皇的诸位弟兄每人只活了三百岁。三皇九头其实是有讲究的，预示未来的九州，也可以反过来说，九州附和九首。据说天皇确立了天干、地支，地皇规定每月三十日，人皇兴起政教。这么多头果然有大智慧，如果没有他们，我们现在都过着没有年月日的无政府主义生活。

司马贞《三皇本纪》说的三皇除了天皇、地皇和人皇外，还有一套班子：伏羲、女娲和神农。这套班子还算靠谱，这三位都是人们耳熟能详的大神。

《尚书大传》里的三皇是伏羲、燧人氏和神农，这也是我比较认同的人选。之所以不选女娲，是因为她哥哥已经入选，一家两皇有作弊的嫌疑，再说女娲造人时，焉知伏羲没有从旁相助？神农和伏羲、女娲一样，生就牛首人身的异相，列子认为异相预示"大圣之德"。

在诸多三皇版本中，燧人氏都是个举足轻重的存在，不过和其他大神比起来，燧人氏显得异常朴素。

与燧人氏同时或者稍前的是有巢氏。这也是个朴素的大神，完全没有金色光环，他的专利是教人把容身之处建在树上，以躲避猛兽的骚扰。现代人野营，有时也会在树上搭吊床，足见有巢氏影响深远。如果没有有巢氏，人类的发展会受很大影响吗？我觉得影响不会很大，会用火的人类有足够的技能抵御野兽，藏身高处只是一个选项。基于此，我把有巢氏排除在三皇之外。

庄子的三皇版本比较小众，除了有巢氏与燧人氏，出现一个新款，叫作"知生氏"，该氏教会人们知识，那么伏羲的人文创造就变得可疑。庄子对三皇的安排其实大有深意：燧人氏让人吃上安全食物，有巢氏让人们住上安全的房子，知生氏则负责心智启蒙。但"知生氏"似乎是庄子的独家发明，不见于其他文献。庄子爱讲寓言，其中有很多现代动漫一般的神话，但他的三皇却都朴实无华。

至于共工、祝融和黄帝，无论如何也不该出现在三皇的队列中。共工和祝融这对冤家在传说里纯粹就是一对捣乱的神。祝融据说是火神，他一"发火"谁都怕，古代打更的人喊"小心火祝"，说的就是敬请提防祝融发火。另一说是他保留了火种，所以备受人民爱戴。水神共工不干了，羡慕嫉妒恨，一怒之下撞倒擎天柱，于是天崩了，瓢泼大雨没完没了地下，于是才给了女娲一个工作机会——补天。这俩麻烦制造者凭啥能位列三皇呢？把黄帝算到三皇里就更没道理了，黄帝是五帝之一，简直成心跟司马迁老爷子过不去，黄帝比任何一个三皇都要年轻成百上千岁！

二　伏羲和女娲

伏羲、女娲的知名度跟盘古不相上下。据说伏羲和女娲都姓风，但我不相信这个说法。我们通常说的"姓氏"，在先秦是分开的，到汉朝才混同，不再区分。姓在先，随母；氏在后，随父。姓氏存在的前提是有家庭，伏羲时代有人类的家庭吗？肯定没有，因为又说人是伏羲妹妹女娲所造，除非修改这个设定。

如果说伏羲和女娲是人文始祖，那么他们的母亲华胥便是始祖母，华夏与华山的"华"都是纪念她老人家的。华胥在上古某混沌的一天，在野草滋长、水鸟歌唱的雷泽湖边，看见一串巨人脚印。华胥正是如花年纪，好奇心荡漾，便跳进大脚印，像玩跳房子游戏一样蹦蹦跳跳。跳着跳着，华胥忽然感觉体内发生变化，转身便跑回窝棚。一般女子的怀孕时间不会超过十个月，东晋人王嘉在《拾遗记》里声称华胥怀孕十二年才生下伏羲。我们不能用常识来看神话，所以无须纠结超长的妊娠待机时段。类似于踩大脚印而"感孕"的神迹故事后面还有不少，其实都不过是野合的托词而已。华胥后来再接再厉，又生了一个女儿，那便是同样伟大的女娲。屈原问："女娲有体，孰制匠之？"意思是女娲造了人，谁造了女娲？这说明屈原没听过华胥，华胥生下伏羲、女娲，就这么简单。华胥由此成为传说中最伟大的母亲，她的一儿一女在三皇中占了两席！华胥对于"华夏"这个称谓是一个非常重要的符号，"华"便是指华胥，"夏"则是指大禹所属的"有夏氏"或者他所开创的夏朝。

伏羲和女娲皆人首蛇身，造型玄幻，而且皆"有圣德"。他们在民俗中的造型很恩爱，上身并立，表情喜庆，下身是蛇躯，妥妥地缠绵在一起，其实就是交尾，但表现得温文尔雅，所以他们是夫妻关系似乎顺理成章。中国有许多地方有伏羲或者女娲娘娘庙，庙前立浮雕，浮雕上是两位大神的合影。一般夫妻合影不外乎头倚在一起，脸上流露出"我的爱情我做主"的笑容，但两位大神的合影很前卫，他们的尾巴缠绵在一起，幸福指数瞬间爆表。

让我们以"十万个为什么"级别的好奇心问一个问题：为什么这两位大神是人首蛇身？有人说娲通蛙，所以女娲是青蛙的化身。看到这个说法，我眼珠子都快掉出来。青蛙确实擅长繁衍后代，古人也确实用青蛙做图腾，仰韶的陶罐上便有青蛙图案，看上去比现代画家画的还要顺眼。但这不是女娲就是青蛙的理由，盘瓠跟盘古还谐音呢，除了一个廉价的谐音梗，没有什么关系。也有人说娲同娃，女娲就是女娃的意思，这就更不着调了。事实上，娲字古音不读 wā，而是瓜，所以 wā 的谐音梗都不成立。

闻一多先生有篇名作叫《伏羲考》，前面引经据典、雄辩地论证伏羲、女娲的图腾意义，后面突然画风大变，在"伏羲女娲与匏瓠的语音关系"一节里，提出假设"伏羲、女娲莫不就是葫芦的化身"，尽管其中语音、语义学方面的学问很让人长见识，但闻先生似乎在用他的学问开一个玩笑，他得出结论：伏羲是葫芦，女娲是女葫芦（瓜），一对葫芦精。不过，相比之下我还是宁愿相信女娲是个文静的葫芦，也不相信她是一只活蹦乱跳的青蛙。

如果女娲是青蛙或葫芦的化身，为什么后人非要把伏羲和女娲改成蛇身？后人再叛逆也不至于如此丧心病狂。更可能的是人首蛇身就是他们本来的造型，他们从来都没当过青蛙或者葫芦。

苏美尔神话里的启（也叫宁玛赫、宁胡尔萨格）和恩基是姐弟关系，他们恰好也是人首蛇身。这是巧合吗？

伏羲、女娲神话的发源地是大西北甘肃天水，而不是中原。天水人民每年都过伏羲节。我觉得两河文明发生大动荡时，很多人被迫离开故土另寻生路，可能其中有一部分人从后来发现的丝绸之路来到西北，他们的文明程度远远高于当地人。当他们祭祀自己的神明时，当地人慢慢仿而效之，于是人首蛇身的形象便定格下来。

中国最早的青铜器也是发现于甘肃的临洮县马家窑村，仅有两小件：一把水果刀和一枚指环。有人认为这两件青铜器是夏朝遗物，可为什么夏朝只有这两件小小的青铜器传下来？这两件东西很像是一个人的随身物品，可能来自青铜器发达的美索不达米亚。

下一个"十万个为什么"好奇心级别的问题是，伏羲和女娲究竟是兄妹，还是夫妻？

司马贞绝口不提伏羲和女娲是夫妻，也不明说他们是兄妹。《三皇本纪》对于女娲的身世含糊其词，说女娲和伏羲一样，也姓风，也蛇身人首，也有神圣之德。伏羲为"皇"一百一十年驾崩，死后由女娲继位，所谓"代宓牺立"，给人感觉好像女娲是伏羲的下一代似的。但仅仅是"感觉"而已，没有任何证据证明他们不是兄妹，如同没有证据证明他们是兄妹一样。

司马贞声称伏羲创立了婚嫁制度（"始制嫁娶"），还规定用两张鹿皮为聘礼（"以俪皮为礼"）。尴尬的地方在于，既然伏羲定了婚姻制度，那么他当然就不能跟自己的妹妹结婚了。司马贞把自己给绕进去了，于是只能对伏羲和女娲的关系保持沉默。如果他说明了两位老人家的关系，那么"始制嫁娶"一说便很尴尬。《世本》甚至声称女娲是伏羲的弟弟，实在太离谱了。书生们为了塑造伏羲人文始祖的形象也是拼了。

伏羲是七千多年前的人，那时哪来的婚嫁？当时是母系社会，孩子知其母而不知其父。女孩看上哪个男孩，不需要媒人提亲，看对眼就做"桑林之合"，而且性伴侣不固定，女孩怀孕了，根本不知道孩子的生父是谁，生下的孩子归女方，没男人什么事，所以当时的家庭全是"单亲家庭"。婚姻制度慢慢成形要到两千年后的黄帝时代了。再过两千年，到了西周，多才多艺的周公才从理论上完善了婚姻制度，是为"六礼"：纳彩、问名、纳吉、纳征、请期、亲迎。

其实司马贞用不着讳莫如深，远古时代还没有"乱伦"的概念。古人是在发现近亲结合生下的孩子多有缺陷之后，才有意识地尽量避免近亲结合。希腊的神话谱系就是一部"乱伦"史，而且乱得一塌糊涂，不仅兄妹或姐弟，甚至母子。比如大地之母盖亚不仅和她弟弟生下孩子，还跟儿子乌拉诺斯生了六男六女十二个泰坦神。在最古老的埃及神话里，风神休与妹妹雨神泰夫努特结合生下了大地之神盖布和天空之神努特；接着儿子盖布又与其妹努特生下冥王奥西里斯、生育之神伊西斯、力量之神赛特及死者的守护神奈芙蒂斯。《圣经》中人类的繁衍都是出自亚当与夏娃，开始时一定是近亲结合。摩押人和亚扪人的祖先分别是罗得与大女儿和小女儿所生育的。

司马贞没看过埃及、希腊神话和《圣经》，显得少见多怪，并出于为尊者讳的想法，刻意模糊伏羲和女娲的关系。不过也许他自己都没有意识到，"唯作笙簧"并不是单指做乐器那么简单。"笙簧"确实是两种相辅相成的乐器，但女娲"作笙簧"是有隐喻的。五代时期后唐人马镐在《中华古今注》中问了个好问题："上古音乐未和，而独制笙簧，其义云何？"然后他自问自答："女娲，伏羲妹……欲人之生而制其乐，以为发生之象。"马镐不是自说自话，清代张澍为《世本·作篇》也做注说："笙，生也，象物贯地而生。"所以女娲"作笙簧"便有生殖繁衍的隐喻。

司马迁肯定是不信这些东西的，他本着实事求是的态度说："至《禹本纪》《山海经》所有怪物，余不敢言之也。"（《史记·大宛列传》）从这句话可以推测出，《史记》里原本就没有《三皇本纪》。司马贞被史家称为"小司马"，从姓氏看这个称谓没问题，从学术上看他有做玄幻小说家的潜质。唐代，那个伟大的时代，连志怪小说都空前繁荣，可司马贞的《三皇本纪》不能归入此列。小说需要描述，他的作品全是陈述，作为一个小说家他还有很大的进步空间。不过《三皇本纪》作为一个远古时期的备忘录还是可以的，只是我们不能拿它当历史看，它是神话。神话就是神话，是文化与民俗的一部分，我们用不着绞尽脑汁、牵强附会地为神话做"合理化"的解释。我看到有人长篇大论、"有图有真相"地论证《山海经》和女娲造人的"真实性"，瞠目结舌之余，"余不敢言之也"。

伏羲在文化符号上的意义远远超过盘古，他的专利太多了：除了备受圣人推崇的八卦图，他还教会了人民很多东西，比如观星象、渔猎、养六畜，还有制琴瑟，教人民玩音乐，物质文明和精神文明他都照顾到了，简直就是一个伟大的天文学家、哲学家、动物学家和音乐家。

伏羲最著名的发明自然是八卦图，没有八卦就没有《易经》，没有《易经》很多儒生都会失业，孔子也无须"韦编三绝"。司马贞语焉不详、含糊其词地予以高度肯定："始画八卦，以通神明之德，以类万物之情。"

伏羲创八卦的过程有很强的动漫色彩，比如"河图洛书"的传说。《周易·系辞上》说"河出图，洛出书，圣人则之"，图和书就是八卦，这也是"图书"一词的来历。圣人就是伏羲。河是黄河，某日黄河里跑出一匹龙马，马背上有图；洛是洛水，某日水中浮出一龟，水中有乌龟再正常不过了，不过这只乌龟不寻常，它的背上有文字。到底是什么文字谁也弄不清，宋代的道士陈抟后来不知道根据什么把洛书给弄出来了，那上面不是文字，而是黑点、白点和线组成的图案。反正当时伏羲把马图龟文都记下了，遂演八卦。

虽然龙马与神龟像浮云一样把八卦弄得云山雾罩，但其实八卦本身并不神奇。所谓"卦"便是现象，八卦即八种现象。《周易》里的八卦是乾、坤、震、巽、坎、离、艮、兑，看着就很高深，除了乾坤一般人大概知道是指天与地，其余不知道是什么，个别生僻字，比如"艮""巽"平时都用不着。乾、坤以外的六卦原本平常，它们分别是雷、风、水、火、山和泽。这八种现象是司空见惯的，古人用它们表达对于世界的朴素认识，就像结绳记事一样。八卦是后人将其复杂化与神化的结果。后人对八卦进行两两排列组合，便有了六十四卦，每卦有六爻，共有 384 爻，《周易》就是这么一步步成长起来的。

没有《周易》，周文王的"文化品牌"价值将大打折扣。众所周知，文王之所以留名青史，很大程度上是因为他"拘而演《周易》"（司马迁《报任安书》）。《周易》有多伟大？没法说。《周易》每爻都有对应的爻辞，爻辞模棱两可，便于发挥想象，乃至胡说八道，所以《周易》越来越复杂，举凡哲学、数理化都能往里套，而且越是科学解释不了的越容易往里套，所以研究《周易》的人里鲜少有数理化背景的。钻研《周易》大发了的，一般都"通神明之德"（《周易·系辞下》），前知五百年，后知五百年，唯独对眼前的事摸不准。

鉴于《周易》在中国文化中的地位——有人甚至将它排在《诗经》之前，列为"五经"之首——伏羲的八卦至少让《周易》有了"学术"基础。

司马贞认为伏羲还是一位伟大的音乐家，他制造了一种有三十五根弦的乐器——瑟。据说后来出了五十弦的瑟，之后又一下缩减成二十五弦，原因是五十弦的瑟太过动人，听得人伤心欲绝。《史记·封禅书》载："太帝使素女鼓五十弦瑟，悲，帝禁不止，故破其瑟为二十五弦。"太帝便是天帝。

大才子李商隐写的"朦胧诗"《锦瑟》开篇第一句是"锦瑟无端五十弦"，别望文生义，李大才子并不是说他的瑟有五十根弦，而是说他的瑟弦断了，于是二十五加二十五，成了五十弦。

司马贞把造字也算到伏羲头上（"造书契以代结绳之政"），此说不可信，文字出现可能不会那么早，不是说文字是黄帝的史官仓颉所造吗？书生们在为伏羲添砖加瓦时，根本就没考虑后面该如何收场。

《尚书大传》里说："伏羲为戏皇。""戏剧皇帝"让书生们抓狂了，那时哪来的戏剧？所以他们把"戏"解释为"人文"。其实"戏"通"羲"，是伏羲的另一个"笔名"而已。他还有其他名字，比如包（念 páo）羲、宓羲、庖牺等，皇甫谧认为之所以有这些异名，是因为"后世音谬"。

总之，伏羲是上古最有文化的人。他怎么就这么厉害呢？当时没学校，完全靠自学。自学需要学习资料，伏羲没有任何参考书，只能说他的学习来自天启。我看过一篇挺有意思的科幻小说，说伏羲其实是外星人，那个星球的人全都是人首蛇身。伏羲来地球考察时飞船出了故障，再也回不去故乡。于是伏羲教导文盲地球人"河图洛书"，希望他们从中悟出电脑知识，再搞出量子计算机，那么他就可以借助地球人的科技修复飞船，飞返故乡星球（看起来，他老人家还得耐心地等待若干年）。伏羲借"河图洛书"演化而来的八卦，原来源自乡愁。

关于女娲，她的一个神迹是补天，因为天塌地陷，女娲为了挽救自己所造的生灵，用五色石把天空的漏补上，还斩下珍稀动物神鳖的四足支撑天空。这说明盘古开天辟地的大工程有些地方质量不过关，很快就塌方了。共工撞不周山的故事，其实与女娲没有任何关系，是东汉的王充勇敢地把共工和女娲拉成一对，然后又说这事不靠谱（"殆虚言也"），问题是此前没人把共工和女娲放在一个时空，王充老师一边澄清一边添乱。

女娲的发明是其他任何发明都无法媲美的——造人。她老人家开始时一板一眼地用泥巴捏小人，有鼻子、有眼、有腿、有脚。可是"捏造"的速度太慢，娘娘于是团了一个大泥团，用绳子在上面搓，顿时泥粒纷飞，就像刀削面入锅一般，那些泥粒一落地也都成了人。从操作流程上看，捏的人肯定要精致得多，大帅哥大美女可能就是这么来的，那些一入人海就找不着的大概都是搓出来的。

司马贞提到女娲娘娘的丰功伟绩之一——补天，偏偏忘了造人这个更大的发明，为什么选择性失忆呢？也许他压根就不相信女娲造人的传说，觉得"刀削面"造人法过于草率或是过于荒唐了。

女娲除了造人之外，还是个音乐天才，制造出了笙，而笙是用葫芦做的，又让闻一多老师的"葫芦论"多了个"佐证"。

女娲在《山海经》里是个诡异的存在，只在《大荒西经》里有一笔记录："有神十人，名曰女娲之肠，化为神，处栗广之野，横道而走。"前面三句写得很啰唆，"女娲之肠化为十神"便好。郭璞认为"肠"为"腹"之误，"一日中七十变，其腹化为此神"。这十个神不知道为何并排横杵在野外的大路上，像是要劫道似的，想想就吓人。这笔记录，来也匆匆去也匆匆，不知道要表达什么。研究《山海经》的"专家"们有各种脑洞大开的看法，比如有人把"肠"字理解成"船"，一切都迎刃而解，画风是这样的：十神人和女娲一起坐在船上乘风破浪，表示当时发生了大洪水，并且和《圣经》里的诺亚联系在一起。为了让"船"漂起来，将"道"解释为"涛"，那么"野"难道是大海？

女娲娘娘的功绩过于伟大，同时也过于神奇。天漏，她补；没人，她造或者她生。仅从对人类的贡献而言，无出其右者。没有人，咱们什么都不用说了；有人了，天漏不补，人也就像恐龙一样灭绝了。女娲按理应该是第一号"三皇"才对，只是她老人家过于神奇，不是"皇"，而是"神"，将她列入"三皇"委屈她了。

三　神农

神农的出生和伏羲一样不同凡响。神农的母亲叫女登，在某个春风沉醉的好日子，出门踏青，在华阳（华山以南）某地游玩，女登忽然感到头顶发热，一抬头看见半空中一双黄澄澄的龙眼正深情地凝视着自己，吓得转身就跑，不久身体就产生了奇妙的"感孕"，生下神农。远古圣人们的英雄母亲的名字都留下了，而父亲却无籍可考，这从另一面证实了母系社会浪漫史的萍水相逢属性。写史书的人已经被文化熏陶了，知道为尊者讳，所以不好意思说华胥、女登"自桑林返，乃生伏羲、神农"。

神农爷爷教会人民开荒种地，还开发药物给人治病，是一个伟大的农学家和医药学家。

神农发明各种农具、开荒种地，真是一个"神奇的农民"，可以称之为农耕之祖。当时人们是怎样种地的呢？那时到处都是荒地，野草疯长。神农号召大家把野草烧了，然后用石刀、石斧，还有他老人家发明的先进农具耒耜开出地来。所谓"刀耕火种"就是这个意思。耒和耜据说是锹和犁铧的原型，起初是木质的，如《易经》所说"斫木为耜，揉木为耒"，后来有了铜，就鸟枪换炮了。野草的灰烬富含钾肥，没有人工化肥，庄稼也欣欣向荣，而且是放心的绿色食品。

神农开辟了农业的新纪元，培育了五谷作为食物来源。五谷是麻、黍、稷、麦、菽，另一说里稻取代麻，其实说"六谷"不就结了？这是因为战国时的"五行说"流行，什么都凑成五，五帝也是凑出来的，其实三帝就够了。那时人已经很多了，靠渔猎得来的肉类满足不了食品需求，神农解决了人民的温饱问题。

神农的另一项功绩是药物开发，拯救了很多人的性命，他就是人们免费的医生，故被尊为药神。神农开发药物一开始风险极大，什么都亲口尝尝，每次尝试都是生死赌博、九死一生，不说别的，这种牺牲精神就值得后人三鞠躬。上天都被他这种舍生忘死的精神感动了，于是赐下一根神奇的赭鞭。他手中持着赭鞭，在植物上挥一挥就知道哪种草木是良药，哪种是毒药，从此以后神农才不用看见陌生的植物就咬一口。

民以食为天，何况神农还兼顾了人民的医疗保健问题，其德高望重完全是民意的体现，神农自己都不好意思不选自己做头领。无论从哪方面看，他都配在尊贵的"三皇"里占一席之地。不过说他老人家著有《本草经》一书，本人委实难以相信，理由和不信伏羲造书契一样：那时还没有文字啊，我不相信通过给绳子打结可以写出一本书来。

四　燧人氏

在神农氏的丰功伟绩里，我们应该注意到一个东西。这个东西太重要了，那就是火，而火却与神农无关。

伏羲与女娲是神迹的代名词，而燧人氏是个特别朴素的大神，就像隔壁的一位慈祥老大爷，几乎没有什么地球人无法理解的神迹。他最著名的专利当然是钻木取火，我试过，只要有一定的腕力和耐心，火都会从白烟中升起。火是人类文明的里程碑，犹如芯片之于电脑。我们每天都生火做饭，没有火的日子是无法想象的。

燧人氏是穴居人，钻木取火这项专利技术成型，也许真的不是一人所为，而是众多人长期实践并且是偶然发现的结果。当时的情景有可能是这样的：石壁上光溜溜的，没地儿放贝壳、兽骨或者鱼骨等珍贵首饰，于是穴居人就想做个家具。那时没有铁器，给木头打孔是件高难度的活，只能用削尖的木棒子在木块上钻。那得钻多长时间啊？木头不耐烦了，于是"着急上火"。看见木头冒火，穴居的先民们肯定吓坏了，丢下做了一半的家具就跑，心里直嘀咕：发生了什么？这种事再发生几次，穴居人就会从大吃一惊变成喜出望外。火把洞里的"家具"和"首饰"都烧光了，但把洞里的猎物烤熟了，满室生香，穴居人尝尝觉得味道好极了。现在的烤肉也许是远古的遗风吧！

火延长了人类的寿命，因为肉被烤熟了，上面的病菌也死了，生病的机会就少了。那时的人可生不起病，普通的肠道感染就足以要命。"药物总监"神农要到三千年后才出生。火使人减少了被寄生虫和病菌侵害的机会，人的体质也就增强了。

火丰富了人类的食物，生的小麦和水稻无法被人体吸收，火让它们成为人类的主食。火甚至促进了大脑的发育，尤瓦尔·赫拉利在《人类简史》中写道："有学者认为，烹调技术的发明，与人体肠道缩短、大脑开始发育有直接关系。不论是较长的肠道或是较大的大脑，都必须消耗大量的能量，因此很难兼而有之。而既然有了烹调，人就能缩短肠道、降低能量消耗，可以说在不经意之间，烹调让尼安德特人与智人走上了让大脑更大的道路。"火不仅是烹调的必要条件，而且是充分必要条件。不要拿生鱼片来叫板，渔民在海上只能吃生肉，回到家一定生火炖一锅鱼汤，没有火就没有鱼汤。

火还是文明的曙光，没有火，人类将永远生活在旧石器时代几百万年的漫漫长夜里。朱熹曾引用一位蜀地无名氏的名言"天不生仲尼，万古如长夜"，作为一位儒家子弟，他推崇这句"广告词"无可厚非。燧人氏不生火，那才叫万古如长夜呢！

火也促进了社交和文化生活。没有火的夜晚是寂寞的夜晚，天一黑除了睡觉别无选择，黑灯瞎火地乱跑，很可能稀里糊涂就成了野兽的"烹调"。钻木取火的难度其实挺大，耗时费力，好不容易生出的火需要保存下来，最简便的方式就是在遮风挡雨处建一火塘，这一习俗至今仍在边远地区被原汁原味地保存下来。

火塘的好处太多了，除了烤肉、取暖外，也给大家提供了一个社交场所。大家手牵着手，蹦蹦跳跳，那可能就是原始的舞蹈。有人说舞蹈起源于祭神大典，我觉得大典上的舞蹈已经接近于现代舞，火塘边无拘无束的"舞蹈"也许更朴素、更原型化。很难想象，蹦蹦跳跳的人们会一声不吭，怎么着也得吼几嗓子吧？那些无实在意义的欢快的吼声，也许正是诗歌的起源。

《诗经》中很多诗质朴得让人想哭，比如说"林有朴樕，野有死鹿"，朴樕就是小树。诗里充斥着大量的语气词"兮"字，我疑心这是喊岔气的尾音。鲁迅先生认为诗歌诞生于劳动时喊号子，也算一解，不过喊号子好像没有进化，一直都是"唉嗨，唉嗨嗨"，如果不是这么喊的，还哼着小调，那说明他们不在劳动，而是从事文娱活动了。人们围着火塘聊天，聊天的内容可以很广，甚至就闪电现象演绎出神话。民国时期著名军阀张宗昌似乎有火塘聊天经历，否则写不出这样的诗句："天空忽然一火链，那是玉帝在抽烟；如果玉帝不抽烟，为何又是一火链。"玉帝在火塘里诞生了。我这里谈的是火塘，关于诗歌和舞蹈的起源就不多做考证了。

火塘边看对眼了的，还可以牵着手进小树林，没人觉得尴尬。人学会不好意思，是在衣服出现之后，是在圣人出现之后。圣人们峨冠博带，穿得严严实实的，说"非礼勿视"。"林中有小树"那首诗我后面还会提，圣人们对这首简单而生猛情诗的解读实在别开生面，让人目瞪口呆。

有了火，很多东西的出现就水到渠成了。文化生活丰富的同时，陶器也诞生了，接着铜器也诞生了。

建火塘需要泥巴和石头。先民们发现有些泥巴烘烤之后变得很结实，于是有意识地把泥巴捏成各种容器形状，便有了罐子以及瓢盆碗之类的器皿。罐子可以烧水，也可以炖肉、做杂粮粥、煮野果汤，饮食文明开始萌芽了。我甚至怀疑那也是酒诞生的时候。因为煮熟的杂粮野果很容易发酵，吃剩下的放几天不就成酒了吗？先民喝了这种很原始但是不含工业酒精的酒觉得很爽，就更喜欢蹦跳和吼叫了，这大概是借酒助兴最直接的体现。

那时的陶器很粗糙，吸水性很强，一罐水，人喝一半，罐子喝一半。有多粗糙你看看现在的砖就知道，砖就是原始的陶器，而且是唯一没有进化的陶器。青瓦也是陶器，后来有了琉璃瓦。琉璃瓦就是加了釉的瓦，著名的唐三彩就采用了加釉工艺，所以唐三彩是陶器而不是瓷器。精致些的、不是那么能"喝水"的陶器出现还要到黄帝时代才有。

现在出土的粗陶至少有上万年的历史，比如2004年在江西出土的陶器，据说是一万三千年前的文物，属实的话，燧人氏的年代起码要再早三千年。

火塘边的泥巴走进了文明，经过不知道多长时间的漫长等待，石头也闪亮登场了。石头是矿石，烤的时间长了，先民们发现石头流出了黄色的汁水，那就是黄铜或者红铜，取决于纯度高低，纯的是红铜，不够纯的是黄铜。它们都直接来自矿石，不是青铜，青铜是一种加了铅和锡的合金，要到很晚才出现。

黄铜之所以首先出现，是因为它的熔点只有九百多度，是火塘可以达到的最高温度。这也解释了为何铁器至春秋时代才姗姗来迟，因为铁的熔点比黄铜高五六百度，火塘再怎么革新也达不到锅炉的热度。

黄铜和红铜虽然出现了，但没有证据显示它们被应用在生产工具上。年代为公元前5000—前3000年的仰韶文化，分布在整个黄河中游，从今天的甘肃省到河南省之间，无论时间或地点都很符合三皇及稍后的五帝时代，从出土文物来看，当时的农具仍然是石制品。稍晚的、以甘肃为中心的齐家文化遗址中曾出土颇多红铜器，都是小型工具和装饰品。

陶器和黄铜的发明，让人类一下子迈进了新石器时代，而这都离不开火，离不开燧人氏。

黄铜硬度的局限，让燧人氏的子孙们依然摆脱不了对石头的依赖，比如黄铜做镐头和榔头都不合适；还受限于"科技"，黄铜的产量很有限，所以新石器时代有另外一个拗口的名字，叫"铜石并用时代"。那是神农"刀耕火种"的时代，是新石器时代的尾声，不过这个尾巴拖得有点儿长，如果从出土的青铜器来看，长达数千年。

相对于伏羲和神农，我用了很多篇幅来叙述燧人氏和他（们）的时代，并不是我对燧人氏特别偏爱，相反，我很喜欢伏羲和神农的传奇。只是面对传奇，你除了惊讶之外，说不出多少话来，因为我们都是普通人，都不是传奇的一部分。

燧人氏就像我们熟悉的父老乡亲，如今在某些偏远的山区，人民仍然像活在燧人氏时代。正是这些普通、木讷、质朴的人民书写了我们的历史，而历史却遗忘了他们。历史是王侯将相的盛宴，离山野乡村是那么遥远，我想用这篇小文祭奠没有任何神奇光环的燧人氏。

吴乘权老师的《纲鉴易知录》里三皇人选有六个，燧人氏居末，可能不好意思，便将结绳记事算到燧人氏头上，不清楚所本何据，完全不考虑伏羲和神农的感受。皇甫谧的《帝王世纪》里燧人氏只有生火这一项技能。燧人氏时代的人们可能将全部精力都用在寻找食物上面，大概没心思搞什么文化启蒙。"结绳记事"

应该是在农业发展起来之后发生的，粮食丰富了，如何根据劳动力和人口分配食物？记录便迫在眉睫，于是结绳记事应运而生，从时间上看，这个专利算在神农氏头上比较合理。

伏羲"代燧人氏，继天而王"（司马贞《史记索隐·三皇本纪》），他和神农一样都是燧人氏的子孙，更不用说三皇之后的五帝了。

如果我有发言权，我会选燧人氏为三皇第一人。

三皇是神话时代，可长可短，"一万年太短，只争朝夕"。三皇过去，五帝便出现在一个人越来越多的大舞台。

第四章　五帝时代的神与怪

五帝也有多种排列组合，出于对司马迁的尊重，我们采用《五帝本纪》的说法。五帝是黄帝、颛顼、喾、尧和舜，至于其他的"备胎"虽然没有名分，但我依然给他们唱念做打的机会。

一　黄帝时代

黄帝的造型非常奇特，甚至比伏羲、女娲还要怪，他有四张脸，可以跟天、地、人三皇叫板。

《尸子》里有段子贡与老师孔子的对话。子贡问孔老师黄帝是否真的有四张脸，孔老师答曰：NO，四张脸其实表示黄帝派四个人管理四方，"不计而耦，不约而成。此之为四面"。孔老师说的话每个字我都认识，但我不知道他在说什么，这就像解释天地人三皇的头代表兄弟一样不靠谱。

如果有人问我黄帝是否四面，我会告诉他，黄帝在神话里就是这样的，没什么好解释的，因为他是神人，一个凡人不该用平凡的眼光打量神，并且希望神跟自己一样平凡。孔老师经常强行解构神话，解释得索然无味，好像神话的出现就是为了被解构似的，难怪鲁迅痛心疾首地批评孔子不谙风情，毁了神话，这是中国神话不像希腊和印度那么有系统的原因之一。神话的历史化对历史和神话而言是双重伤害。

黄帝的四张脸是有渊源的：印度的创世大神梵天也有四张脸，但我没看见哪个印度文化大佬跳出来把梵天的四张脸扯下来；《圣经》的《以西结书》里描述了天使的模样，也有四张脸：前为人脸、后为鹰脸、右为狮脸、左为牛脸。有四张脸的好处是，行走无须转身，效率高，而且很酷。不信神话没关系，但把神话往历史里解释就太煞风景了。

黄帝的出生经历注定了他的异相和不凡的一生。黄帝的妈妈叫附宝，据今本《竹书纪年》载，附宝的怀孕经历和神农的母亲女登如出一辙。女登是被龙眼瞪得怀孕，附宝则是遭雷劈了。在一个夜莺歌唱的仲夏之夜，附宝一个人不知何故去了郊外，她贵为一国之君的妃子，居然可以在夜晚出去活动，还去了荒郊野外，可见当时的女子有多自由散漫。她当时迈着轻快的步伐，嘴里哼着小调，就在这时一道绕着北斗七星旋转的闪电从天而降（"见大电绕北斗枢星"），结果她就怀孕了。在当时男女野合并不是什么大不了的事，一直到周朝此类风俗犹存。《周礼·地官·媒氏》中有一条男女关系方面的规定，现在看起来都很开放："中春之月，令会男女。于是时也，奔者不禁。"

附宝的孕期很是漫长，十个月过去了，那孩子没出来；又过了半年，那小孩还没出来！再过半年，那孩子出来没有？没有！二十五个月后，小孩终于出生了，附宝长长地松了口气。这个姗姗来迟的孩子很聪明，一面世就会说话。

根据东晋人王嘉在《拾遗记》里发布的"可靠消息"，华胥怀胎十二年才生下伏羲，所以附宝的超长孕期算不上前不见古人，只能算后不见来者。

黄帝虽然智力超群，但《竹书纪年》没说他有四张脸，只有"龙颜"。编黄帝神话的显然是好几拨人，各干各的，彼此无沟通，后人使出吃奶的力气试图抹平其中的沟沟坎坎，结果却显得像碰瓷，比如盘古就是碰瓷盘瓠。神话是个系统工程，古希腊和印度在这方面做得很好。中国的神话太过零碎，就像一堆四处搜罗来的碎布片，怎么拼都很难凑成一件衣裳，搭成背心就不错了。

黄帝的生物学父亲虽然不知道是谁，但他名义上的父亲是个大人物，有熊氏的部落首领少典。黄帝聪明，起点又高，他的崛起几乎是必然的。当时的天下乱成一团，或许比战国还要乱，多如牛毛的部落一言不合就打群架。

有熊氏算不上强大，另有三个大佬正上演"三国杀"，分别是神农、炎帝和蚩尤。神农和炎帝在先秦是明明白白的两个人，但在东汉被儒生们强行合二为一，简直不可理喻。还好司马迁的《五帝本纪》里神农和炎帝仍然是两个人，《山海经·海内经》也明明白白列出了黄帝和炎帝各自的后裔。

德高望重的神农渐渐衰老，部落势力也在衰退，炎帝、蚩尤趁机坐大，两个人都喜欢欺负人，小部落都忍气吞声。黄帝审时度势，四张脸都显得慈眉善目，于是四方部落都纷纷前来归附。炎帝见黄帝敢抢风头，火大了，决定烧了黄帝。然而炎帝低估了黄帝，他没想到黄帝竟然有一支由熊罴、貔貅、豹虎组成的猛兽部队，猝不及防，在阪泉三次败北。炎帝是个识时务的俊杰，见打不过黄帝，干脆投诚，成为胜利者的一部分。

对于蚩尤来说，形势很严峻，但他并不怕，因为他是个妖怪，本事大得很。蚩尤善于制造各种大规模杀伤武器（"制五兵之器"），更可怕的是他可以操控云雾，让大雾弥漫三日不散，搞得炎黄部队一头雾水，九战皆败，输得一塌糊涂，再输下去，我们就没有机会自称"炎黄子孙"了。《黄帝四经》里说黄帝连输六十场（"单数盈六十而高阳未夫"《十大经·正乱》）。一般人输成这样早就躺平歇菜了，但黄帝不是一般人，只要一息尚存就战斗不止。

蚩尤手下还有八十一个"机器人"，个个铜头铁额，八只胳膊，比少林寺的十八铜人厉害得多。此外，蚩尤还从仙界聘请风伯和雨师两位大神，一男一女，男的负责飞沙走石，女的营造风雨交加的特效。黄帝的猛兽部队根本无法抵抗。

黄帝实在吃不消了，只得向上天诉苦。于是上天派出一波外援：九天玄女、风后、女魃和应龙。玄女有神兵符，可以调遣天兵天将；风后可以驱散迷雾；女魃止雨；应龙是升级版的龙，长着一对帅气的翅膀。

黄帝重整旗鼓，在涿鹿与蚩尤决战。黄帝为显军威，宰杀了两只像出自动漫的"一级保护动物"夔和雷兽。夔看上去像一头巨大的黑牛，没有角，只有一只脚，出入水中时，风雨交加。黄帝残忍地杀了夔，用它的皮做成战鼓，以雷兽之骨为槌，击鼓之声响彻五百里，战鼓敲啊敲，蚩尤手下的耳膜都快被震破了。黄帝终于扭转局势，一举击退蚩尤。蚩尤八十一将尽数被杀，其中两将知名度极高——刑（形）天和夸父。

蚩尤和夸父被应龙斩杀于南极（"应龙处南极，杀蚩尤与夸父。"《山海经·大荒东经》）。应龙因为违反天规杀死蚩尤和夸父，被罚不得再升天。应龙自然很不爽，他出现的地方便闹旱灾，搞得天下人都跟着不爽。老百姓祈雨时，举着应龙的画像给老天看，意思是你不让他上天，那也不能让地球遭殃吧？老天觉得有道理，就赐下雨水。

夸父在《山海经》里死了两次，另一次的死亡经过尤为著名：他和太阳赛跑，途中口渴难耐，黄河、渭河的水都不够他喝，于是就渴死了。临终前丢出手杖，化作邓林，据郭璞称邓林即桃林。郭璞老师表示夸父是大神，哪里需要奔跑、喝水？就像女娲不需要肠子一样，不过是形象化的描写而已，化身一片粉色桃林浪漫地遁去。夸父还有两次分别以怪鸟和怪兽的面目出现，搞得郭璞老师很崩溃，只得装作不认识，不做任何注释，只关注了逐日的夸父。

刑天之死尤为悲壮，头被砍下依然不倒，以双乳为目，以脐为口，继续浴血奋战直到力竭而死。陶渊明是《山海经》铁粉，写了十三首读后感，第十首猛赞："刑天舞干戚，猛志固常在。"

能让陶隐士如此动容，足见刑天之悲壮。刑天在《山海经》里本为"形天"，自陶渊明以后，"形天"被"刑天"取代。

黄帝恨蚩尤入骨，对其尸体进行疯狂、残忍的羞辱：蚩尤的皮被制成箭靶；头发被系在旗杆上，称之为"蚩尤旗"；骨肉被剁碎，掺杂苦菜制成肉酱；胃中塞入毛发制成皮球，被踢来踢去，球入坑有赏。考证中国的足球起源从北宋的高俅着眼，格局太小，应该追溯到苍茫的史前时代。《黄帝四经》成书于战国中期，至少说明当时人确有踢球的游戏。

陈鼓应先生感叹道："刑天、蚩尤似是有案可稽的最早的'叛逆者'，但因为'反义逆时'，最终被执掌'天道'的'帝'严惩了。后代对他们的诅咒和祭祀并存，是一种奇异的二律背反现象。"其实没什么奇怪的，祭祀蚩尤的地区在黄河中下游，现在的山东、河北、河南和江苏一带，那里曾是东夷的活动区域。蚩尤身为九黎氏大酋长，自然会被后人祭祀，哪怕他失败身死。

黄帝征服蚩尤后，任命风后等四人管理四方，他们大概就是孔子对四张脸的解释。黄帝对蚩尤仍然心有余悸，声色俱厉下达杀气腾腾的禁令：任何人都不得破坏他立下的规矩，他赐下的"蚩尤牌"肉酱都得吃，不许偷偷倒掉，贪污和浪费是极大的犯罪。谁敢作乱，蚩尤就是"榜样"。

"榜样"的力量是吓人的，于是众位部落酋长纷纷表态拥护黄帝为老大。天下在黄帝的治理下，形势不是小好，而是一片大好。黄帝的名望如日中天，被认为有土德，黄色被定为吉祥色，故号"黄帝"，大概是因为他发迹于陕北的黄土高原。

所谓"土德"云云，出于战国时齐国邹衍研发出来的"五德始终说"。邹衍是阴阳学的祖师爷，以五行、五色、五个方位对应五帝：东方青帝（木）、南方赤帝（火）、西方白帝（金）、北方黑帝（水），正中间的是土德黄帝。"五德帝"有多种组合，但黄帝始终在列，且在中心位，绝对的男一号。

闻一多先生于20世纪30年代在给陈梦家的书做跋时，认为黄帝是个女人，并表示他写了篇"五帝均为女性说"的文章。《闻一多全集》未见此文，很可能闻先生后来不了了之，并未写成。他认为黄帝是女性的核心论点来自《史记·天官书》里的一句话："黄帝，主德，女主象也。"古人以五行推算天体运动，填星是中央土，土为地，地为坤，故为"女主象"，跟黄帝是女人有啥关系？我倒是可以免费提供一个更为有力的"证据"证明黄帝是女人：五方代表五宫，黄帝是中宫。中宫代表皇后，所以黄帝是女人。这个"证据"只有一个瑕疵，皇后并非皇宫的主人，皇帝才是，而皇帝都是男人，除了武则天。

近来有些人翻出闻先生的一己之见，甚至得意扬扬地标榜独家发现，不过博人眼球罢了。史籍中关于黄帝是男性的记载比比皆是，为何纠缠于几个还没弄明白的字？黄帝有十四嫔妃，二十五个儿子。正妃是著名的嫘祖，丝绸的发明者，即《山海经》中的西陵氏，居轩辕之丘，黄帝娶了她后，始号"轩辕"。

司马迁在《五帝本纪》里说，黄帝死后葬于桥山，但庄子有不同看法，他认为黄帝没有死，而是得道位列仙班。道教如获至宝，将黄帝列为创始人之一，排在老子之前，"黄老"于是成为道教的代名词。

《封禅书》中，司马迁借齐国术士公孙卿之口生动复述黄帝升天的场景：黄帝采首山的铜矿铸鼎，大鼎铸成之日，一条长须的龙自天而降，迎接黄帝升天。黄帝骑上龙背后，有七十多个手脚麻利的大臣和妃嫔也爬上龙背。龙担心超载，赶紧起飞，骑不上去的小官们急坏了，争先恐后地抓龙须，把龙须都扯断了。龙怒骂他们不讲武德，咆哮着飞天而去。汉武帝听了之后，口水流得比龙须还长，神往地说，如果他有黄帝的福分，他会像脱鞋子一样丢弃妻儿。"独尊儒术"的汉武帝其实尊的是长生之术，儒术学术带头人董仲舒差点被砍了，因为他用天人感应的"高科技"预测天灾，屡试不中，还振振有词。公孙卿也差点儿被砍了，因为汉武帝疑心他在骗自己。

黄帝升天之后，地上的世界谁来打理？

二　颛顼时代

《史记·五帝本纪》认为黄帝的大位交接异常顺利："其孙昌意之子高阳立，是为帝颛顼也。"黄帝有那么多儿子，正妃嫘祖还生了两个儿子玄嚣（即青阳）和昌意，为什么继承者是孙子高阳？

事实上，黄帝的儿子们个个都不是省油的灯，其中有十一个熊孩子，因为折腾得太厉害，被黄帝逐出门墙，连姓都被剥夺了，能保住命就不错了。最有资格继承黄帝家业的自然是青阳，昌意次之，如果两人都继承家业就糟糕了。恰恰是最糟糕的情形发生了，青阳和昌意"皆有天下"。一山不容二虎，必须得有一虎退出，否则治理天下的业务无法正常进行。这两兄弟一番恶斗之后，两败俱伤，一个"降居江水"，一个"降居若水"。"降居"就是流放的意思，至于江水和若水的位置在神话里不重要，后面我们讨论历史时再谈。

昌意如何"有天下"，史籍里语焉不详，《山海经·海内经》里说，昌意旅居若水期间，百无聊赖之际，谈了一场轰轰烈烈的恋爱，生了个儿子叫韩流。此子也轰轰烈烈，是个跨多物种的妖怪：人面、猪嘴、鱼鳞肤、猪脚，这还没什么，《山海经》里若有正常相貌的人或神那才怪了，关键是，韩流生了个儿子叫颛顼。

《史记》明明说颛顼是黄帝的孙子，怎么一转眼在《山海经》中成了重孙？之所以出了辈分上的纰漏，肯定是书生们没有商量好。我现在"二律背反"，希望书生们也能理解：让我们假设颛顼就是黄帝的孙子、昌意的儿子吧。

《帝王世纪》说颛顼的娘叫景仆（也叫昌仆、女枢），蜀山人氏，是昌意降居于若水时邂逅的。她的怀孕和黄帝妈妈附宝一模一样，是被"瑶光"照怀孕了。

青阳则明明白白当过帝，而且是"五德帝"中的白帝少昊，地位极高。《尚书·序》《白虎通义》及《礼记·月令》更将少昊列为五帝之一，少昊曾为帝当无误也。需要说明的是，"五德帝"与《五帝本纪》中的五帝没有对应关系，少昊不在五帝之列。产生这么大错位的原因我说不上来，就像霍金解释不了正负能量何以出现偏差一样。顾颉刚先生曾认为少昊金天氏是刘歆为了迎合王莽瞎编的。虽然顾先生引经据典很让人钦佩，但我不明白王、刘这么做的动机到底是什么，加入少昊金天氏并不能证明王莽的正统性与合法性。后来考古学家在山东大汶口发现了少昊氏的太阳族徽（昊，天上有太阳），从而否定了顾先生的说法。皇甫谧认为少昊曾建都曲阜，"在位百年而崩"（《帝王世纪》）。这句话直接让我感觉不识数了，《竹书纪年》认为少昊在位十年似可信。

少昊的图腾是鸟，而鸟是东夷也就是蚩尤的"商标"，事情就变得狗血了：黄帝的儿子为什么奉鸟为图腾？唯一的解释就是少昊跟蚩尤有关系，甚至血缘关系，那么黄帝就很可能不是少昊生物学上的父亲。《竹书纪年》里说，少昊的母亲也是因光而孕，是星光，"见星如虹，下流华渚，既而梦接意感，生少昊"。不过这位英雄母亲不是嫘祖，而叫女节。《汉书》里也说青阳的母亲不是嫘祖，而是方雷氏。一个儿子三个妈，这个少昊身份真是复杂，这或许就是少昊的硬伤——最终被侄子高阳取而代之。《史记》眼不见心不烦，干脆不提少昊为帝的历史，直接让颛顼上。

高阳一直深受黄帝器重，否则也不会让他参与讨伐蚩尤的战役——从这里也可以判断高阳不太可能是黄帝曾孙，黄帝总不至于带个幼儿上战场吧？高阳的情商极高，不仅黄帝喜欢，大伯青阳也喜欢，《山海经·大荒东经》记载青阳养育了高阳，还教高阳琴瑟。颛顼在《山海经》里的存在感极高，刷屏似的，很多条目与他有关，不过大都是生了各种稀奇古怪孩子的"花边消息"，其中有个儿子叫骥头，此人长着一对翅膀，不是用来飞的，而是当拐杖使（见《大荒北经》）。他是苗民的先祖，在南方有个"骥头国"，其后人将给未来的大禹制造极大的麻烦。

高阳出任最高首领时，帝号叫"颛顼"，颛顼是"五德帝"里的黑帝或玄帝。柏杨在《中国人史纲》里对颛顼不太感冒，认为这个黑咕隆咚的黑帝，没做出什么彪炳的伟业来；《五帝本纪》对颛顼的政绩含糊其词，不到百字。既然如此勉强，司马迁为啥要让他位列五帝？

史籍或者传说中，颛顼干了两件大事：一是与共工大战三千回合，结果共工把女娲娘娘立的擎天柱不周山撞断了；二是绝地天通。

共工的身世匪夷所思，据《山海经·海内经》记载，他是火神祝融的儿子，外形看上去倒像是伏羲、女娲亲生的：人面、蛇身、赤发。祝融是炎帝后代，被尊为火神倒也讲得通，奇怪的是共工竟然是水神，专业极不对口。颛顼是"五德帝"中的"水帝"，这两位"水利专家"就杠上了。两大佬谁也不服，于是决一死战，共工眼看不敌，绝望之下撞断不周山，自己也得了脑震荡，昏死过去。从此洪水泛滥，天下人被共工这个暴脾气害惨了。王充在《论衡》里质疑共工的失败，说如果共工有本事撞断擎天柱，他的本事岂是颛顼能敌？王老师质疑得很有道理，但何必把女娲扯进来？我也可以同样质疑，如果女娲娘娘在，共工还敢撞不周山？所以，共工和女娲不应该在同一时空。泛滥的洪水，短时间是不可能被治理的，尧舜禹三代都将为此疲于奔命，最终成就大禹伟名。

"绝地天通"被某些文化学者夸大为中国宗教史乃至思想史的改革，真的有这么高大上吗？这一故事或者神话的背景大概是这么回事：天地之间曾有天梯，比现在的电梯高级，人们可以直达天庭，跟天上神仙乃至玉帝打招呼，并且可以诉说自己对地上的某些人事的不满。颛顼知道后，内心忐忑，因为这动摇了他统治的权威，老百姓动不动乘"电梯"上达天庭，他这个人间帝王就成了摆设。于是，颛顼就命人拆了"电梯"。拆"电梯"的有两个人，分别叫"重"和"黎"。《国语·楚语》里，"重"和"黎"是两位大臣，在《山海经·大荒西经》里则是颛顼的孙子，老童的儿子。孙子当大臣自然也可以，很多大臣在帝王面前不就是孙子吗？"重"和"黎"像盘古一样，分别将天与地分开，最终"绝地天通"，普通人再也拿不到天上的"签证"。《山海经·大荒西经》又称"颛顼生老童，老童生祝融"，祝融成了颛顼孙子，那么共工就成了颛顼的曾孙，全乱套了。这要么是传抄过程中出现的错误，要么是两拨作者各自表述，可郭璞老师胸有成竹地表示，祝融即重黎，将重和黎合二为一，并称祝融乃高辛氏的火正。高辛氏即未来的帝喾，那时颛顼已经撒手人间，与共工打得天翻地覆的人是谁？如果祝融是火正，那么分开天地的两个人又是谁？这两个问号意味着颛顼既没打架，也没"绝地天通"，颛顼成"务虚"了。

让我们暂时忘了郭璞老师关于祝融的注释，让颛顼"务实"起来。上古的帝王其实都是巫师，是人神之间的媒介。如果人人都可以向上天表达心愿，那么人人都是巫师，都有话语权，帝王自然不希望专利旁落。"绝地天通"在我看来不是什么思想史的改革（倒是写科幻的好题材），而是独裁的开端——帝王成了上天唯一的代言人。颛顼确实够"黑"的。

跟共工打架导致宇宙乱套，"绝地天通"导致独裁，难怪后人喜欢编排颛顼。

东汉大才子蔡邕（其女即大名鼎鼎的蔡文姬）在《独断》里说颛顼有三个儿子，三个儿子全都亡去变成厉鬼，其中有个鬼名气极大，即成语"魑魅魍魉"中的"魍魉"。（"帝颛顼有三子，生而亡去为鬼。其一者居江水，是为瘟鬼；其一者居若水，是为魍魉；其一者居人宫室枢隅，善惊小儿。"）类似的说法《搜神记》里也有，说颛顼有三个儿子死后变成"疫鬼"："一居江水，为疟鬼；一居若水，为魍魉鬼；一居人宫室，善惊人小儿，为小鬼。"小鬼喜恶作剧，喜欢吓人家小孩玩。大人喜欢亲切地称小孩为"小鬼"，可能不清楚"小鬼"的来历——小孩正是其吓唬的对象，如果大人吓了小孩，大人反倒成了"小鬼"。

还有个说法，说颛顼生了个怪兽儿子叫梼杌，"其状如虎而大，毛长二尺，人面虎足，猪口牙，尾长一丈八尺"（《神异经》，引自张守节《史记正义》）。你能想象这是什么样子的怪物吗？我想不出来，所以《山海经》类的神异读物想象力惊人，怎么难看怎么来。梼杌长相奇特，兼有预知未来的特异功能，所以楚国的史书就叫《梼杌》，"史以示往知来者也，故取名焉"（张萱《疑耀·梼杌》），这就是楚史名字的来历。

颛顼还有个儿子，蔡邕漏掉了，他便是大名鼎鼎又恶名远扬的鲧，《竹书纪年》和《夏本纪》里都提到了。可从时间上判断几乎不可能，他是尧舜时代的人，和他爹隔了两百多年的时空，除非他会穿越。反正会穿越的也不止他一个，就当他是颛顼的儿子吧，不过他的下场也很惨，因治水不力被舜处死。

除了这五个儿子，传说颛顼还有一个儿子，那个儿子的名字骂人时经常被人挂在嘴边，叫"穷鬼"！我怀疑这是不是后人的恶搞，明人陈耀文《天中记》引《岁时记》："高阳氏子瘦约，好衣弊食糜，正月晦日巷死。世作糜，弃破衣，是日祀于巷，曰送穷鬼。"这个儿子似乎压根就不愿意来到这个世界，怎么作死怎么来，吃变质的食物，穿破衣，正月的最后一天（晦日）死于巷中，后人祭祀他的成本倒是挺低的，把不要的残羹破衣扔到巷子里就行了。宋陈元靓《岁时广记》也提到穷鬼，说法略异："昔颛帝时，宫中生一子，性不着完衣，作新衣与之，即裂破以火烧穿着，宫中号为穷子。"这个穷鬼有可能就是蔡邕所说的"其一者居人宫室枢隅，善惊小儿"，他自己不好好活着，还去吓唬别的小孩，这不太好，特此批评。

穷鬼生于宫中，锦衣玉食，但他就是不愿好好活着，认为人间不值得，非要把自己在饥寒交迫中折腾死。《山海经·西山经》里也提到一个穷鬼，说是住在恒山的四角。（"东望恒山，四成，有穷鬼居之，各在一搏。"）看来穷鬼死后落户恒山了。郭璞关于穷鬼的解读很奇怪："搏犹肋也。言群鬼各以类聚，处山四肋。有穷，其总号耳。"他把穷鬼当成"有穷鬼"，还表示是鬼的总称，此说闻所未闻。"有穷"是后羿的族名，怎么成了鬼的代名词？"有穷氏"之"穷"通苍穹之"穹"，代表弓箭。

颛顼还有个儿子叫穷蝉，不在《山海经》里，所以应该是个正常人。但据袁珂先生考证，灶神从穷蝉之名演变而来，听上去还挺酷的，但灶神不过是灶台上的蝉状虫子，也即蟑螂，最后还特别强调"戳穿底细，如斯而已"！蟑螂还不如妖怪呢，颛顼的儿子全砸锅了。

屈原写《离骚》，开嗓唱道"帝高阳之苗裔兮"，对于自己是颛顼根正苗红的后人充满自豪。在《怨世》一诗中，他替老祖宗抱不平，"高阳无故而委尘兮"，意思是颛顼遭到不负责的诽谤，却没有解释颛顼到底受了什么冤枉以及后人为什么要冤枉他，只打感情牌，相关证据完全空白，这种抱怨只是抱怨，没有任何意义。屈原为了证明老祖宗有多委屈，竟然打比方说"西施媞媞而不得见兮，嫫母勃屑而日待"，意思是西施那么美都受君王冷落，而嫫母那么丑陋，还能侍奉于君王身边。

这两句诗问题可就大了，前者不准确，后者不厚道。吴王夫差对西施宠爱之极，甚至都没心思理政，弄得国家都亡了，他要是不待见西施倒好了，不知道屈原想表达什么。嫫母是黄帝次妃，名列"四大丑女"，据说黄帝娶她是为了彰显自己重德不重色的美德。嫫母虽然丑，何至于"勃屑"（蹒跚跪行状）？屈原为什么要如此丑化一个心灵美的丑女人？嫫母的内心非常强大，为了看清自己的外貌，居然发明了镜子，让自己知道除了貌美她什么都不缺。嫫母在天之灵一定不会在意一个后辈的诋毁。屈原显然未能洗白颛顼。

颛顼驾崩后，即位者不是他的儿子，而是青阳（少昊）的孙子高辛，帝位又回到少昊一脉。

三　帝喾时代

高辛就是帝喾。颛顼是青阳的侄子，高辛也是颛顼的侄子。

高辛的父亲叫蟜极，母亲竟然无名无姓。连皇甫谧这位俨然古代帝王的"新闻发言人"都不知道，其《帝王世纪》载："帝喾高辛氏，姬姓也。其母不觉，生而神异，自言其名。"别的帝王母亲怀孕都伴随电闪雷鸣，唯独他母亲一点儿动静没有，不知不觉就把他生下了。这就很奇怪了，上古的大人物们可能不知道父亲是谁，但母亲的身份都很明确，为什么堂堂五帝之一的帝喾的母亲没有名字？后来我终于想明白了，别的母亲怀孕都有奇特的经历，唯独帝喾的母亲是正常怀孕、自然生产。蟜极肯定不在意妻子的名字是否载入青史，相反心里美滋滋的，因为孩子的血缘有保障，没有"感孕"的副作用。也有不可靠消息，说帝喾的母亲叫握褒（póu），也是踩了大脚印而怀孕，估计这是后人附会之说。

帝喾跟黄帝一样，生下来就会说话，没有跟父母商量就麻利地给自己起了名字。他的名字"喾"本身就很酷了，这个字在汉语里被他垄断，专门用来称呼这位帝，除此以外，别无他用，就像武则天的"曌"一样。他还有别名叫"俊",不过这是《山海经》里说的。喾字甲骨文的上部是手捧着"爻"（即八卦里的虚线或实线），下部是"告"字，意思是向上天祈祷、告白，喾的名字便暗示了其巫师的身份。

帝喾这孩子还有更酷的地方——长着"骈齿"，就是有两排牙齿，实在太妙了，前排坏了，后排顶上，一百零五岁都能啃羊腿，我相信所有的牙医都不喜欢骈齿。这个秘密，司马迁都不知道，是皇甫兄悄悄在《帝王世纪》里说的，他还告诉我们，这个"酷"娃"年十五而佐颛顼，三十登帝位"。

颛顼感念青阳的养育之德，打高辛幼年起就刻意培养这个侄子。他自己的儿子确实没有接班人的相，非怪即鬼。

柏杨先生说颛顼没有什么政绩，那么帝喾就更少了，他位列五帝，可看起来像是打酱油的。他在《山海经》里也出现了，但属于友情客串，一上来就成了尸体，《海外南经》说他葬在狄山的南面，儿子帝尧葬在北面，就算离开人间也不耽误天伦之乐。不过如果他知道儿子尧在其身后干了什么事，估计会气得让尧挪窝。

文采飞扬的曹植写了首其貌不扬的《帝喾赞》，疯狂夸赞帝喾："祖自轩辕，玄嚣之裔。生言其名，木德治世。抚宁天地，神圣灵宾。教讫四海，明并日月。"全是些空洞的大话、大词，与曹植的才华不相称。同样是四言乐府，曹操的《观沧海》甩《帝喾赞》一个沧海。不是曹植的才华衰竭了，而是帝喾真的没啥好写，曹植慌里慌张的甚至忘了提一下帝喾的音乐才能。曹植之所以写这首诗，全因帝喾"祖自轩辕"，而曹氏据说也出自黄帝一族。

更可悲的是，帝喾都快被后来的学者们架空了。郭沫若在《甲骨文字研究》里得出结论，帝俊即帝喾，而帝喾就是帝舜。舜的知名度极高，帝喾完全被覆盖得看不见了。

帝俊在《山海经》里是个事迹散乱的大神。《大荒东经》里他生了帝鸿，帝鸿的儿子叫白民，善于操控虎豹熊罴，这是帝鸿被当作黄帝的原因；《大荒南经》里，帝俊生了个孩子叫季厘。《左传·文公十八年》记载帝喾有八个儿子，其中一子叫季狸，清代学者郝懿行据此推测帝俊即帝喾。帝俊的妻子叫娥皇，帝舜的妻子也叫娥皇，所以帝俊等于帝舜。不需要深奥的甲骨文，天真烂漫的《山海经》便将帝喾挤出逻辑的视线。袁珂在《中国神话传说》里称"舜和帝俊，本来就是一人"的说法也太过武断，忽略了很多可能性。

不能因为帝喾碌碌无为就否定其存在，是《山海经》出了问题，何况是被传抄了无数遍的一部古书。在《山海经》里有些地方明确地肯定了帝喾的存在，而且喾和舜是两个人，比如《海内北经》："帝尧台、帝喾台、帝丹朱台、帝舜台，各二台，台四方，在昆仑东北。"还有《大荒南经》："帝尧、帝喾、帝舜葬于岳山。"倒是某些学者对《山海经》中错误的强行解释让人很困惑，只会在错误的道路上越走越远。

《左传·昭公元年》有笔关于帝喾的记载，也说明了他和舜不是一个人。帝喾有两个儿子，大的叫阏伯，小的叫实沉，两个熊孩子在帝喾去世后，可能在遗产继承权上产生争议，两家天天打群架（"日寻干戈，以相征讨"）。继任的帝尧看不下去了，将阏伯迁往商丘，负责祭祀辰星（大火星），所以辰星又叫商星；实沉被移居至大夏，祭祀参星。伦理学上，两个冤家兄弟从此不相见；天文学上，在星空中参、商如同日月，此出则彼没，不会同时出现。杜甫的诗句"人生不相见，动如参与商"，诉说的便是后会无期的悲凉。

帝喾必须要存在，否则帝尧就没了出处，韦小宝也就说不出"鸟生鱼汤"，"鸟"便是尧，且看尧如何飞翔。

四 帝尧时代

多年之后，帝尧想起取代挚的过程，心情仍然久久难以平复。没有四岳等权臣的帮衬，他是坐不上大位的。尽管尧有天生圣人之眉（"八采眉"），也不得不在大佬们面前低眉顺眼。

被后世奉为明君代言人的帝尧日子并不好过，上台没多久，就面临特大洪灾，天下处于水深火热之中。帝尧愁得眉毛都快掉光了，紧急召开御前会议，请大臣们群策群力。

其中一个大臣名叫驩兜，即前面提过的驩头，颛顼的儿子，是帝尧的叔伯辈，如此资历帝尧自然不敢怠慢。当他在朝堂展开翅膀，场面一定很魔幻。他的翅膀不能收，因为也是他的拐杖，收起来的话会在堂上摔倒。在《山海经·大荒南经》里，驩兜有另一个身份，从颛顼的儿子变成曾孙，爷爷变成了鲧。从这个差别里我们不难推测，写《大荒南经》《大荒北经》的是两个人，他们或许从同一个渠道听说了驩兜，转述时把辈分弄错了，这便是所谓信息损耗。驩兜是颛顼的儿子可能性更大些（尽管也很老很老了），鲧当时不在权力中心，大概只是个地方干部，很难想象他孙子——一个小年轻、帝尧的子侄辈能在朝堂"杖翼而行"。

驩兜积极发言，并且给帝尧隆重推出一位治水人才。这个人才名叫共工。共工因为不服颛顼撞断不周山引发洪水滔滔，这回竟然要治水？共工真的很励志，跟颛顼恶战之后从脑震荡中醒来，居然在帝尧朝出任水利工程师。根据《竹书纪年》记载，颛顼在位七十八年，帝喾在位六十三年，共工跟颛顼打架是在颛顼即位之初，那时他肯定是个成年人，那么他在帝尧时至少有一百五十岁。让我们这么理解：共工是神人，不要用人类的年龄去衡量他在世间的逗留区间，即使你不拿他当神仙或妖怪看，也可以试着从科幻的角度拿他当穿越人看，如此就可以解释非正常的人事，至少比一通操作把帝喾和帝舜混为一谈好些。

帝尧忍着没有踢驩兜，生怕把他翅膀踢坏了没地方修。帝尧明知共工差劲，仍然不好意思驳驩兜面子，就让共工去当"工师"。工师是百工之长，权力虽然比不上手握兵权的人，但油水不小。共工高高兴兴地上任去了，然后贪污受贿，生活作风腐化，用司马迁的话表达就是"淫辟"。

帝尧心思都在治水上，没心思让反贪局调查共工这个坏官员。帝尧又征询四岳的意见，四岳向他推荐了鲧。四岳的说法有多种，其中之一称其为共工兄弟的孙子，所谓"从孙"（"共之从孙四岳佐之"《国语·周语》），如果共工真有一百五十岁，四岳倒确有可能是他兄弟的孙子，说明共工的影响和渗透实在太强了。鲧也是颛顼的儿子，那么他跟驩兜就是兄弟，难怪四岳力挺。

鲧仗着自己是黑帝的儿子，根本不把帝尧放在眼里，在乡里为所欲为，所谓"负命毁族"（《史记·五帝本纪》），每次好凶斗狠之后，都不忘晃着大拇指说"我爸爸是颛顼帝"。

帝尧当然不喜欢鲧，但在四岳软硬兼施下被迫任用了鲧（"岳强请试之"《五帝本纪》）。屈原明知故问："不任汩鸿，师何以尚之？"（《天问》），意思是鲧不懂治水业务，众人为何荐举他？不是众人荐，只是四岳野蛮强推。众所周知，鲧治水功败垂成，但并不表示他偷奸耍滑。事实上，他对治水尽心尽力，连鸥龟（可以理解成忍者神龟）都被感动了，义务帮忙拖土衔泥筑坝，然而精神力量无法取代业务能力，就像一个对算术很感兴趣的小学生花再多时间也解不出微积分，鲧也解不出洪水的大难题，终因耗费大量人力物力而且耽误了时间，被帝尧以渎职罪判处死刑。

《山海经》里的鲧是个悲情英雄。他为了治水，不惜冒着生命危险窃取天帝的宝物息壤。十二个头的天帝很小气，因为鲧没有"营业执照"，就派祝融杀了鲧。鲧是个普罗米修斯式的悲剧英雄。普罗米修斯因为盗火被大神宙斯囚禁于高加索山，忍受日复一日的肝损伤；鲧因为治水，被囚羽山乃至被杀。鲧的尸体在山上三年不腐，后来被一个擅长外科手术的神巫剖腹，竟然发现腹内还有一个小生命，那就是大禹。屈原对此非常关注，并认真地提出问题：父亲的肚子生出儿子是什么化学反应？（"伯禹愎鲧，夫何以变化？"）

剖腹产子之后的鲧复活了，化身黄熊。屈原好奇心大起，问神巫是怎样让鲧复活变成黄熊（"化而为黄熊，巫何活焉？"《天问》），就算神巫详细解释具体流程，估计屈原也不明白，以他的心性，一定会写出《天问二》。屈原明显看过《山海经》，在《离骚》中对鲧寄予深切的同情："鲧婞直以亡身兮，终然殀（夭）乎羽之野。"意为鲧性情刚直，不顾自身安危而遭遇羽山悲剧。

在《史记》里鲧死于尧之手，在《山海经》则死于天帝之手，但都被囚禁于羽山，这是历史与神话相通的地方。有人据此推断帝尧即《山海经》里的天帝，然后"雄辩"地论证帝尧是假的，是神话中的人物，实在失之武断。事实上，帝尧和帝喾一样，在《山海经》里格外安分守己，不仅没有长得奇形怪状，也没有穿奇装异服，甚至都没有做任何动作，只是安安静静地躺在坟墓里。谁见过高高在上、神通无边的天帝会在坟墓里躺平？

鲧无论在历史还是神话里，怎么看都不是一个坏人。至于"负命毁族"的负面言论，十之八九出自帝尧的秘书手笔。鲧因为耿直得罪了帝尧，帝尧正好以治水失败为由，除掉了鲧。

在《五帝本纪》中，司马迁以广告词的方式让帝尧隆重出场："其仁如天，其知如神。"但我怀疑这是高级黑，因为帝尧几乎一事无成。帝尧最成功的一件事是让儿子丹朱成为接班人。可惜丹朱很不争气，是个一身纨绔气的"帝二代"，帝尧知道这个娃连葫芦娃都比不上，必须要物色一个能干且可靠的人辅佐儿子。

帝尧眼光不错，他选中的人是神州杰出青年姚重华。为了让姚青年死心塌地辅佐儿子，帝尧一口气把两个女儿娥皇和女英都嫁出去，让姚青年成为双重女婿。据说帝尧在去世之前的二十八年早早就让姚青年摄政，自己退居幕后，临终前传位于姚青年，这便是所谓"禅让"。

"禅让"才是帝尧最大的神话，编出这个神话的人当然不是帝尧，而是战国的书生们，正如顾颉刚的洞见："受了时势的刺激，在想象中构成的乌托邦。"

人为什么会编造不存在的东西呢？尤瓦尔在《人类简史》中的一段话颇有意思："人类语言真正最独特的功能，并不在于能够传达人或狮子的信息，而是能够传达关于一些根本不存在的事物的信息。据我们所知，只有智人能够表达关于从来没有看过、碰过、耳闻过的事物，而且讲得煞有其事。"智人可以一本正经地宣布狮子是他们部落的守护神。

"禅让"就是书生们想象中的狮子，就像不存在的斯芬克斯。斯芬克斯是个人面狮身的怪物，特别喜欢让人猜谜语，谁猜不中就会被吃掉，乐此不疲。当俄狄浦斯猜中谜语后，斯芬克斯恼得自杀身亡，因为觉得活着的乐趣已经没有了，人间不再值得。

中国的书生们比斯芬克斯脸皮厚实多了，无论现实给了什么样的打击，他们都坚信禅让，坚信姚重华在帝尧的高风亮节中成为帝舜。

五　帝舜时代

帝舜的名字姚重华挺有讲究。其母名叫握登，在某个充满春天气息的夏夜，"感枢星之精而生舜"，"枢星"是北斗七星之首，但它的精是什么，我打赌郑玄也说不出个所以然。握登"感孕"的地方在姚墟，故帝舜姓姚，上古的祖先一般都以出生地为自己取姓。枢星的能量或许太强了，导致胎儿产生基因突变——帝舜生下来每只眼睛都有两个瞳仁，故起名为"重华"。

帝舜跟屈原一样也是颛顼的苗裔，其六世祖为"灶神蟑螂"穷蝉。穷蝉因为某种原因招父亲颛顼嫌弃，后人都跟着倒霉，"自从穷蝉以至帝舜，皆微为庶人"（《五帝本纪》）。有个以上古为背景的电视剧，声称帝舜的父亲瞽叟（即瞎老头）为有虞氏的族长，想必编剧没有认真看过《史记》。瞽叟肯定没有那么高的社会地位，但在部落应该算是比较富裕的，否则他不可能在握登去世后很快就续弦了，那个女子总不至于出于对残疾人的同情而下嫁吧？瞽叟大概很不喜欢"感孕"的说法，握登去世后，瞽叟伙同后妻变着法子往死里整帝舜，如果帝舜不够机灵，他有机会死好几次。

帝舜打小就出门去打工，幸亏聪明能干，才活了下来，而且活得很好。他干一行爱一行，农、工、商皆有涉猎，并且成为每一行的专家，渐渐声誉鹊起，声闻于朝堂，是个妥妥的斜杠青年。三十岁那年，他步入朝堂，此后一路顺利。

帝舜当上驸马后，权力越来越大，代岳父摄政。帝舜很有政治智慧，四岳举荐鲧，按说有不察之责，可帝舜就像没事人一样，仍然让四岳继续举荐治水人才。四岳举荐了鲧的儿子禹，当时他只是个打工仔，还不是大禹。

帝舜掌权后，开始收拾那几个坏分子。共工被流放到幽州，成为北狄；驩兜被流放到湖南崇山，成为南蛮；驩兜的追随者三苗（蚩尤的后裔）从南方被迁移到西北的三危山；鲧被羁押于羽山。屈原认为鲧不应该与其他坏分子同罪："何由并投，而鲧疾修盈？"（《天问》）

帝舜时代不仅人事复杂，而且妖怪横行。《五帝本纪》透露，最著名的四怪是帝鸿的儿子混沌（浑沌）、少昊（青阳）的儿子穷奇、颛顼的儿子梼杌以及缙云氏的儿子饕餮。这四怪中三个都名列《山海经》，但没有谁谁儿子的定语。

混沌没有七窍，面目全非，但他有个特别令人惊讶的才艺——能歌善舞，如《西山经》云："是识歌舞，实为帝江。"这个妖怪不是一般人，而是贵为帝，帝者，神也。难怪庄子在《庄子·内篇·应帝王》中让混沌出演中央大帝，他有两个朋友分别是南海之帝和北海之帝。混沌非常好客，每次都好酒好菜招待南帝、北帝，搞得二帝不好意思，觉得如果不报答混沌一番那就算不上一个脱离低级趣味的帝。于是某日南帝、北帝各自带来手术器具，来到混沌家中，表示要为他开凿出七窍。能歌善舞的混沌非常纯朴，任由两位朋友开凿，连麻醉药都没打。南北二帝毫无医学常识，一顿操作之后，混沌因失血过多而死。很难想象，如此憨厚的一个妖怪能做什么坏事。

穷奇比较可怕，他看上去像个刺猬，但身材跟牛差不多，它若超速行驶，身上可能会挂着一串烧烤；梼杌不在《山海经》里，《神异经》里说它看上去像个大一号的老虎，人面虎足，毛长两尺，跑起来那叫一个飘逸。它有预知未来的能力，因而成为楚国的吉祥物，楚国的史书就叫《梼杌》，"史以示往知来者也"。至于饕餮，就是个凶残的吃货，怎么吃都吃不饱，完全不考虑卡路里的摄入量，《山海经》里它叫狍鸮，郭璞认为它就是《左传》里的饕餮。钟毓龙先生在《上古神话》里则更进一步，称鲧就是梼杌、驩头就是混沌，不知道有什么依据。驩头明明长着一对梦想的翅膀，如果没有七窍，还怎么跟人说话？鲧最后不是化身黄熊了吗？凭什么说他人面虎足？屈原肯定不会答应。再说鲧如果能预知未来，他还会接下出力不讨好的治水工作吗？此外，四怪的流放地与共工等人并不一样，《五帝本纪》是分开来写的。

四怪当时在社会上制造了极大的恶劣影响，搞得人心惶惶，老百姓都不敢出门，社会经济死水一潭。帝舜看在眼里急在心里，不知道他用了什么超能力，竟然玩弄四怪于股掌之间，将他们流放至偏远的四方边塞。更令人吃惊的是，帝舜竟然还将四怪利用起来，让他们去抵御其他的妖怪。关于帝舜的超能力来自何处，史籍里没有任何记录，简直莫名其妙。如果帝舜没有超能力，仅仅动用行政或武装力量就摆平四怪，那么四怪就只是四个混混，其中一个还是双眼失明、双耳失聪、鼻孔有呼吸障碍、嘴巴咀嚼食物有困难的重度残障人士。这让帝舜情何以堪？

不管怎样，怪物和比怪物还要怪的坏人都被搞定后，形势从吓人变得喜人，每个人的脸上都露出幸福的笑容。必须承认，帝舜比岳父帝尧能干太多了，帝尧几乎一事无成，而帝舜几乎干成了所有的事，除了掌握不了自己的命运。

帝舜接着进行了一系列的人事任命，其中有很多都是青史留名的大人物，比如后稷、契、皋陶、伯益、夔、彭祖和大禹等。

众所周知，后稷和契是帝尧的兄弟，很值得一说，可以留在商周历史的部分谈。

皋陶是帝舜的首席法官，他养了一只好宠物，名字叫獬豸。该宠物不在《山海经》里，而在《神异经》里。獬豸的生理及技术特点是："东北荒中有兽焉，其状如羊，一角，毛青，四足似熊，性忠而直，见人斗则触不直，闻人论咋不正，名曰獬豸，一名任法。"它天生就会断案，谁没道理就顶谁，它的主人皋陶自然就成为明察秋毫的青天大老爷。然而奇怪的是，为什么獬豸这么好的宠物只皋陶拥有呢？天地间只此一只吗？一只角的怪兽在西方也有，英文名叫 unicorn，独角兽的意思，《圣经》中多次提及，当然它们与獬豸的技能不一样。不管怎么说，皋陶因此成为中国的狱神，狱神旁边坐着獬豸。

伯益是大禹治水的同事，业余和大禹一起创作《山海经》，但《山海经》的作者肯定不只有他俩，因为大禹本人就是《山海经》里的角色，他肯定是被别人写进去的。

夔是帝舜的乐官，不是《山海经》里只有一只脚的怪物。鲁哀公是《山海经》的粉丝，以为叫夔的都是只有一只脚的怪物，因此咨询老师孔子夔是不是只有一只脚，孔子一口气讲了三个小时，然后告诉学生夔有两只脚。鲁哀公好像很明白似的，翻了个白眼，然后说道：哦，原来《山海经》写错了。

彭祖的名气很大，但没人知道他干过什么。他也是颛顼苗裔，留给世人的印象是特别能活，活了八百岁。可能他的真核细胞线性染色体末端结构在细胞复制过程中启动了保护机制，避免基因受损，有效防止染色体间末端重组、融合与退化，说得通俗一点儿就是彭祖的干细胞突变，导致他不断回归青年时代，回了八到十次，搞得干细胞都烦了，不愿回归，彭祖这才离开人世。但彭祖跟轩辕之国的子民相比根本算不了什么，"轩辕之国在此穷山之际，其不寿者八百岁"（《山海经·海外西经》）。轩辕之国的人活不过八百岁都算夭亡，彭祖在那里只是个短命鬼。

至于大禹，无论历史还是神话都无法回避。当帝舜走上巅峰的时候，姒文命在山脚下蓄势待发。

第五章 夏朝魅影

一 大禹是怎样成为大禹的

姒文命是大禹的原名。孔子的苗裔孔安国认为"文命"的意思是"言其外布文德教命，内则敬承尧舜"，老实说，我不知道孔安国老师的话是什么意思。

大禹的出生经历在上古的大佬中最为奇特。他来到人间的方式有两种，分别是父亲生的、母亲生的。前面提过鲧是如何单性生出大禹，《山海经·海外西经》似乎为了安慰地球人的情绪，声称有个丈夫国，全是男人生孩子，一次生两个，然后父亲就死了。大禹的另一次出生比较正常，是母亲修己正儿八经怀孕而来。修己跟前面那些著名母亲一样，在某个夜晚，也是因光"感孕"，《竹书纪年》载："母曰修己，出行，见流星贯昂，梦接意感，继而吞神珠。"简狄吞鸟蛋，修己吞神珠，档次上了一大截。吞噬异物导致不能自然生产，简狄剖腹（或胸）产，修己则是剖背产（"修己背剖，而生禹于石纽"）。

接受帝舜的任命后，大禹率领自己的工程队走向治水工地，也走进了神话和历史。

大禹治水前，还有一大人为因素需要解决。制造麻烦的怪物是我们很熟悉的共工，洪水泛滥说明他从流放地幽州窜了出来，继续兴风作浪，也说明帝舜的流放措施并未完全取得成功。大禹虽然出生的方式奇特，但他并没有什么特异功能，为了对付共工，不得不向天帝打报告申请援助。天帝于是委派四条龙相助，他们分别是应龙、黄龙、白龙和苍龙——他们当年都曾与黄帝并肩作战打蚩尤。在四龙的火力掩护下，大禹击败了共工。故《荀子》赞道："禹有功，抑下鸿，辟除民害逐共工。"惹祸精共工从此消停了，不再电闪雷鸣地穿越时空，老老实实地待在流放地，百无聊赖地度过余生。

应龙除了会打架，还是一台功率极高的挖掘机，他用梦想的翅膀在大禹指定的地方挖出渠道。屈原对此非常好奇，问道："河海应龙，何尽何历？"他对应龙的技术操作很是好奇，同时关注河水入海经过哪些地方。屈原肯定没听过信天游，因为河流入海必定经过九十九道湾，多几道、少几道都是九十九，因为这数字是虚指，老祖先的数字概念都很差。

大禹在治水的过程中收获了爱情。他在涂山氏部落的地域结识了当地酋长的女儿涂山氏（女娇）。涂女士对大禹一见钟情，主动求爱，大禹欣然受之。屈原连他们的约会地点都知道："焉得彼涂山女，而通之于台桑。"（《天问》）所谓台桑便是桑林，林深如梦，荷尔蒙滋长。通是私通的意思，屈原其实是在批评大禹和涂女士未婚同居。屈老夫子真是个书呆子，大禹时代跟几百年后的周朝在婚嫁礼仪上能一样吗？

大禹和涂美女实打实在桑林谈恋爱，他们的爱情结晶也就不是"感孕"，而是自然受孕。闻一多先生在《高唐神女传说之分析》中将大禹和涂女士的"野合"当作"禹有淫湎之意"（《吕氏春秋·当务》）的例证，实在太过勉强。"淫湎"是指嗜酒，高诱认为此句指"禹甘旨酒而饮之"，是正解。然而孟子认为大禹一点儿都不爱喝酒，"禹恶旨酒而好善言"，这不奇怪，被儒家尊为圣王之一的大禹是不能有缺点的。

大禹真的是个好干部，作为治水总指挥仍然身先士卒战斗在第一线，甚至亲自挖沟渠。那时应龙在打盹儿，龙的工作时间可能也是八小时。大禹为了提高工作效率，不惜化身为熊，用笨拙而有力的熊掌挖出污泥。大禹为什么能够化身为熊？因为他爸爸是鲧，鲧复活时化身为黄熊。这说明大禹真的是鲧亲自生的，修己的"感孕"则缺乏基因的证据。

《淮南子》愣是把大禹和女娇的爱情故事玩坏了，生生整出一幕滑稽剧：大禹当时在离家不远的嵩山治水，怀孕的女娇去看望大禹。大禹当时正在从事一个艰难的挖掘工程，要打通辕山来疏导洪流，其工作方式不是地球人能够理解的。为了不让妻子误解和害怕，大禹跟女娇约定，听到鼓响她才可以去见他。大禹忙中出乱，不小心碰落的一块石头把鼓砸响了。女娇听见接头暗号，便去看望大禹。大禹当时化身为熊，埋头在沟里劳作，刨着土石方，挥汗如雨。女娇见状，想喊，但嗓子像被什么堵住了一样哑了，她只想尽快逃离这恐怖的"社死"现场，朝山脚下狂奔而去。恢复人形的大禹赶来时，女娇已经变成冰冷的石人。见妻子突然从有机物变成无机物，大禹急了，生怕腹中的孩子也没了，朝石人大喊把儿子还给他。石人应声而裂，吐出一个白白胖胖的男婴。大禹根据孩子的出生方式，为他起名为"启"。（"涂山氏往，见禹方作熊，惭而去。至嵩高山下，化为石，方生启。禹曰：'归我子！'石破北方而启生。"《淮南子》）

大禹的努力与牺牲终于有了巨大的收获，为祸多年的水患终于平息，流离失所的百姓终于可以安居乐业了。仅此一点，大禹就足以永垂青史，什么"台桑""淫湎"都是浮云或者八卦而已。

治水成功之后的大禹登上权力的巅峰，开始划定九州方圆。屈原好奇地追问大禹根据什么定九州："地方九则，何以坟之？"（《天问》）这是个好问题，要回答好这个问题不是几句话更不是几句诗能够胜任的，但神话可以。《尚书·洪范》借商纣王叔父箕子之口回答了屈原的问题："鲧堙洪水，汨陈其五行。帝乃震怒，不畀（bì）洪范九畴，彝伦攸斁（dù）。鲧则殛死，禹乃嗣兴，天乃锡禹洪范九畴，彝伦攸叙。"其中关键词是"洪范九畴"，即九大妙招。天帝不教鲧，所以鲧失败了；大禹得之，不仅治水成功，还可以用"九畴"规划天下。在《山海经》里，鲧之所以失败是因为天帝小心眼，收回息壤。或许九畴是息壤的使用说明书，鲧因为没有说明书错用息壤酿成大错。据说汉元帝时期，临淮徐县地面突然拱起，长五六里，高两丈，郭璞老师认为那是息壤从神话落入凡尘，佐证了息壤使用不当会产生多么可怕的后果，同时也说明了郭璞老师对《山海经》是认真的。

被帝舜流放到三危山的三苗趁大禹无暇他顾之际造反了，他们显然没有从共工的失败里汲取经验教训。《墨子·非攻下》描述了"三苗"灭亡前恐怖而又玄幻的末日景象："日妖宵出，雨血三朝。龙生于庙，犬哭乎市，夏冰，地坼及泉。"太阳化身为妖在夜间出来活动，血雨一直下一直下，气氛很不融洽。龙在庙里出生，狗在大街上痛哭流涕，夏天以为自己是冬天，认真地结起冰来，大地开裂现黄泉。擅长解读神话的人认为"日妖宵出"是指黄昏时分的日食，那么"龙生于庙"何解？早已离开人世的黑帝颛顼明媚地出现在大禹面前，给他一枚天帝的"瑞令"，并派一位人面鸟身的神助阵。战斗结束得很快，那位"鸟人"一箭射死三苗首领，三苗就崩盘了。从此三苗成为一个历史名词。

大禹做事很彻底，要么不做，要做就做到位。共工被搞定了，三苗也被搞定了，九州规划也搞定了，接下来他需要搞定帝舜，让舜"禅让"。那时的帝舜就像末年的帝尧，对咄咄逼人的大禹没有还手之力。关于舜与大禹的权力交接，咱们后面细说。

据说天帝对大禹极为满意，不仅赐给他天下，还赐给他姓与氏，《国语·周语》说得很明白："皇天嘉之，祚以天下，赐姓曰姒，氏曰有夏。"上古时代的部族，都习惯在部族名字前加一个"有"字，比如黄帝的有熊氏、帝舜的有虞氏。大禹连姓氏都是神授，是第一个获得如此待遇的帝王。大禹父亲鲧的氏不明，鲧或者母亲修己姓什么亦不明。天帝脑袋多，考虑果然周到，否则堂堂大禹要成无名氏了。司马迁为了去除神话色彩，语焉不详地说"赐土姓"（《夏本纪》）。"土姓"一词很让人困惑，其实是"土与姓"的意思，土代表天下，司马迁不仅省略了主语"皇天"，也省略了"氏"，造成了很大的信息损耗。

大禹以自己的氏命名新朝，即夏朝。大禹当家做主后，深知柴米油盐贵，工作重心是征税。大禹风尘仆仆地赶到浙江会稽稽查税务，号召当地各部落首领前来参加税收工作会议。防风氏首领不知道因为什么迟到了，大禹不听解释，诛杀防风氏以杀一儆百。这个事件听起来跟神话无关，但防风氏的身高是个神话：高达三丈！大禹身高一丈，已经是大个子了，防风氏居然有三个大禹那么高，确实可以"防风"。一千五百多年后，有人在会稽发现一根巨大的骸骨，便千里迢迢跑到鲁国请教孔子，博学的孔子指出那就是防风氏的遗骸。

《河图括地图》将防风氏与大禹的交锋描述得非常精彩。大禹南巡时，场面非常魔幻，他乘坐在双龙牵引的豪车上，驾车的是擅长御龙的范氏。防风氏可能出于羡慕嫉妒恨，"怒射"大禹。双龙何等敏捷，腾空而起，轻松躲过利箭。防风氏害怕极了，拔刀自杀，在胸口捅了个大窟窿。大禹宅心仁厚，赐不死草让防风氏复活。复活后的防风氏成立了穿胸国。袁珂先生认为穿胸国即《山海经·海外西经》里的贯胸国，听起来合理，但他没注意到这个说法穿帮了，因为贯胸国在帝舜时就有了。神话里穿帮倒也问题不大，比在现实里撞墙好。

大禹处理防风氏不久，自己就因病不起，他一手建立起来的夏朝将何以为继？

二　后羿之箭

据《夏本纪》，大禹临终前将大位传给自己的战友兼笔友伯益，也即禅让，同样不靠谱，但这里不谈其中经过，虽然也是神话，但没有神话色彩。

不管怎样，大禹的独生子启继位，成为夏朝第二代君主。启行事非常古怪且高调，不知道是不是出生时因为石头的爆裂产生了心理阴影。

启登上帝位后，突然乘龙"偷渡"到天庭。天帝得知启过海关时没有出具签证，大怒，命人将启投入深渊。启的游泳技能应该很好，没被淹死。

《山海经·大荒西经》透露了启闯天庭的原因：窃取《九辩》和《九歌》两支神曲（名副其实的神曲）。启"偷渡"的样子很拉风：座驾是两条飞龙，耳朵上还挂着两条青蛇做耳环，非常朋克。启尽管被天帝淹得半死，仍然拼着剩下的半条命将神曲偷了去。

启下凡之后，嘚瑟得不行，在旷野举行盛大的交响音乐会演奏神曲，还有美女、美酒助兴，比伍德斯托克音乐节还要前卫。屈原在《离骚》中对启提出严厉批评，说他在演奏这两支神曲时，忘乎所以地纵情享乐："启九辩与九歌兮，夏康娱以自纵。"天帝看不下去，十二头都摇了起来，但似乎没什么用，因为启的帝位无可动摇。让启走下帝位的是死神，在位十六年后，其子太康登基。

太康比启还不着调。启"偷渡"飞天说明他有上进心。启"上进"得连天帝都受不了，太康则萎靡不振，似乎家族的上进额度被他父亲用光了。太康年纪轻轻却沉溺于打猎，有一次，太康持续打猎一百多天，也就是说，那段时间朝堂无君。

当太康带着猎物满载而归时，看到一个人站在他面前，他再也笑不出来了，因为他发现自己成了猎物。那个人叫后羿。

上古神话里有两个令人困惑的存在，一个是共工，另一个就是后羿。

后羿在中国神话里的知名度极高，远远超过共工，是神箭手的代名词。他射的不是靶子，而是太阳和怪物。帝尧时代，天上十日并出，庄稼全都被烤焦了，地上还有像是从现代动漫里跑出来的六个食人怪物，这日子实在没法过。帝尧急民之所急，紧急征召神箭手羿除害。羿不负所望，一口气射下九个太阳，六个怪物也一一被射死。百姓们非常感念尧和羿，于是"置尧以为天子"（《淮南子·本经训》），看来如果没有羿的话，尧还坐不上天子之位。

为什么天上会有十个太阳？《山海经·大荒南经》揭晓了谜底，原来是帝俊干的好事，他有个妻子叫羲和，生了十个儿子，每个儿子都是一个太阳。对于羲和来说，计划生育很有必要。生就生了吧，让十个儿子每日轮班就行，实在不该让他们同时出现，结果害人害己。帝俊非常奇葩，他的另一位妻子叫常羲，居然生了十二个月亮（《山海经·大荒西经》）。这十二个"女儿"很乖巧，汲取了太阳哥哥的教训，采取轮休制，否则嫦娥都不知道去哪一个月亮上好。郭沫若从语音角度论证常羲即嫦娥，虽然言之凿凿，但听起来并不比帝俊即帝喾或帝舜、盘瓠即盘古更有说服力。

帝俊生了十个太阳和十二个月亮是中国神话里最匪夷所思的想象，可惜仅仅是片段，点到为止。更神奇的还在后面，羿的弓箭都是帝俊赠送的：红弓白羽箭。羿用帝俊赠送的弓箭射杀帝俊的儿子，这是什么隐喻不清楚，但帝俊的心一定会很疼。

射日、猎妖的丰功伟绩让羿成为尧时代的超级名人，但帝俊心里不爽羿杀死了自己的九个儿子。羿担心自己被帝俊射死，于是求救于西王母。西王母曾经是黄帝密友，至于她是不是美女取决于个人审美。西王母"豹尾虎齿而善啸，蓬发戴胜"（《山海经·西山经》），看起来像是万圣节的特效"美女"。羿请西王母赐他一枚长生不老丸，西王母很大方，免费给了羿一枚。羿拿到药丸后，竟然没有马上服用。隔壁的姮娥（即嫦娥）悄悄地偷吃了药丸，然后就像一枚氢气球一样一直往上升，一直升到月亮上。月球上太寂寞了，那时美国宇航员尚未登月，一个人都没有，嫦娥在寂寞中变成蟾蜍，也即癞蛤蟆。这是高诱在注《淮南子》时说的，语气非常肯定。

《淮南子·览冥训》其实并未说嫦娥是羿的妻子，只能推测他们的关系类似老王与隔壁的定位。如果嫦娥是羿的妻子，直说就好，没有规定他们的夫妻关系要到东汉才能解密。是高诱强点鸳鸯谱，指定嫦娥和羿为夫妻，不容置疑地说"姮娥，羿妻"，后人一头雾水但又信以为真，此后就让嫦娥和羿绑定在一起，其实他们最亲密的接触仅仅是一枚"长生不老丸"。

羿有老婆，但不是嫦娥，而是宓妃。宓妃是伏羲的女儿，在洛水溺水而亡，死后被封为洛神。洛水是黄河的支流，黄河之神叫河伯。河伯是宓妃的领导，近水楼台先得月，娶大美女为妻。宓妃有多美，可以参见曹植的《洛神赋》。曹植并没有夸张，屈原也知道她很美，在《离骚》中发挥浪漫的想象，让云神丰隆带他去见大美女。但宓妃对屈原三心二意，屈原伤透了心，批评宓妃"信美而无礼兮"，于是决定追求其他美女，"来违弃而改求"。屈原没有得癔症，他是用宓妃影射楚怀王，抒发自己不得志的情怀罢了。

河伯并不珍惜宓妃，每年都要求黄河边的百姓给他进献美女为祭。宓妃不开心，老百姓很伤心，羿大侠在黄河边洗脚时，看到了河伯的恶行，一怒之下射瞎河伯一只眼。河伯捂着眼睛哀号逃窜，于是羿和宓妃好上了，沉浸在爱情的蜜罐里，激动的心情久久难以平息。屈原明知故问：羿干吗射河伯，娶洛神为妻？（"胡射夫河伯，而妻彼雒嫔？"《天问》）

屈原之所以没有原则地质问羿，是因为他很喜欢河伯。他甚至专门为河伯写了一首诗，名字就叫《河伯》。诗中他跟河伯的关系密切得让人脸红："子交手兮东行，送美人兮南浦。"两人四手紧握不忍分开也就罢了，干吗还要自称"美人"呢？

屈原问"胡射夫河伯"的前两句是"帝降夷羿，革孽夏民"，意思是天帝把羿派下来，祸害夏朝人民。从这里可以清晰地看出，出现在夏朝的羿就是尧时代射日的羿、射河伯的羿、娶宓妃的羿。

他为什么能从帝尧时代穿越到夏朝呢？因为在神话里，时空是可以压缩的。

在以上的神话里，这位神箭手名字叫羿，还不是后羿。个别现代学人生造了一个名字叫"大羿"，自作聪明地与后来的后羿做区分。"大羿"不见于任何文献，这种做法不仅没有必要，而且很不负责任。袁珂先生编著的《中国神话传说词典》有三千多个词条，都没有什么"大羿"。

当羿用箭指着玩物丧志的太康时，他就成了后羿。

三　夏朝的中衰与复兴

太康在箭神面前全身都快散成糠，毫无抵抗之力，夏朝落入异姓之手。既然羿那么大能耐，干吗不早动手呢？大禹的天下包括姓氏都是天帝赐的，谁敢动？除非他有十三颗以上的脑袋；启的"偷渡"能力举世无双，连天帝的曲谱都能偷走，不告而取羿的弓箭应该也不是难事，羿自然不敢造次。但看到太康的熊样，羿觉得如果不取而代之，简直就是暴殄天物。

太康成了羿手中的棋子，四年后郁郁而终。羿于是让太康的弟弟中康继位，虽然仍是夏朝，但羿是太上皇。中康死后，儿子相即位。羿等不下去了，从幕后走上前台，正式成了"后羿"——夏朝的帝王称"后"。后世那些篡位的帝王都很残忍，恨不得把被他赶下台的人的祖宗都从土里刨出来再杀一遍。跟那些篡位者相比，后羿算得上温良，他没有杀死相，还给了他一座容身的城池。

奇怪的是，当羿成为后羿之后，他身上的神话色彩褪得一干二净，变成一个凡夫俗子。后羿在夏朝又娶了大美女纯狐为妻，宓妃去哪里了呢？我不知道。袁珂先生在《中国神话传说》里做出的推测挺好玩："我们姑且相信羿和雒嫔（就是宓妃）间一度曾有过恋爱关系，而且到羿射中河伯左眼之后，这关系也就在形式上终止了。"好吧，宓妃跟羿分手了，至于嫦娥，应该还在月球上。

后羿即位后，跟太康一样，疯狂热爱打猎，将朝政全权委托给养子寒浞。在追逐猎物中体会快乐的后羿没有意识到自己也成了猎物，其下场比太康悲惨得多——被他信赖的养子剁成肉酱。

孟子在《孟子·离娄下》中透露了羿的另一种死法。羿有个徒弟叫逢蒙，把羿的本事都学去了，但觉得有师傅在他还是没把握成为天下第一，所以最稳妥的法子便是杀了师傅。孟子并没有交代逢蒙是怎样行凶的，《淮南子》补充说，羿是被桃木棒砸死的，所以鬼怕桃木，道士用桃木剑赶鬼，从此有了理论根据。在孟子的故事版本中，羿不是后羿，只是个没有政治身份的神箭手而已，起到了混淆后羿政治身份的作用。

寒浞继承了后羿的妻子纯狐以及夏朝。屈原对寒浞深表不齿，说他犯上作乱，还贪图羿的妻子，并"预言"他没有好下场："固乱流其鲜终兮，浞又贪夫厥家。"（《离骚》）

夏朝其实中断了两次，被两个异姓人篡位。儒生们觉得这是不可容忍的事，于是拼命掩饰，再加上司马迁没有机会看到《竹书纪年》，所以《史记·夏本纪》里既没有后羿也没有寒浞。

寒浞跟纯狐生了两个儿子，一个叫寒浇（ào），一个叫寒豷，这两个儿子是他建立"寒朝"的本钱。

寒浇力大无穷，据说可以在陆地上划船。当时游戏项目太少了，寒浇不得不玩如此无聊的项目。他玩游戏很认真，杀人更认真。他杀死了被后羿饶命的相，只是这个猛人脑子不够精细，没注意到相有个怀孕的妃子逃走了。她将生下相的儿子少康。寒浇无心理会这些小事，因为他爱上了一个叫女歧的美女，确切地说她是女神，更重要的是女神也爱他。两情相悦，便胜人间无数。

女歧在民间的知名度肯定很高，否则屈原也不会特别关注她。《天问》中多次提及女歧，问她为什么没有男人，却有九个儿子？（"女歧无合，夫焉取九子？"）东汉的王逸果断举手抢答："女歧，神女，无夫而生九子也。"袁珂先生发挥想象，在《中国神话传说词典》的"女歧"条目里，称女歧或许是从姑获鸟演变而来，此鸟有九个头，"九子"或是"九首"之讹变。袁先生的推测纯属虚构，不宜对号入座。再说，九头鸟难道比神女更被人接受吗？屈原自问自答，认为女歧的九子来自阴阳（伯强和惠气）二气交汇，他只是困惑二气来自何处。接下来《天问》里有八句诗都与女歧和寒浇有关，也与夏朝的兴衰有关。当时寒浇与女歧处得火热，一个是帝二代，一个是女神，话题劲爆，很快上了八卦热搜。屈原忍不住问，浇那小子没事去嫂子屋里瞎转悠干吗？（"惟浇在户，何求于嫂？"）此处实在令人费解，既然女歧是寒浞的嫂子，说明她有或者曾经有丈夫，那么"女歧无合"从何说起？史籍里没有任何关于寒浞哥哥的记载，既然能让女神下嫁，想必是妥妥的一枚男神，或许觉得人间没啥意思，懒得陆地划船，干脆去天上抚云弄月，留下妻子女歧给屈原提供素材。

屈原连女歧和寒浞相处的细节都知道，说女歧给寒浞缝衣服，然后双双缝进被子（"女歧缝裳，而馆同爰止"）。

他们在一起不知今夕何夕，然后血腥的一幕发生了，就像一段猝不及防的蒙太奇。少康派出的杀手摸进这间爱情小屋，在黑灯瞎火的仓促中，杀手砍下了一颗人头。杀手要杀的人是寒浞，可女歧却做了替死鬼。

女歧死得太突兀了，她不是神女吗？为何如此轻易地被杀死？这是个应该问的问题，屈原却没有问。屈原随后问寒浞为什么那么不小心，枕边人的头都被砍下了，还冒险外出，结果也被砍了头。但他在《离骚》中回答了自己的问题："浞身被服强圉，纵欲而不忍。日康娱而自忘兮，厥首用夫颠陨。"意思是寒浞仗着自身力气强大，无所顾忌地享乐而忘记自身安危，终于掉了脑袋。

寒浞之死对于寒浞来说，就像倒了一枚多米诺骨牌，产生连锁坍塌效应，寒豷没过多久也战死，最后寒浞也被杀。"寒朝"一世而终，大禹的后人少康重新夺回江山。

少康中兴夏朝，他的儿子杼继续发扬光大，夏朝日益强大。盛世必有祥瑞，否则就不是盛世。一只九尾狐及时出现，并且被帝杼擒获。九尾狐是在《山海经》里注册了身份的，郭璞老师兴奋地认证"太平则出而为瑞",不过九尾狐的体貌特征在《山海经》里差异颇大。《南山经》称"其状如羊,九尾四耳,其目在背";《西山经》称"其神状虎身而九尾,人面而虎爪",而且是天上的一尊神;《东山经》称"其状汝狐,而九尾、九首"。它们的共同之处是九尾,但外貌相去甚远,分别是羊、人、虎和狐。《大荒东经》比较聪明,不提外貌,只是笼统地说:"青丘之国,有狐,九尾。"

九尾狐是狐仙级别,至少四千岁以上,因为它每多长出一根尾巴需时五百年。不过怎么处理这个"瑞"是个敏感问题,因为它喜欢吃人,如果杼不喜欢被吃,那就只有把它吃掉,其肉有强大的辟邪功效。《山海经·南山经》记有:"又东三百里,曰青丘之山……有兽焉,其状如狐而九尾,其音如婴儿,能食人,食者不蛊。"杼得到九尾狐没过几年就崩了,看来狐肉没有延年益寿之效。

九尾狐的产地青丘比狐仙更值得一谈。大禹所划的九州之一青州得名即源于青丘,青丘还是蚩尤的另一个葬身之地。《归藏·启筮》云:"蚩尤出自羊水,八肱八趾……黄帝杀之于青丘。"蚩尤有八只胳膊、八只脚,造型如同蜘蛛。青丘应该就在山东沿海一带,山东不少地名里有"青"字,比如潍坊市西面有青州市,胶州湾有青岛市,日照市的南面有青口,淄博市北面有地方名叫高青。《说文》:"青,东方色也。木生火,从生丹;丹青之信,言必然;凡青之属,皆从青。"这个解释太深奥了,或者说"青"太深奥了,敢情炼丹之术也是从"青"而来。青乃东方之色，难怪古代的炼丹方士们都从东方而来。

《竹书纪年》没有交代帝杼如何处理九尾狐，是养在动物园还是放生一概不知，帝杼没过几年就死了，看来九尾狐没给他带来多少好运。然而帝杼离世前看到夏朝蒸蒸日上，还是很欣慰。

四 "亥"人听闻

夏朝此后享受了百多年的太平，几乎没什么值得一记的大事，那种平淡才是一个国家的福分，生在所谓风起云涌的大时代，其实是一种不幸，大多数百姓都不过是韭菜而已，有什么值得额手称庆的呢？除非韭菜对剪刀产生斯德哥尔摩式的依恋。

未来的商朝正在夏朝的沃土里萌芽、生长。众所周知，商朝的祖先是契，诞生于一枚鸟蛋。契因为辅佐大禹治水，被封于商，赐子姓。自契以后，过了六个世代（从时间推算应该不止六代），出了一个人叫王亥。

王亥最早出现于《山海经·大荒东经》，非常突兀："有人曰王亥，两手操鸟，方食其头。"如果拍电影的话，镜头里的王亥应该正双手抓着鸟，残忍地啃着鸟头，满嘴都是血和毛，看起来完全就是个如假包换的躁狂性神经病。之所以出现如此不可理喻的文字，是因为先有画，后人根据画补充的文字。上古大概没有文字或者成熟的文字，写作只能靠画，据说大禹的法官皋陶就是在树皮上画出法规，这是古籍里难得靠谱的说法。"方"字暗示了看图说话的可能。画面的含义本身就不是特别明确，不信你去解读一下蒙娜丽莎的微笑——像是刚吃了块上乘的奶酪，更何况还有画面缺失的可能。

随后镜头一转，"王亥托于有易、河伯仆牛"，意思是王亥把牛托付给有易王和河伯。郭璞老师认为"仆牛"是人名显然是个低级错误，河伯就是河伯，不需要名字，何况是如此难听的名字，即使被后羿射瞎一只眼，他依然是河伯。王国维先生在《殷卜辞中所见先公先王考》中认为仆牛是服牛，也即驯养的牛，这才是合理的解释。

那么何以见得啃着鸟头的那个野蛮人就是商朝的先祖呢？这是通过《竹书纪年》还有《天问》等文献综合出来的，推演的结果如是：王亥和弟弟王恒带着一群牛羊前往有易部落做进出口交易。这本来是件利于民生的大好事，然而王亥兄弟把事情搞砸了，而且砸得一塌糊涂。王亥爱上了有易王绵臣的漂亮妃子，结果导致自己被杀、王恒被逐、牛羊被绵臣薅走了。

王亥跟河伯的关系不错，河伯派遣虾兵蟹将协助王亥的儿子上甲微（也有人认为他是王恒的儿子）血洗有易部落，杀死绵臣，抢回牛羊。河伯看到有易部落面临灭族之虞，于心不忍，悄悄把有易的幸存者迁移他处。清代儒生汪绂的推论极为古怪，他也认为"仆牛"是人的名字，而且是跟王亥发生不正当关系的人："据此则仆牛即王亥所淫者"，脑洞大得堪比黑洞。"仆牛"就算是人名，也是男人的名字，难不成有易的王妃是个男人？简直是血腥之上又洒了过期的狗血。

有易遗民生活的别处叫"摇民国",生活条件极差,野兽出没,完全没有开化,他们的食物就是野兽,"为国于兽,方食之"。又见"方"字,说明画上的人在吃野兽的肉。此地甚为古怪,有易的男男女女全都变成了人身鸟足,不知道这是进化还是退化。摇民的先祖是帝舜("帝舜生戏,戏生摇民"),帝舜也被商人尊为先祖,两大同宗部落为了一个女子杀得血流成河,帝舜在天之灵想必伤心得很。当年舜的弟弟象多次欲置舜于死地,舜尚且给他一条活路,后人比先人看来真是退化了。

王亥的死状非常恐怖,《山海经·海内北经》云:"王子夜之尸,两手、两股、胸、首、齿皆断异处。""齿"与这些大的身体部件摆在一起,很是奇怪,可能是衍文。为什么王子夜便是王亥呢?日本学者小川琢治在《穆天子传地名考》里认为"夜"字为"亥"之误,故此王子夜就是王子亥。我不清楚小川先生的考证是否可靠,但他让分崩离析的尸体部件有个完整的说法,也算善哉。《左传·襄公三十年》有"亥有二首六身"之说,去掉《山海经·海内北经》里的"齿"字,则二者相合,这也是王子夜即王亥的一个佐证。从王亥尸体的惨状中,不难想象绵臣对王亥的仇恨有多么强烈。

王亥姓王吗?不是。王亥姓子,"王"是他的"职称",尽管他从来没当过王,当商朝取代夏朝君临天下时,子亥被追封为王,故曰"王亥"或者"王子亥"。为什么这样一个渣男会被追封为王,商王不嫌丢脸吗?

脸肯定是丢定了,但问题不大,有了江山,怎样都行。正是因为王亥的惨死，其子上甲微才有了组建武装部队的借口，此后商侯日渐壮大，人见人怕。王亥相当于为商朝的第一桶金提供了投资方案。

屈原对"有易王妃引发的血案"极其关注，《天问》有长达二十四句诗文交代前因后果，就像一部长篇小说的写作大纲。绵臣的妃子丰腴性感（"平肋曼肤"），只因在人群中看见孔武有力的王亥拿着盾牌跳舞（"干协时舞"），再也没能忘掉他的容颜，梦想着偶然能有一天再相见。当他们"偶然"再见时，没想到背后有很多双眼睛在"见"他们，于是王亥"必然"地死了。上甲微和弟弟也相互残杀，其弟弑兄娶嫂，最后将大位传给自己的儿子，屈原愤愤不平地感叹：这一家人尔虞我诈，为啥子孙兴旺、福泽绵长？（"何变化以作诈，后嗣而逢长？"）这是个好问题，后世的君王没几个经得起如此质问。

商侯稳步发展，而昌盛了一百多年的夏朝则有走下坡路的趋势，"混世魔王"孔甲是夏朝滑进泥潭的推手。

孔甲自小就"天赋异禀"，变着法子胡作非为，把他爹帝不降气得多次心肌梗塞，临终前宁愿把帝位传给他弟弟扃也不给孔甲。

扃死后，传位于儿子廑，廑又死了。孔甲的专长是皮糙肉厚特能活，熬死两任天子，终于兴高采烈、活蹦乱跳地继任为帝。屈原没问这么个祸害为什么如此能活，因为俗语有言：好人不长命，祸害遗千年。

孔甲为了将曾经失去的一切变本加厉夺回来，可着劲地玩各种"过把瘾就死"的游戏，因为怕死，不断地求神问鬼，然后不断地玩各种花样的淫乐。《史记·夏本纪》如是说："帝孔甲立，好方鬼神事，淫乱，夏后氏德衰，诸侯畔之。"各部落见共主是那个熊样，一个个也就蠢蠢欲动，不按时上下班、不交保护费。孔甲无视"国际环境"，玩得有声有色，猜猜他最喜欢的游戏是什么？是打猎，又是打猎！

五　娱乐至死的孔甲

　　某年某月的某一天，就像一张破碎的脸。孔甲在那一天带着大队随从在东阳萯山打猎。萯山是吉神泰逢的宅院，人身虎尾的泰逢是个"宅男"，一旦动起来，速度惊人，和空气摩擦后产生光电效应，如《山海经·中山经》所言："吉神泰逢司之，其状如人而虎尾，是好居萯山之阳，出入有光。泰逢神动天地气也。"泰逢不喜欢被孔甲一伙扰了清静，就移动了一下身体，顿时"天地气"动了起来，狂风呼啸，吹得天昏地暗，把孔甲吹得完全找不着北了。

　　孔甲在伸手不见五指的风沙中与部下失去联系，误打误撞地走进山沟的一所民宅。这家人刚刚迎接一位男婴来到这个"风起云涌"的世界，整个屋子洋溢着喜悦的气氛。灰头土脸的孔甲像个移动的兵马俑突兀地推开门走进去。孔甲身边没有护卫，生怕被人家打出去，赶紧赔着笑脸送上名片：天子孔甲。

那一屋子的人都老实巴交，一致默认孔甲是天子，大家热烈欢迎孔甲，从地窖里端出上了霉的果酒热情款待天子。

有人说刚出生的娃娃有福了，因为天子来了，此生必定大富大贵；另有人持相反观点，认为天子太过尊贵，"狗剩"承担不起，余生必定多灾多难。

听够了这些人的聒噪，孔甲不耐烦地抱起婴儿，拍着胸脯说，他收这个孩子为养子。孔甲本该拍自己胸脯，却一直拍婴儿胸脯，婴儿被拍得快要窒息。

泰逢后来气消了，止息大风，孔甲和他的卫队终于找到彼此。孔甲回宫充分休养后，派人将那个婴儿带进宫。从这件事来看，孔甲还是很讲信誉的。

那个孩子渐渐长大成为少年，然而一场意外打乱了孔甲的未来规划。某日，一阵突如其来的狂风把帐幕的橡子拧断了（不知道是不是泰逢干的），挂在墙上的一把利斧从空中落下，砍断了孩子的一只脚。在古代，残疾人不得为官，孔甲只好让养子在宫中当个守门人。孔甲颇伤感，觉得"一切都是天意，一切都是命运，终究已注定"。领养孩子很像一种行为艺术，这次以悲剧告终。

养孩子不成功，孔甲接下来开始养宠物，宠物是两条龙。龙和夏朝有不解之缘，大禹治水时有龙相助、南巡时双龙御车而行。启就更不用说了，没有龙他都不知道该怎么活下去了。可是自启以后，龙突然就消失了，哪知道四百年后，天降雌雄双龙。

《左传·昭公二十九年》大谈龙的历史，提到"及有夏孔甲，扰于有帝，帝赐之乘龙，河、汉各二，各有雌雄"。"扰"不是骚扰，而是顺服之意，孔甲虽然在人间胡作非为，但对天帝还是不敢造次。天帝见孔甲不像司马迁说的那么坏，就大方地赏了他四条龙，黄河、汉水各两条，各有雌雄。不知道为什么司马迁偷工减料，《史记·夏本纪》称"天降龙二，有雌雄"，因为司马迁的权威，后人干脆沿用了《史记》的说法，这是以讹传讹的一个样本。

袁珂先生在《中国神话传说》中的处理很是奇怪，他引用了《左传》的文字，却仍然表示只有两条龙，同时不喜欢"天赐龙"的说法，因为他认为孔甲是昏王，不配享有祥瑞，便将天帝赏赐改成孔甲不知从何处得到两条龙。这种做法比孔子曲解神话还要糟糕，毕竟后者没有篡改叙事，黄帝依然可以有四张脸、活三百岁，孔子只是提供自己的看法而已，信不信由你。袁先生则直接抹杀了叙事，还理直气壮地说"龙既是瑞应之物，天赐云云，于这'淫乱'的昏王孔甲，终于不伦。或者不过是文人笔下的侈言，实无民间传说依据，故不采取"。这个看法简直强词夺理，《左传》的说法不会是空穴来风，当时民间一定有相关传说，怎么可以武断地宣称"实无民间传说依据"，进而不予采信？对于神话，我的看法是带着信以为真的态度去珍惜，就像珍惜一件不完美的艺术品，但是对同一人或神的多重叙述，要保持理性地去分析。

孔甲满心欢喜的同时又愁绪万千，因为他不知道如何饲养龙。上古时的部落豢龙氏和御龙氏的祖传技艺就是养龙、御龙，但龙渐渐绝迹，那两大氏族也就再无用武之地，终于凋零。孔甲求贤若渴，四处打招工广告，终于有个专业人士递来简历。此人声称他曾师从豢龙氏，养龙完全没问题。孔甲也不想想，龙都消失好几百年了，此人哪来的饲养经验？孔甲欣喜若狂，竟然给了此人一个封国。这个饲养员名叫刘累。

刘累胆子是真大，技术是真糙，大概看过些豢龙技术手册，完全没有实战经验，很快就把一条雌龙给养死了。刘累不慌不忙地把龙的尸体做成酱肉，送给孔甲品尝。孔甲赞不绝口，心满意足地擦着嘴角的肉汁，觉得赚大了，明明只是招了个饲养员，没想到还收获了个大厨，真是一分钱两分货。孔甲没想到的是，刘累压根就是个厨子，厨艺远比饲养技术专业。等到孔甲坚持要去看望龙时，刘累怕自己被做成酱肉，只得溜之大吉，恋恋不舍地离开大好的封国。刘累是神话史中的巨骗，最后还能全身而退，简直是骗子中的战斗机。

孔甲养人不成，养龙亦无果，治国更是谈不上，全方位地失败。他确实是个昏君，但跟那些著名的昏君相比，简直算得上一个清白人。他所做的一切谈不上伤天害理，更非穷凶极恶，他只是个顽主。

然而夏朝经不起顽主的不作为了，就像一艘底部有漏洞的大船，如果不能及时填补，就会变成泰坦尼克号。

孔甲的一生是玩耍的一生，临终前心满意足，也觉得人间值得，只是时光太短。他不知道的是，留给夏朝的时间已然不多，底舱已经进水，大船将不得不化身一条固执的鱼，沉默地沉没在深海里。

六 末日下的幻象

根据《竹书纪年》，孔甲在位时间仅十年左右，主要是他父亲帝不降太能活了，在位长达五十九年，孔甲即位前的"待机"时间又长达二十余年，熬死两个前任，意味着孔甲相当长寿。如此一来，他儿孙的时间就不长了，两人统共在位十年，尤其是他孙子帝发比孔甲还孙子，在其任内，商侯成汤的势力越来越强，渐与夏朝成分庭抗礼之势。

孔甲的曾孙姒履癸就是在这样的"国际大环境"下闪亮登场的。姒履癸这个名字看起来陌生，换成商朝给他的恶谥夏桀，就变成一个耳熟能详的历史名人了。

履癸的身体素质好得可以出任仙侠小说中的男一号，英俊潇洒，力大无穷，可以水下斩蛟龙，陆上手撕虎豹熊。可惜这样的猛人却浪费了自己的天赋，无论在神话还是历史中，他都是超级反派。一个人做一件坏事不难，难的是一辈子都做坏事。

他建了一个大池子，池内可以行舟，容得下三千人嬉闹，池内装的不是水，而是酒。这便是著名的"酒池"。池边的树上挂满了烤肉，这便是"肉林"。"酒池肉林"成了他腐败的标志，六百年后的商纣王也搞出这一套东西来，不是商纣王没有创意，而是后世的书生们太懒了，编都懒得编，直接照抄。那么多的酒，需要多少粮食？除非有亩产万斤的农业技术才能提供那么多粮食。神话不一定需要神明鬼怪的出现，履癸的酒池在我看来就是个天大的神话，否则就是笑话。

他还在深谷中建了一个度假村，取名为"长夜宫"，男女杂处淫乱。履癸一身的本事，却不爱打猎，最喜欢待在长夜宫，有一次甚至待了一百天（"十旬"），朝政完全荒废。一百天似乎是个坎，太康出门打猎也是一百天，丢了江山。天帝看不下去了，某天趁履癸出去上班，兴起龙卷风，把长夜宫填埋在深谷，借此警告履癸，珍惜生命，远离黄赌毒。

履癸却不以为意，因为他觉得自己是天之子，他有天下，就像天上有太阳。除非太阳亡了，他才会亡。如果履癸真有这样的想法，那说明他患有重度妄想症，这种病就是现在也无药可医。他还是个迫害狂，纵虎于闹市，看人们惊骇狂奔，便快乐得不行。

他的后宫中有个宫女非常神奇，一不高兴就化身为龙，一高兴就化身为美妇人。目睹过大变活龙的宫人们都非常害怕，履癸却毫不在乎，对"小龙女"宠爱有加，给她取了名字叫"蛟妾"。"蛟妾"可以预知吉凶祸福，履癸当然得好好饲养着。"蛟妾"的食物是人，履癸供得起，最不缺的就是人了。履癸从长夜宫度假村的塌方事故中捡了条命，可能正是"蛟妾"示警之功。

履癸毫不收敛，在一辈子做坏事的邪路上狂奔。据《尸子》透露，履癸蠢坏得让狗都看不下去，众狗纷纷跳水自杀。尸佼大概没养过狗，否则他该知道，狗跳水一定会自杀未遂，因为狗天生会游泳，除非它们自己在身上绑上石头。

动物都要跟履癸划清界限，何况人乎？履癸手下有个大臣叫费昌，有一天在黄河边散心，心中的愁绪就像河里的浊浪。突然他看见天空出现两个太阳，东边的太阳生气勃勃，西北的太阳则似油尽灯枯。费昌急忙请教黄河水神冯夷（即河伯）那两个太阳代表什么，河伯说西边是夏，东边的是商。见夏朝大势已去，费昌便去投奔成汤。

与履癸的众叛亲离相反，成汤就像吸铁石，连飞禽走兽都念他的好，识时务的人纷纷投靠。履癸看在眼里，气在心里，以寻衅滋事罪将成汤抓起来，关进夏台监狱里的水牢"重泉"。成汤眼看要泡汤，赶紧让手下行贿，给履癸送各样宝物。履癸这个有能力兴建酒池肉林和度假村的帝王，居然像个土包子，见钱眼开，释放了成汤。

六百年后，同样的桥段再次上演，周文王也是以一模一样的方式让纣王放他出狱。如果文王学了成汤，纣王就不会借鉴夏桀吗？主要原因还是书生们缺乏想象力，只知道抄主流文案。这种情况不会发生在希腊和印度的神话里，人家的神话自成谱系，中国的神话人神混杂，最终还得看人——胜利者的脸色，那些大大小小的神祇不过是权势者的应景之物。中国神话之所以支离破碎，与人神混杂有极大关系，这是鲁迅先生在《中国小说史略》中的看法，我很赞同，但在原因的分析上，与先生不同。

屈原为成汤的出狱欢呼："汤出重泉，夫何罪尤？"意思是成汤无罪，本就不应该被关押，离开重泉洗温泉才好。成汤在温泉泡澡之后，穿上浴袍，率领四十多个诸侯小弟向履癸发起总攻，给成汤驾车的正是费昌。

履癸节节败退，手下有个《山海经》里的猛人夏耕都没用。《山海经·大荒西经》云："有人无首，操戈盾立，名曰夏耕之尸。故成汤伐夏桀于章山，克之，斩耕厥前。耕既立，无首，走厥咎，乃降于巫山。"夏耕在章山狙击成汤未果，像刑天一样勇敢，被砍头后，仍然拿着戈和盾又站立起来，站了一会，夏耕发现没人搭理，觉得挺没意思，跑到巫山躲了起来。他没了头，还能精准找到巫山，说明巫山与之有神秘的呼应。巫山在中国神话里是个神秘的所在，历史悠久，蜀地和荆地皆有巫山，两处巫山被后人混在一起，形成"巫山文化"，其实与文化无关，只是为了制造景点。

成汤兵临履癸的都城之下，但无法破城。就在一筹莫展之际，水神共工的父亲上古火神祝融出现在成汤面前（此处应该有掌声），告诉他不用担心，他将在都城西北角纵火，到时候成汤趁火打劫就可以了。人面兽身的祝融本就吓人，再加上突如其来的大火，履癸的军队不仅崩盘，还反水。成汤利用履癸的降军拿下履癸的都城。

夏商最后的决战发生在鸣条，在雷雨交加中，夏军主力彻底溃败。履癸再也没有翻盘的本钱，成了成汤的阶下囚。屈原问道：为什么履癸用玉铉之鼎呈上鸿鹄的肉汤敬献天帝，还是丢掉了夏朝的江山？这个问题也萦绕在履癸的心中，兵败鸣条后，他对身边的人说：当初我要是在夏台杀了那小子就不会有今日情形。（"吾悔不遂杀汤于夏台，使至此。"《史记·夏本纪》）

可能念在履癸当初饶了自己一命，成汤也没有杀履癸，将他和红颜祸水妹喜放逐到巢湖，同时赐他一个难听的名号：夏桀。一千多年后，伍子胥声称"夏亡以妹喜"，履癸肯定不好意思将这个罪名安在陪伴他流亡的女子头上，事实上，他归咎于自己，只是世上没有后悔药。

第六章 《山海经》的世界

一 禹迹之一：从扶桑眺望

夏朝的故事虽然讲完了，但与大禹有关的传说还有很多。虽然《山海经》不可能是一人一时之作，但大禹与同事伯益在治水过程中遍历天下，奇闻逸事肯定见识、听说过不少，既然后人非要哭着喊着把著作权送给两位老祖宗，姑且把他们列为《山海经》的两位主要作者吧。

大禹去过的地方难以计数，《山海经·中山经》里大禹夫子自道："禹曰：天下名山，经五千三百七十山，六万四千五十六里，居地也。言其'五臧'，盖其余小山甚众，不足记云。"数字有整有零，显然不是浪漫主义诗人的虚指，而是"神话现实主义"的煞有介事。小山不算，名山就去过五千三百七十座，这个数字本身就是神话。哪怕他一天去一座山，都要耗费近十五年，他哪还有时间治水（他一共才治水十三年）？五千多座山才绵延六万多里，每座山平均才十多里，这么小的山都算得上"五臧"

名山吗？写书的人明显是数盲。

《吕氏春秋·求人》对于大禹去过的地方有个大概汇总。大禹东至榑木之地，榑木即扶桑，位于太阳洗澡的池中，不只是一个太阳洗，而是十日混浴。《山海经·海外东经》（以下不特别说明者，皆出此卷）云："汤谷上有扶桑，十日所浴，在黑齿北。居水中，有大木，九日居下枝，一日居上枝。"扶桑木可以容下十个太阳在上面栖息，可见它有多么高大，后人遂以扶桑比喻日出之地。古人为什么那么敢想？因为他们并不知道太阳到底有多大、有多烫。明朝经学家吕调阳认为扶桑其实乃"扶燊"之误，只因为战国之后的人不认识"燊"字，才读作桑。吕老师这个说法太伤人了，自秦以降就没个认识"燊"的文化人吗？

汤谷北边的黑齿国，人黑牙齿也黑，可能是被太阳烤的，十个太阳一起烤，没被烤熟就不错了。此国人的食物是稻和蛇，身边有一红一青两条蛇。原文作："为人黑（齿），食稻啖蛇，一赤一青，在其旁。""一赤一青，在其旁"暗示了这几个字是根据图画写出来的，否则过于突兀了，很难想象一个人身边带着两条活蛇，随时准备开吃，而两条蛇又是那么乖巧，那么乖巧的蛇怎么好意思吃？郭璞老师引《东夷传》："倭国东四十余里有裸国，裸国东南有黑齿国，船行一年可至也。"裸国不在《山海经》里，但据《吕氏春秋》透露，大禹曾造访该国，他很尊重当地人的习俗，逗留期间裸身，离开后才穿上衣服。（"禹入裸国，裸入衣出，因也。"《吕氏春秋·贵因》）

另有一说，黑齿国在竖亥国的北面。竖亥是个擅长跑步的人，郭璞老师称其为"健行人"，这个解释太低调了，竖亥不是人，而是神，因为他比夸父跑得还快。天帝看中了竖亥的"健行"能力，命他从极东走到极西，测算其间的距离。竖亥右手拿着计算器（"右手把算"），算出东西距离是五亿十万九千八百步。这个数字只能作为参考，因为竖亥的步伐肯定远远大于常人。也有一种说法，让竖亥丈量东西两极的人不是天帝，而是大禹，此说可能性更大，因为天帝要这个数字没用，但这个数字对于大禹划分九州有价值。竖亥在丈量过程中"右手把算，左手指青丘北"，这明显也是看图说话，"右手把算"也就罢了，何至于在漫长"健行"中左手一直指着青丘的北面，警告青丘的九尾狐不要出来咬他吗？

　　青丘国的南面是朝阳谷，谷神叫天吴，是水伯，不知道跟河伯是什么关系。水伯的造型让九尾狐显得很正常且温文尔雅。水伯有八头人面、八只脚、八条尾巴，尾巴青黄相间。

　　汤谷北面还有个国家名字奇怪，叫"雨师妾"，顾名思义，是雨神雨师之妾的国度。不过郝懿行认为"雨师娶妇"只是假托之词，或许郝老师认为雨师是女身吧。雨师妾国的人皮肤漆黑一团，双手各拿一条蛇，左耳挂青蛇、右耳挂红蛇，她们是最热爱蛇的人。黑齿国的人也爱蛇，爱吃蛇。

　　雨师妾的北面是玄股国。玄是黑的意思，股指大腿，这里的人肤色正常，只有腰以下的部位是黑色，难怪跟雨师妾做邻居。他们用鱼皮做衣服，食物是鸥。他们吃鸥的方式令人印象深刻，用两只非鸥的鸟夹着鸥吃，这大概是最古老的三明治吧？

玄股国北面是毛民国，顾名思义，该国人遍体生毛，但不是猩猩。比较有意思的是郭璞老师关于毛民国的注释。他声称在晋永嘉四年时，官员在海边捕获一条船，船上有男女四人，全身有毛发，言语不通。他们被送到丞相府后，三人死了。官府给幸存者娶了老婆，生了儿子。这孩子生长在汉境，渐通汉语，说其父是毛民国人。

毛民国北面是劳民国，该国人的特征看似明了："其为人黑……面目手足尽黑。"那么躯干是黑是白？郭璞老师注释说："（劳民）食果草实也，有一鸟两头。"原文并没有此句，郭老师很有可能是根据图画写出来的，但现在版本中的"劳民"插图，看不出来郭老师所说的，甚至连双头鸟都看不出。这意味着晋代的《山海经》和我们看到的不尽相同。

大禹在巡视"五臧"山川时，还有过一场恶战。众所周知，大禹击败共工后，才能安心治水。但共工有个臣子叫相柳，流窜进《山海经》。相柳对共工尊敬之极，都不敢向北方射箭，因为共工的祭祀台在北方。相柳这个名字听起来文质彬彬，但它是个十足的怪物，造型比异形还要可怕：蛇身，长着九个头，每个头都吃一座山上的东西，所到之处尽为深潭。大禹听说后，起了行侠仗义之心，不知用了什么手段，诛杀相柳，为山海及其奇奇怪怪的子民除害。大禹不知相柳的血有剧毒，否则他可能就采取别的限制措施。相柳血流过之处，土地寸草不生，比核辐射还可怕。大禹为此付出很多心血，把那些"辐射"过的土地像西红柿炒蛋一样翻腾、多次消毒，才让土地可以种庄稼。（见《山海经·海外北经》）

共工是大禹的死敌，大禹当上天下共主后，还能容忍共工台的存在，说明他颇有容人之量。以共工台为参照物，其周围也有几个值得注意的国家。

共工台的东面有个"深目国"，如果顾名思义以为该国人目光深邃那就错了。事实上，该国人的目光就算再深邃也深不到哪去，因为他们只有一只眼睛，手也只有一只。（"深目国在其东，为人举一手一目，在共工台东。"《海外北经》）

深目国东面的无肠国人，更是匪夷所思，身材高大，但是没有肠子。没有肠子就意味着没有消化能力，大个子们的营养从哪里来的？郭璞老师的解释跟没解释一样："为人长大，腹内无肠，所食之物直通过。"直接就排了出去，那何必要吃进去？可能是吃着玩。

无肠国的东面有个岛国，叫聂耳。为什么叫"聂耳"？聂通捏，这里的人喜欢用两只手握住耳朵，因为他们的耳朵很长，如果不用手固定住，海风吹来，就像两条布片飘荡，不仅不雅观，撕扯之下还挺疼。他们的吉祥物是两只老虎，海岛上有那么多老虎，也是怪事。

聂耳的东面有个国家叫博父，看起来陌生得很，但其实它是大家最熟悉的，博父即夸父。该国人是夸父后裔，仍然保持着夸父的招牌习惯，左右手各抓着一条蛇，想当年夸父老人家追逐太阳时都舍不得放下蛇。如果蛇跑了，夸父就没心思逐日，上古神话就少了个著名片段，影响很不好。夸父临死前掷出的手杖，化作一片粉红的桃林，即邓林。这里有个小小的技术问题，夸父两手都拿着蛇，手杖莫非插在裤腰上？那时还没有裤子，夸父只好将手杖绑在身上，看上去像打了夹板。按理说夸父国的绿化应该搞得很不错，但奇怪的是举国居然只有两棵树，邓林在它的东面，不在境内，人们想摘个桃子还要出国。（"邓林在其东，二树木。"《海外北经》）

大禹所造的石山也在夸父国的东面，是河水的入口处。（"禹所积石之山在其东，河水所入。"《海外北经》）大禹在此造山，莫非是为了围住邓林？难怪夸父国树木那么少。

禹山的东面是拘缨国。这国人外貌不详，或许是正常人，但警惕性高得离谱，人人手中都拿着红缨枪，不知道是不是奉大禹之命看守邓林。

拘缨国的东面是跂踵国。跂的意思是脚有六指，该国人大脚也大，下盘稳，他们拿红缨枪似乎更合适。跂踵的东面是欧丝之野，这国全是女子，简直就像《西游记》里的盘丝洞，女人们没事就跪在树上吐丝，有事也吐丝。（"欧丝之野在大踵东，一女子跪据树欧丝。"《海外北经》）郭璞老师认为这些女子是蚕类，因为她们吐丝，所以是蚕，不过这只是想当然罢了。《山海经》无法以常理度之。

大禹拂去身上的蚕丝，继续巡视光怪陆离的世界。

二　禹迹之二：南方氤氲

据《吕氏春秋·求人》记录，大禹在扶桑周围视察后，南行至交趾，即现在的越南。交趾在《山海经》里叫交胫，胫是小腿，意思是该国人的小腿弯曲交叉，不知道是不是气候太过潮湿导致的风湿性关节炎？（"其为人交胫。"《海外南经》）越南人的祖先是这样的吗？我不确定，甚至不知道交胫是否就是交趾，但郭璞老师很肯定地说："言脚胫曲戾相交，所谓雕题、交趾者也。"《淮南子》对交胫人有进一步的描述：身高约四尺，足骨无节，导致腿脚弯曲交叉，躺下就起不来，非得有人搀扶才能起身。如果交胫人特征相同，将躺平者扶起来的人是谁？大禹路过交胫国时，他和他的同事们想必搀扶了不少交胫人。

交胫国西面有个国更为古怪，其国人胸口有一个洞，故曰"贯胸国"，据说是防风氏的后人。有个版本的配图很有意思，有两个人用杆子穿过一个人胸口的窟窿，将他抬了起来。中间那个人大概是贵族，享受着被抬轿子的待遇，只是看起来很滑稽，像是烧烤签子上的一块肉，偏偏"那块肉"看起来还春风得意的样子。必须承认，这种抬轿子的方式最为经济、环保，八抬大轿与之相比野蛮得令人发指。

贯胸国的西面是载（zhí）国，该国人外表没听说有何离奇之处，但他们的娱乐方式很罕见：用弓箭射蛇。这说明他们的箭术了得，其次说明蛇不是他们的宠物，而是食物，拿着箭杆上的蛇做烧烤正合适。

载国西面的国家很有名，那是大禹深恶痛绝的国家：三苗，又叫三毛。据说他们是蚩尤的后人、驩头的盟友，最终被大禹灭掉。

三苗在赤水的东面。赤水上长了三株树，叶子都是珠子，甚至有人干脆说这种树长得像彗星（"三株树在厌火北，生赤水上，其为树如柏，叶皆为珠。一曰其为树若彗。"《山海经·海外南经》）长得像彗星的树是什么样子？想想就凌乱了。

三株树的南边有个厌火国。这个"国"字名不副实，因为它的居民不是人，而是兽，全身黑色，一张口就有火焰喷出来，像耍杂技。既然名为"厌火"，兽们对于喷火很是无奈，毕竟身上有毛，要时刻防火、时刻喷火，他们比西西弗还要无奈。

厌火的北方是驩头国，与三苗相距不远。其国人完美地继承了驩头的基因，长着不能飞的翅膀，起拐杖的作用，所谓"杖翼而行"，还有鸟嘴。驩头国的词条如是："驩头国在其南，其为人人面有翼，鸟喙，方捕鱼。"（《山海经·海外南经》）"方捕鱼"说明文字是根据图写出来的，图上的人正在捕鱼，与"王亥，两手操鸟，方食其头"如出一辙。

驩头国的北边有个鸟国，叫毕方。毕方长着人面，和怪兽夔一样，只有一只脚。《山海经·西山经》里，毕方再次出现，这意味着它可以生活在别处。它之所以叫"毕方"，是根据其叫声得名，它出现的地方，需要及时准备消防灭火器，因为很快将发生原因不明的怪异火灾。

毕方鸟的西面有神人叫二八，面颊瘦小，肩膀是红色的，两只手臂连在一起，比交胫更不方便。奇怪的是，二八神的职业是天帝委任的旷野更夫。（"为帝司夜。"《海外南经》）手臂都不能张开，打更时看到坏人怎么抓呢？红色的肩膀倒是合适，相当于示警的红灯。"二八"这个名字起得毫无诚意，该国一共只有十六人，故谓"二八"。

"二八"的西面是羽人，他们面颊细长，身上有羽毛，但《山海经》偏偏没有提他们有没有长翅膀。如果没有翅膀，羽毛就只是普通的毛发，只能起到羽绒服的作用。羽人族在当代玄幻小说中很受青睐，他们全是俊男美女，平时翅膀隐藏于衣服里面，在必要的时刻，翅膀炸裂而出，但衣服仍是完好，于是衣袂飘飘地翱翔于红尘之上。

羽人的西北有种鸟知名度极高，中国人都知道，叫比翼鸟。此鸟有青、红两种颜色，必须要同时振翅才能起飞，故称"比翼"。《西山经》里有详细说明：此鸟状若野鸭，只有一只眼睛、一只翅膀，故而必须相互扶持才能飞翔，比翼鸟因而成为爱情的象征。诗人们显然忽略了比翼鸟的不详之意，它们出现的地方将出现突如其来的洪灾。它们与毕方同时出现才恰到好处，因为他们水火不容。

比翼鸟的西面有座山叫"南山"，这里的人几乎没有什么不正常，只是他们对动物的叫法有点特别：他们把虫子称作蛇，把蛇称作鱼，所以在南山不要钓鱼。南山的西北有国叫"结匈"，该国人的特征是胸骨突出，大概形如鸡胸。

交胫国的西面大概就是以上国家，现在让我们看看其东部风情。

交胫国的东面有个国家是秦始皇梦寐以求的仙境，这里的人皮肤黑，但长生不老，故称"不死民"。不知道秦始皇的方士们为什么不知道这个地方，不过就算知道可能也没用。大禹不是来过吗？可还是死了。《山海经》有个版本里关于不死民的插图耐人寻味，一个穿着草裙的人，光脚站在地上，双手用力揪着树枝，表情生无可恋，看上去像是要上吊。或许在尘世里永远活着真的不是什么祝福，而是诅咒。西蒙娜·波伏瓦在小说《人都是要死的》中塑造了一个叫福斯卡的人，一不小心吃了不死药，结果活了六百多岁，见证了无数的失败与荒谬，想死却死不了，只得忍受着远比死亡可怕的孤独以及对未来的恐惧。

不死国的东边是岐舌国，所谓岐舌就是舌头分叉，就像蛇吐芯一样，估计大禹在某个瞬间被吓得够呛。

岐舌的东面不是某国，而是昆仑虚。"虚"通"墟"，本意指大丘，大得空旷，故引申为空虚。昆仑墟不是废墟，而是辽阔得无边无际。后羿与人形怪物凿齿曾在昆仑东面的寿华进行过一番血战，最终后羿技高一筹，射杀凿齿。据郭璞老师透露，凿齿也是人，只是他的牙齿长五六尺，像凿子一样。牙齿既然这么长，就不可能是人了。

昆仑墟的东面有国名曰"三首国"，顾名思义，其民长着三个头，仅仅比常人多了两个头而已，没啥了不起。

三首国的东面是周饶国，这个没法顾名思义，需要详细说明：其民身高近三尺，比交胫人还要矮一尺，但比《格列佛游记》的作者乔纳森·斯威夫特遭遇的小人国国民还是要高大不少。这些矮小的周饶人文明程度远超穿草裙的不死民，戴着帽子，束着腰带，随时准备行礼的样子。《山海经》里的周饶人笑容满面地对青山作揖，人生是否快乐与身高和寿命均无关。如果你在面对大自然时，情不自禁地露出笑容，你就是快乐的周饶人。

周饶国的东面是长臂国。顾名思义，其民胳膊超长，放松状态下，手可触及地面，需要戴上手套防磨才好。但他们显然不知道什么是手套，他们经常站在水中，用长臂捞鱼，动作熟练，"捕鱼水中，两手各操一鱼"。(《山海经·海外南经》)

为什么会有如此多稀奇古怪的人与物呢？《山海经·海外南经》开篇贴心地给出解释："神灵所生，其物异形，或夭或寿，唯圣人能通其道。"如果你不明白，说明你不是圣人，既然你我皆凡人，生在人世间，那就看看热闹吧。

三 禹迹之三：西游记

大禹西行到了西王母行宫之一的三危山。三危山的地理位置一定给了大禹深刻的印象，后来他把不听话的三苗迁徙至此，并在数年后将三苗团灭于此。三危山方圆百里，上面住着三青鸟、一种怪兽以及三头鸟。

三青鸟是西王母的勤务员，主要职责是送食物，完成工作后便来山上栖息。三危山上的那种怪兽身形看上去像牛，皮肤发白，长着四个角，身上的毛像是蓑衣，会吃人。大禹一行想必遭遇不少惊险，说不定有人不幸被吃了。这种兽的名字很怪，字打不出来，发音是"傲耶"，记不住就念"哦耶"吧。三头鸟的标志就是三个头，此外没别的特征。西方科幻小说里外星人常有极其怪异的外表，比如拉里·尼文的《环形世界》里，有外形酷似大猫的克孜人，长着两颗脑袋、两个脖子（每个脖子上一只眼睛）、三条腿的傀儡师，这些外星人很容易让人想到《山海经》。

从三危山西行一百九十里就到了騩（guī）山。此山是名副其实的宝山，山上盛产玉，没有石头。其实玉也是石头，只是比较好看的石头罢了。騩山的主人叫耆童，或老童，顾名思义就是年纪很大的儿童，不管多老都是一脸的婴儿肥，他并没有做整容，他就是怎么长都长不大，不知道是好还是坏。如果一个人在无穷无尽的岁月里都是一张娃娃脸，似乎也挺无聊的。老童据说是颛顼的儿子，说话的声音像钟磬一样清澈，这是因为他一直保持着童声。长生不老的老童坐拥价值无限的玉山到底有什么用呢？他还特别小气，怕别人偷玉，竟然在山下养了许多蛇。（"騩山，其上多玉而无石。神耆童居之，其音如钟磬。其下多积蛇。"《西山经》）郝懿行认为"音如钟磬"显示其音乐天分，他的依据是《大荒西经》里老童的孙子长琴创造了乐曲。《山海经》的章节其实大多没有什么互文关系，甚至自相矛盾，偶有恰合，纯属巧合。《大荒西经》声称长琴发明了音乐（"始作乐风"），那么颛顼"效八方之音"写出"以祭上帝"的《承云》是什么？

从騩山西行三百五十里就到了天山，盛产金、玉。天山的山神身体像一个黄色的布口袋，发出红光，乍一看就像红灯笼高高挂在山上，他有六只脚、四个翅膀，面部浑浊，五官模糊不清，但偏偏能歌善舞，一个灯笼能跳舞也就算了，为什么还能唱歌？他没有嘴，莫非用腹语唱？他叫帝江，另一个名字便是大名鼎鼎的混沌。在庄子的寓言里，他被两个热心的最佳损友南帝和北帝活活凿死了，混沌从未初开过。

天山以西二百九十里是泑山，盛产各类玉。此山的西面即日落之地，故那里的气象红光漫天，山神叫蓐收。郭璞老师似乎认识蓐收，如此介绍道："亦金神也，人面、虎爪、白尾。"按五行说，西方属金，另一个金神名气比蓐收大得多，叫少昊，即黄帝的儿子白帝。一方居然有两个主神，郭老师不担心超编吗？

自泑山沿水路西行百里，就到了翼望之山。此山无草无木，多金多玉，有一种兽、一种鸟。兽状若山猫（狸），只有一只眼睛，但有三条尾巴，其肉可以入药，专治黄疸病；鸟状若乌鸦，三头六尾，喜欢笑，其肉也可以入药，吃了可以不做噩梦。

三危山的西部就到翼望之山为止，让我们看看三危山东面的大千世界。

三危山东去二百二十里便是符惕之山，山上多棕树和枏树，山下则多金多玉。难怪新疆盛产玉石，其来有自。山神叫江疑，喜欢兴风作浪，动不动就下一场不期而至的怪雨，此山因而成为天下风云的发源地，就是这么酷。（"是山也，多怪雨，风云之所出也。"《山海经·西山经》）

符惕之山以东三百里是阴山。山上有种兽，头是白色，长得也像山猫，但偏偏叫天狗，发出的叫声听起来是"榴榴"。天狗很适合做吉祥物，因为可以辟邪御凶。

阴山之东二百八十里有座山叫章莪山。山上没有草木，玉石多的是。此山的标志是一兽一鸟。那种兽像赤豹，长着五条尾巴、一只角，叫声如石头敲击，它的名字叫㹍。那种鸟身形修长如鹤，嘴是白色的，青色的身体上镶嵌红色纹路，看上去像集成电路板，只有一只脚。对了，它名叫毕方。

章莪山东行二百里，就到了长留山。白帝少昊死后成为金神，就"长留"于此山，和一千三百里之外的蓐收并列为西方之神，他们在千里之外，无声对白。颛顼是少昊的侄子，而颛顼是大禹的孙子，少昊与大禹在血缘上颇近，两人见面应该挺有话可聊的。长留山除了少昊外，还有个神叫魂（kuǐ）氏，主管夕阳返照。郝懿行老师考虑到"一山不容二神"，简单而粗暴地断言："（魂氏）盖即少昊也。"其实像少昊这么大牌的神，有个副手完全正常。长留山不仅玉石带花纹（文玉），兽尾巴也都有花纹，而鸟则是脑袋有花纹。大禹来到长留山，很有可能眼花缭乱。

长留山以东三百里是积石之山。山下有石门，河水从石门中涌出向西流去。山的名字很普通，但它的内涵丰富之极："万物无不有焉。"到底有什么，你去想、去猜。离奇的是，这个什么都有的神山竟然没有镇山之神，甚至连只鸟都没有。

告别积石之山，向东走四百八十里，便来到一个在历史与神话里都赫赫有名的地方：轩辕之丘——黄帝曾经的寓所。这座名山的绿化非常糟糕，糟糕到什么植物都没有（"无草木"），但玉石倒多的是。一座没有植被的山是有缺陷的，尤其是名山。

轩辕之丘的隔壁是玉山，相隔三百五十里，那是西王母的众多住处之一。黄帝看到的西王母是初版：大体上像人，但有豹尾、虎齿，非常善于飙高音（"其状如人，豹尾虎齿而善啸。"《山海经·西山经》），发型是蘑菇云状。西王母养的宠物有兽有鸟。兽叫狡，像狗，身上有豹纹，长着角，叫声很普通，如同狗叫，但它是个名副其实的吉祥物，出现的地方五谷丰登，只是它不去任何地方，只待在玉山，所以西王母不愁吃喝。西王母的宠物鸟叫胜遇，像红色的野鸡，住在山上，却喜欢吃鱼，可能是吃得少的缘故。它出现的地方会发大水，不适合做吉祥物。它也不去别的地方，再大的洪水也淹不了玉山。西王母正好可以赏水景，胜遇则乘机在水里抓鱼，各取所需。

玉山东边四百里是流沙，流沙不仅是地名，也是地貌。未来的周穆王浪漫西行时，将不得不穿过这片凶险的地带才见到整容后的 2.0 版本西王母。从流沙东行二百里就到了嬴（luǒ）母山。此山跟其他许多神山一样，盛产玉石，玉下面是青石，没有水，意味着此山的绿化堪忧。主管神叫作长乘，他与一般的神很不一样，是位道德标兵，"是天之九德也"。郭璞老师认为长乘即九德过于夸张，于是贴心地解释长乘乃由上天的九德之气所生。"九德"是天地间的至高美德，只要做到三种就家和万事兴，做到六种则国泰民安（"日宣三德，夙夜浚明有家。日严祗敬六德，亮采有邦。"《尚书》），达到九种至境的话，那就不要在人世待了，直接像长乘一样飞升成神。九德之说出自《尚书·皋陶谟》，此篇大约是春秋战国时的作品，那么大禹是否见到长乘或者长乘是否为九德神都不能仔细推敲，一推一敲就露出韭菜馅。长乘的外表有几分像西王母，人面犳（zhuó，传说中似豹的怪兽，但没有花纹）尾。

无水的嬴母山东面三百七十里，有座乐游山，多玉也多水，是桃水的源头。桃水中的鱼颇有特色，身材像蛇，长着四只脚，它喜欢的食物是鱼。《五臧山经传》考证："桃水今名洮赖图河。"无法确认。对《山海经》地理位置的所谓考证，大多不过"言之有理，查无实据"。还有人声称《山海经》里的怪物不是怪物，而是当时真实的存在，只是因为现代人不了解古人观察、记录动物的方式，才将动物误解为怪物。照这个逻辑，那些和怪物一样的各种神，莫非也是真实的存在？这个逻辑挺奇怪。

乐游山东北四百里处，便是著名的昆仑丘，山神名叫陆吾，后面还会提到，此处从略。山上有各种稀奇古怪的鸟兽和植物。有种兽叫土蝼，长得像羊，有四只角，会吃人。有种鸟名叫钦原，形状如蜂，大小如鸳鸯，凡被它蜇过的，无论动物还是植物都会死。另有一种鸟叫鹑，工作非常高大上，掌管天帝的各种服饰、器物（"是司帝之百物"），看来天帝很喜欢打扮。按理说，鹑应该住在天上才是，不知道为什么栖身凡间，每日上班上天、下班下凡，非常辛苦。

昆仑丘东边三百二十里的槐江山是天帝在凡间的花园，山上有黄金和各类美玉。该山的主管是一位叫英招的神，人面马身、长着翅膀、身上有老虎的斑纹，可以遨游四海；英招之外，还有个无名天神，身形如牛，长着八条腿、两个头、马尾。

槐江山东侧一百八十里是泰器山，其山有大水，水里有鱼，鱼叫文鳐，身体像鲤鱼，却长着鸟的翅膀，经常从西海游到东海，夜间它便从水中跃出，在空中飞行。不知道大禹有没有看见这个"真实的存在"，看见就好了，因为文鳐的出现预示大丰收，比什么"真实"的九尾狐靠谱多了。

泰器山东南四百二十里有座山叫钟山（据说在伊犁境内），山神的儿子叫鼓，人面龙身。鼓杀了一个不该杀的神葆江（不知道何方神圣），被天帝判处死刑，死后化身为非吉祥鸟，出现则天下大旱。

钟山东南四百二十里的山叫崶（mì）山，此山也产玉，离奇的是，它还有玉泉，玉膏喷涌而出。玉膏是什么不详，如果是液体的玉，那就是岩浆了，可黄帝拿它当食物和祭品，没听说黄帝如此耐烫。（"其中多白玉，是有玉膏，其原沸沸汤汤，黄帝是食是飨。"《山海经·西山经》）

崶山东南三百七十里的山名气和昆仑山一样大，叫不周山。不周山因为共工在中国神话里享有盛名，然而古怪的是，《山海经》中的不周山正常得很，什么怪物都没有，显得温良恭俭让。山上有一种果树，果实像桃子，人吃了就不知疲倦，分明是天然兴奋剂。

不周山东南三百里是长沙山，此山最大的特色就是没特色：产玉，无草木、无怪兽。

大禹不妨在此歇歇脚，接下来要视察北方。

四 禹迹之四：塞北异闻

大禹来到北方时，造访多地："北至人正之国，夏海之穷，衡山之山，犬戎之国，夸父之野，禹强之所，积水积石之山。"（《吕氏春秋·求人》）人正之国、夏海与积水积石之山均不见于《山海经》，不明所以，但肯定在北境，衡山不是南岳，而是指北极之山。也有说夏海即大海，指传说中的北海。《山海经》里有夸父之山，但跟夸父之野应该不是一回事，因为前者并不在北方。

"犬戎之国"在《山海经》里就大有文章，它在《海内北经》和《大荒北经》中都亮相了。《海内北经》里称犬戎国又叫作犬封国，"封"是大的意思，即"大狗国"。《海内北经》载："犬封国曰犬戎国，状如犬。有一女子，方跪进杯（通杯）食。"这些文字应该是根据图画写出来的，图中一只大狗比跪在前方的女子要高大得多，光着脚的女子双手捧着食物向大狗奉上。郭璞老师解释说黄帝的后人卞明生下一公一母两头白犬，"遂为此国，言狗国也"。如此说来，犬戎也是炎黄子孙了。

犬戎国出产一种叫作吉量的宝马，骑了它可以活一千岁。（"有文马……名曰吉量，乘之寿千岁。"《山海经·海内北经》）很难想象，狗骑在马上的情景，这需要非常独特的"观察力"。"吉量"疑为"吉黄"之误，《尚书·周书》里记载犬戎向周成王献吉黄，关于吉黄特征的文字与"吉量"一模一样，不过《尚书·周书》里没提"乘之寿千岁"，否则周成王也不至于死得那么早，显然《山海经·海内北经》的作者在添油加醋。

郭璞老师的说明与《大荒北经》略有出入："有人名曰犬戎。黄帝生苗龙，苗龙生融吾，融吾生弄明，弄明生白犬，白犬有牝牡，是为犬戎。"黄帝的后人弄明生了一只白犬，自相交配，生下犬戎。郭老师或许觉得白犬自相交配太过离奇，便自说自话声称"卞明生白犬二头"。《大荒北经》里犬戎没有文马，倒是"有赤兽，马状无首，名曰戎宣王尸体"。这种叫作戎宣王尸的红色怪兽身体像马，居然没有头，大概观察者是在兽的屁股后面看，没看见头，就说"无首"吧。

关于犬戎国，郭老师又给了另一种解释，认为犬戎是盘瓠的后代："昔盘瓠杀戎王，高辛以美女妻之……生男为狗，女为美人，是为狗封之国也。"这个解释貌似很合理，仔细推敲，其实很不合理，细节上有出入，高辛一开始发悬赏，表示将女儿许配给杀死戎王的勇士，得知盘瓠这条狗咬死了戎王，他反悔了，是他女儿替他守约嫁给了盘瓠。盘瓠杀死的戎王正是犬戎首领，就是说犬戎早已有之，不劳盘瓠费神了。

犬戎是西戎的一个支派，是中原的苦主，而且还特别长寿，唐朝的边关告急文书里还有犬戎的身影。不知道大禹跟犬戎是否达成了什么协议，在史籍有限的夏朝记载里，犬戎甚至西戎都不曾与夏朝为敌。夏桀的儿子淳维在夏朝灭亡后逃往塞北，并在那里休养生息，其后人更成为匈奴的一支。

大禹随后继续北上，会晤了北海的水神禺强，双方对未来展开了美好的想象。禺强的外形是这样的："人面鸟身，珥两青蛇，践两青蛇。"耳朵上挂着的两条蛇是装饰，脚下踏着的两条蛇则如同哪吒的风火轮，是驱动装置。郭璞老师在注释中说："（禺强）字玄冥，水神也。"第一次看到神跟人一样，除了名还有字，看来天上受人间的影响很大。多年以后，名叫禺强字玄冥的水神还将作为周武王姬发的外援出现在伐纣的前线，不过他似乎什么都没干，只是当观众或者啦啦队。

北海内有四种有特色的怪兽。其一叫驺骏（táo tú），身形如马，此外没有其他特征，那不就是马吗？（"北海内有兽，其状如马，名曰驺骏。"《山海经·海外北经》）可能就是一匹顽皮的马跳进海中洗了个澡，恰好被观察方式别开生面的古人看到了。第二种怪兽叫駮（bó），乍一看像一匹白马，凑近看会吓人一大跳，它的牙齿呈锯齿状，咬合力超强，咬死虎豹不在话下。駮是个两栖怪兽，不仅出现在北海，中曲山也有其彪悍的身影，当它浮出水面，我们可以清楚地"观察"到，它的大白身子后面拖着一条黑尾巴（见《山海经·西山经》）。第三种怪兽也像马，颜色偏淡，没有花纹（素色），性能指标不详，名字倒是特别，叫蛩（qióng）蛩。第四种兽全身发青，总算长得不像马，类虎，性能指标也不详，名字也特别，叫罗罗。

大禹历经东南西北的巡视，旅途和时间都很漫长，他的腿脚本就不太好，一路走来非常辛苦。离开北海后，大禹起意南下踏上归途。因为没有导航设备，尽管大禹的随从里有很多通天彻地的能人异士，他们还是迷路了，走到了北海以北的一个叫作终北的国家。该国幅员辽阔，奇怪的是，这个极北之地竟然温暖如春，没有风霜雨露，也没有鸟兽、虫鱼、草木。崇山峻岭环绕着一马平川的平原。（"其国名终北，不知际畔之所齐限。无风雨霜露，不生鸟兽、虫鱼、草木之类。四方悉平，周以乔陟。"《列子·汤问》）平原和山上连动植物都没有，很难想象还有比这更糟糕的地方了，然而，列子先生声称此地的人民无比幸福。

终北国国土中央有座山，山顶上开了个圆环状的口子，水从里面不断涌出，带着兰草和花椒（"兰椒"）的香气。兰花草的幽香和花椒的麻爽混在一起，真的好吗？列子老师有些重口味，屈原老师超爱花草，也没好意思把兰草和花椒混在一起。大禹合起双掌，捧起水来喝，感觉比美酒还要醇美（"味过醪醴"）。

自山顶而下的泉水流遍全国，滋润着国土。大禹很纳闷：这么好的气候，这么好的土地，为什么不种庄稼？后来他才知道，终北国民根本不需要饭菜，喝水就行了。因为食物上没有高低贵贱的差异，也就没有了社会等级、收入高低的差异，没有竞争，更没有强取豪夺之类的暴力事件发生。此国没有君主与臣下，所有人的性格都很柔顺，随遇而安，对别人没有猜忌之心，没有人会举报自己的师友、邻居。老少和谐共处，男女自由恋爱，不需要媒妁和聘礼。百姓的房子都沿河修建，家家都住河景房，只是因为没有植物，景色也谈不上多美。他们从未见过植物之美，也就谈不上有什么缺憾。

他们不需要吃饭，也就无须耕田。终北没有植物，自然也不可能织布，这就意味着当地人也不穿衣服，也是"裸国"。他们没有劳作的概念，生下来就享受生活，人丁兴旺，从没有遭受过各种病痛的折磨，人人都长命百岁，不知衰老和痛苦为何物。人人都喜欢声乐，没事大伙就结伴而行，轮番唱歌，唱一整天都不歇。（"其俗好声，相携而迭谣，终日不辍音。"《列子·汤问》）饿了、累了就喝几口泉水，精气神马上满血回归。这里的泉水和美酒一样，不能过量，喝多了也会醉倒，十多天之后才会醒。他们洗澡也用泉水，洗过之后皮肤焕发着健康的光泽，浑身都散发着香气。

列子笔下的终北国简直是人间至境，无法想象还有比它更完美的人间世（唯一的缺憾就是没有动植物），远远超过两千年后英格兰圣人托马斯·摩尔所描绘和定义的《关于最完美的国家制度和乌托邦新岛的既有益又有趣的金书》，简称《乌托邦》。终北比乌托邦完美，也有趣太多了，不知道为什么社会学者们没有关注终北国。列子明确而且深刻地指出了一个完美社会存在的先决条件：没有利益之争。当然这是不可能的，当人类从伊甸园流亡后，利益便如同死亡，与人类如影随形。

据说周穆王也曾造访终北国，一住就是三年。不知道那三年他是怎么过的，因为终北没有食物，或许泉水也可以养活外乡人。周穆王到底还是舍不得国家大业，回国后，依然对终北魂牵梦绕。在很长的时间里，他既不饮酒也不吃肉，连妃嫔侍女都懒得召见。几个月后，周穆王一切恢复常态，把终北当作一个梦。（"周穆王北游过其国，三年忘归。既反周室……不进酒肉，不召嫔御者，数月乃复。"《列子·汤问》）

不知道大禹回去后是否会常常想起终北国？只是想也白想，他的天下百姓嗷嗷待哺，诸侯们一个个像拳击运动员似的跃跃欲试。大禹在会稽斩杀了不听话的防风氏后不久就病死了，在位只有七年。临死前，他一定很怀念终北的泉水吧……

五　怪力乱神

《山海经》如果只是部简单的地理志，肯定不会有如今的知名度，它不仅是学者的"朱砂痣"，更成为普通读者的"白月光"。因为它写了诸多古怪的神祇，充满脑洞大开的想象力，简直像AI创作出来的动漫。

《山海经》中明确被定义为神的大概六十位，造型涉及龙、虎、豹、猪、牛、马、鸟，但九成以上都跟人有关，要么似人或人面，要么人身，以前者居多。这说明中国的神是根据人的形象塑出轮廓，再加上动物的肢体拼凑出来的。《圣经》与此正好相反，是神根据自己的形象造出亚当和夏娃。

帝俊和他那两个神通广大得莫名其妙的老婆：生了十个太阳的羲和以及生了十二个月亮的常羲，都是人形；少昊、老童、后羿、大禹的儿子夏后启、长琴、十巫（后文将提及的巫咸领衔的十个巫人团体）、十个被称为女娲之肠的神人、蓐收、夸父、竖亥以及刑天、夏耕之尸，也是人形。《山海经·中山经》里记载了一位住在夫夫之山的于儿神，跟夸父一样，没事手中盘着两条蛇，有事也盘，夸父追着太阳跑，都舍不得放下蛇。于儿很潇洒，畅游于江湖，而且很酷："出入有光。"《山海经·海内北经》

里有位住在深渊里的神，叫冰夷，没事喜欢驾着两条龙出游，从画上看，这是个心事重重的中年人，有一身的本事，却不得不待在见不到光的深渊里，也难怪他有想法。《山海经·大荒南经》里，有位神住在南海的岛上，随身携带四条蛇，两条青蛇挂在耳朵上，脚下有两条赤蛇，名字怪得一塌糊涂，叫不廷胡余。这些大神看上去都像人，但他们都有神通，人跟人之间的差别咋就这么大呢？

其他的诸如西王母、骊头、长乘、作弄过孔甲的泰逢，则属于类人形——人面人身，只是个别身体特征有别。还有《山海经·东山经》里的人身羊角神亦可归入此类，只是头上长了羊角，就像戴了头饰一样。羊角神喜欢的祭祀之物是公羊和黄米（黍），荤素都有了，营养均衡。

接下来的便是各类人面神。《山海经·南山经》里有个神没有名字，就叫"龙身人面神"，这位无名神祇还挺难伺候，祭祀的时候需要用一只白狗和粳米。上文提及的鼓也是人面龙身。《山海经·海内东经》载"雷泽有雷神，龙身，人头"，没事就用爪子敲打着腹部（"鼓其腹"），显得很爽的样子，就像胡同里的老大爷用老头乐挠后背一样。雷泽在神话里地位尊崇，伏羲的娘就是在雷泽边"感孕"的，不好揣测此事跟雷神有无关系，否则就太八卦了，虽然《山海经》本身就是八卦。人面龙身的就这三位，人面禽兽身体的就多了。

人面鸟身的神有五位。荆山的山神人面鸟身，也没有"学名"，祭祀他也挺麻烦：将一只公鸡埋入土中，再加上糯米和一块藻圭（一种玉）（见《山海经·中山经》）。西海小岛上的弇（yǎn）兹乍一看像是北海的禺强投影到了西海，不仅同样是人面鸟身，而且耳朵上也挂着两条青蛇，所不同的是脚下的两条蛇是红色的（"西海陼中，有神人面鸟身，珥两青蛇，践两赤蛇，名曰弇兹。"《山海经·大荒西经》），蛇的配置与不廷胡余一模一样。禺强的打扮完全可以用鲁迅的句式来表达：禺强身上有四条蛇，耳朵上的是两条青蛇，脚下的也是两条青蛇。东方的句芒很高大上，座驾是两条龙（见《山海经·海外东经》），郭璞老师好像跟句芒挺熟，说他是木神，平时一身素服，一点儿都不张扬，尽管座驾很张扬。墨子知道一个内幕：天帝因为很赏识秦穆公，便委托句芒为之增寿十九年。最后一位人面鸟身神叫九凤，没有座驾，耳朵上也没有蛇，但有九张人脸，这比九尾要吓人九九八十一倍。他名叫"九凤"，大概就是有九个头的变异凤凰，既然是凤凰那就不可怕了，因为凤凰是祥瑞，不过他的脸是人脸，又让事情变得复杂，因为人从来不是祥瑞。

　　人面蛇身的有五位。《山海经·北山经》里记载了没有"学名"的山神，他们是群神，势力范围是十七座山。祭祀他们的方式很是讲究，先得准备一堆毛（不知道什么毛），毛里埋着一只公鸡和一头猪，再把两块玉投放到山里，知识点：不要用精米，是否用糙米不清楚（"毛用一雄鸡彘瘗，用一璧一珪，投而不精"）。第二位叫烛九阴，住在西北海之外（不知道在哪），身体是红色的，他闭眼天就黑，睁眼就亮堂，可以招风呼雨。他还特别环保：不吃不睡不呼吸（"不食不寝不息"《山海经·大荒北经》），听起来像是化石，他的另一个名字是烛龙。第三位就是前面提过的相柳，他比九凤还要可怕，身体是蠕动的蛇。第四位就是著名的惹祸精共工，他和臣子相柳真是物以类聚，不幸的是，他们的对手是大禹，结果一个被逐、一个被杀。第五位叫"贰负"，《山海经·海内北经》轻描淡写地提了句："贰负神在其（指鬼国）东，为物人面蛇身。"其实贰负在《山海经》中的知名度挺高，被多处提及，更指出其臣子危杀了一个人面蛇身、吃人的怪物窫窳（yà yǔ），说明贰负是位君主。贰负和臣子危在西汉末年突然名气大涨。汉宣帝时，有个人在山上发现一个石室，里面有个被反绑着的骨架，披头散发，一只脚被捆着。刘向像孔子一样博学，指出那副骨架的主人就是危，以《山海经·海内西经》的记载为证："贰负之臣曰危，危与贰负杀窫窳。帝乃梏之疏属之山，桎其右足，反缚与发，系之山上木。"意思是危杀窫窳，天帝很不高兴，像宙斯惩罚普罗米修斯一样，把危捆起来，右脚戴上镣铐，双手和头发绑在一起。汉宣帝大惊，于是《山海经》研究一跃成为当时的显学。郭璞老师认为刘向是胡说八道："刘向以此经对，昧其实也。"如果没有刘向的"助攻"，《山海经》在后世的热度是否会受影响？

剩下的人面神身体组合很杂。

著名的祝融人面兽身，什么兽不清楚，他弟弟吴回看上去基本是个正常人，但生来就只有一条左臂。据郭璞老师反映，吴回是其兄的同事，都是天帝的火正。《山海经·大荒西经》里有两个"一臂国"，其中一国的国民是普通的独臂，另一国就厉害了，国民"三面一臂",脑袋前面和两个侧面都是脸,名副其实"露脸了",最厉害的还不是一头三面,而是他们长生不老,"三面之人不死"。他们是老童的后人,这个安排颇为合理,因为老童就是"老不死"。另一个人面兽身神是非著名的奢比尸,名字很怪,《海外东经》画出其轮廓:"兽身、人面、大耳,珥两青蛇。"《大荒东经》特别指出大耳是狗耳朵。

《西山经》载,从钤山到莱山一共十七座山,每座山都有一个神,这些神都没有"学名",其中十个人面马身,另外七个人面牛身,长着四只脚,但跟吴回一样,只有一条胳膊,走路的时候拿着拐杖,但是会飞。("其七神皆人面牛身,四足而一臂,操杖而行,是为飞兽之神。")前文提及的槐江山主管英招也是人面马身,其手下有个天神,身形如牛,八腿、双头,偏偏长着马尾,似乎是为了拍上司英招的马屁。《北山经》另有二十个人面马身神,"其神状皆马身而人面者廿神"。这类神有三十一个,除了英招外,皆无名,以"被批发"的方式出现。

《中山经》载有十九座山的山神,其中十六个人面猪身,他们也喜欢毛茸茸的东西,祭祀他们需要把羊埋在毛堆里,他们和人面蛇身的四神一样,口味都很重。《中山经》里还有位叫作武罗的神,人面,豹身,身材和打扮都很"淑女":腰身苗条,牙齿很白,戴着耳环,声音鸣玉般清脆。

最后两位人面兽身的神我们前面已经提到了,即人面虎身的陆吾,西王母的好朋友,另一位是水伯天吴。天吴同为人面虎神,但比陆吾威风多了,八头、十尾,摇头摆尾起来,气场足以屏蔽手机信号。不过天吴在神界的"社会地位"远远比不上陆吾，陆吾是天帝在人间办事处（下都）的首席主管，西王母见了都得笑脸相迎。

接下来的组合是人身兽首，仅有两类。《东山经》里有十二座山，每座山都有一个神，每个神都是人身龙首，想想就很威风，但他们连名字都没有。祭祀他们的方式颇为特别，将狗裹在毛里，再以鱼血涂抹。狗和鱼在山里都不太常见，天帝给他们安排的岗位似乎不是很合适。《中山经》里还有个人身龙首的神叫计蒙，喜欢在深渊里游游荡荡，他最好不要轻易上岸，否则暴风骤雨将至。《大荒北经》里有个神叫强良，虎头人身，别人装酷顶多嘴里叼根雪茄，他则叼着蛇，手里还拿着蛇，能把正常人吓哭。

另一种神仙组合是兽首兽身，有四类。《北山经》一次"批发"猪身神二十四个，其中十个比较另类："八足，蛇尾。"这些猪神都特别喜欢玉，不喜欢熟食，这是他们区别于猪的特征，因为真正的猪不会喜欢玉，且生熟不忌。《中山经》里岷山山系的十六座山，其山神全都是马身龙首，他们喜欢裹在毛里的公鸡以及精米。《南山经》登记了十个鸟身龙首神，他们也喜欢玉，也喜欢精米。精米的纤维不够，吃多了不好，这些神显然缺乏营养学知识。同样是《南山经》，把鸟身龙首反过来组装了一下，变成龙身鸟首。有十七座山，"其神状皆龙身而鸟首"，他们对于祭祀之物的喜好倒是跟鸟身龙首神相同。

除以上种种外，另有外表无以归类的大神。《中山经》里有个神名字很难听且低端，叫骄虫。他完全是人身，头也是标准的人头，但是有两颗，这就不好说他到底是像人还是不像人了。祭祀骄虫很简单，只要一只公鸡。骄虫还很有爱心，不要求杀死公鸡，看一眼就可以（"其祠之：用一雄鸡，禳而勿杀"），可能没有比骄虫更好说话的神了。

《大荒南经》里有个神的名字很萌："有神名曰因因乎。"但是没有任何特征描写，其实他的工作很重要，在南极掌管风（"处南极以出入风"）。在南海岛上无所事事玩蛇的不廷胡余尚且有"人面"，为什么因因乎没有面子？工作照都拍不了。

最不能归类的非帝江莫属，因为他没有面目，身体像灯笼一样，庄子给他起名为混沌，实在太贴切了。其实《山海经》中所有的神祇都很混沌，就像夜幕中的皮影戏，不知道投影的光从何而来。

六　怪物：要多怪有多怪

龙是中国最知名的吉祥物，但在《山海经》的异兽里，谈不上突出，除了应龙。据郭璞老师透露："（应龙）龙有翼者也。"长翅膀的龙在中国神话里其实相当罕见，因为龙的腾飞无需翅膀，靠强大而漫长的腹肌就足够了。现在我们知道，翼龙真的有翅膀，翼龙是蜥形纲翼龙目爬行动物的总称，本意为会飞的蜥蜴，它与恐龙有相当近的基因联系。翼龙化石在中国东南西北很多地方均有发现，莫非应龙真的是翼龙一般的"真实存在"？很多对《山海经》地理、动植物真实性的"考证"几乎都是如此简单、粗暴，可以一笑了之。应龙的战斗力在《山海经》里属于超一流，还会用翅膀帮助大禹挖河道，可他因为杀死蚩尤和夸父，被天帝惩罚不得再升天。

除应龙外，其他的龙都人畜无害，不打架，除了成双给大神们当座驾，基本没别的用处。祝融、夏后启、句芒、冰夷这些神都有双龙驾驭的豪车，级别差一点儿就是脚下有双蛇，相当于滑轮车，窸窸窣窣地滑行，也挺拉风的。

龙之外的顶级祥瑞是凤凰（皇），龙在神话里有善恶之分，但凤除了吉祥，就是更吉祥，两只比一只更吉祥。如果有一群凤凰在某人的领地出现，那就意味着天下将要属于他。周文王当年就曾看见凤凰组团出现在岐山（"有凤集于岐山"《竹书纪年》），不久便推翻了商朝。凤凰在《山海经》出现的频率远远超过龙，在《南山经》的首次亮相显得格外知书达理："有鸟焉，其状如鸡，五采而文，名曰凤皇，首文曰德，翼文曰义，背文曰仁，腹文曰信。是鸟也，饮食自然，自歌自舞，见则天下安宁。"身材像鸡，虽然不够显眼，但它的羽毛散发着五彩的光芒，并且不同的颜色组成了不同的字：头上的文字是个"德"，翅膀是"义"，背上是"仁"，腹部是"信"。其实这还是不够完美，"礼"和"智"在哪里？编得太过分了，估计周文王都不乐意，因为他也无福见过拥有如此"五彩文案"的凤凰。无论有没有"文案"，"见则天下安宁"是中国文化对凤凰的定性，是对凤凰作为顶级吉祥物的授奖词。

宋人无名氏在《分门古今类事·梦兆门中》总结凤凰有四种:"凤鸟有五色赤文章者,凤也;青者,鸾也;黄者,鹓(yuān)雏也;紫者,鸑鷟(yuè zhuó)也。"五彩的是凤,青色的是鸾,黄色的叫鹓雏,紫色的叫鸑鷟。周文王看见的是鸑鷟,如果看见五彩凤,可能夺取江山会更轻松些。

《山海经》中有个周文王想都不敢想的福地"诸夭之野",那里凤凰像走地鸡一样常见:"鸾鸟自歌,凤鸟自舞;凤皇卵,民食之;甘露,民饮之,所欲自从也。"(《海外西经》)青色的凤凰唱歌,五彩的凤凰跳舞,凤凰们下了蛋,老百姓直接做了西红柿炒蛋吃。这是个可以尽情生活的地方,可能仅次于终北,因为终北的国民不用吃饭,而凤凰蛋是否管够是个疑问,一旦发生哄抢事件,离血案也就不远了。我们都知道凤凰浴火重生或者涅槃的传说,但这个传说的历史很不悠久,因为原创者是郭沫若。

神话里有代表东西南北方位的青龙、白虎、朱雀和玄武,被称为四灵或四象,却不在《山海经》中。《山海经》中的白虎一点儿都不"灵",只是白色的虎而已。

《山海经》的怪物形姿五花八门,以身体"零部件"难以概括,只能另辟蹊径,从善恶的道德层面区分,大体上可分为吉、凶和无害三类。先来看看吉祥物们。

《东山经》里的当康长得很普通,就像一头正经的野猪,"其状如豚而有牙","有牙"二字多余,猪当然有牙,如此相貌稀松平常的怪兽,竟然是大吉之兆,它出现则预示天下大丰收("见则天下大穰")。

《海外西经》里有头叫作乘黄的怪兽，长得像狐狸，背上长角，吉祥无比，坐上去就能活两千岁（"有乘黄，其状如狐狸"）。不过要骑上它可能很难，因为背上有角，若是那么容易坐，颛顼又何必不得已化身鱼妇？这可怜的鱼妇将在后文提及。

巴蛇因为其巨大的体型令人印象深刻，它大得可以吞下一头象，所以又叫象蛇。屈原问一条蛇怎么可以这么大？（"一蛇吞象，厥大何如？"《天问》）成语"人心不足蛇吞象"即由此而来，但《山海经》中的蛇并未因吞象致腹裂而死。《海内南经》如是说："巴蛇食象，三岁而出其骨，君子服之，无心腹之疾。"一头象管饱三年，三年后巴蛇才吐出不能消化的骨头。象骨有妙用，可以治愈心腹方面的疾病，前提是病人必须是个君子，否则后果自负。

《西山经》里有种鱼叫冉遗，鱼身蛇头六足，眼睛形状如马耳朵，长得虽怪，却是良药，吃了不做噩梦，不知道李时珍有没有将其收入《本草纲目》。冉遗跟何罗鱼相比算是很正常，"何罗之鱼，一首而十身，其音如吠犬，食之已痈"（《北山经》）。一个头十个身体，想想都起十个鸡皮疙瘩，它也是良药，其肉可治愈皮肤溃烂。何罗并不孤单，《东山经》有个鱼怪叫茈鱼，也是"一首而十身"，也是良药，吃了不放屁。

现在再来看看凶兽们。

"天狗吞月"的说法国人都耳熟能详，其实就是月食现象。《山海经》里的天狗并没有吞月，相貌也很平常，长得就像一只狗，只是全身红色，这只看上去不太怪的怪物负能量太强，出现的地方将会爆发战争，比月食糟糕多了。（"有赤犬，名曰天犬，其所下者有兵。"《大荒西经》）《周书》里天狗出没时的动静如同好莱坞大片的特效："天狗所止地尽倾，余光烛天为流星，长数十丈，其疾如风，其声如雷，其光如电。"天狗是凤凰的反义词。

朱厌，"其状如猿，而白首赤足"，这头白发红脚的"猿"跟天狗是同一类凶兽，一旦现身则表示大规模战争将起（"见则大兵"《西山经》）。

蜚，牛身白头，一只眼睛，蛇尾，这只独眼兽是名副其实的瘟神，遇水水涸，遇草草枯，所到之处瘟疫肆虐（《东山经》）。

《山海经》里有不少异兽与蛇有关。比如鸣蛇，《中山经》中有："其状如蛇而四翼，其声如磬，见则其邑大旱。"长着四个翅膀的蛇，相当于四轮驱动的车，叫声如同磬的敲击声脆生生的，让人忍不住闭目欣赏，但当你睁开眼睛时，你所在的地方连韭菜都枯死了。可见，鸣蛇也是凶兽。

化蛇的外表怎么看都不像蛇，"其状如人面而豺身，鸟翼而蛇行……见则其邑大水"，人头、豺身、鸟翼，看起来像是一个审美有欠缺的人扎的风筝，一点儿蛇的样子都没有，又如何"蛇行"？直接参加风筝节就好，不过最好还是不要参加，因为它出现的地方将出现水灾。

长右，形如猕猴，长着四个耳朵，叫声如同人的呻吟，它出现带来的后果真的会让人呻吟：暴发洪灾（见《南山经》）。赢（luó）鱼，同样"见则其邑大水"，它外表看上去就是鱼，只不过生了一对鸟的翅膀，叫起来声似鸳鸯，这么可爱的小怪兽竟然是凶兆（《西山经》）。夫诸生活在山上，看上去像可爱的白鹿，头上有四个角，其凶兆与以上三种相同：带来洪灾（《中山经》）。

合窳，状如野猪，人脸，身体发黄，尾巴是红色的，叫起来像婴儿啼哭，千万不要被它脆弱的哭声所迷惑，它喜欢吃人，可能吃不到人才啼哭，实在无人可吃，也凑合着吃蛇（《东山经》），这足以说明，在怪物眼中，人是高级食物，是可口的韭菜。合窳在山上生活，有个怪兽叫蛊雕，生活在水中，偏偏长得像飞翔在空中的雕，头上生角，性情很像合窳，声音也有婴儿腔，也爱吃人。《北山经》里的狍鸮声音也像婴儿般惹人疼爱，人面羊身，虎齿，人手一样的爪子，也喜欢吃人，不过它吃人或许不太方便，因为眼睛在腋下，正常情况下它看见的只是自己的腋毛。（"其状如羊身人面，其目在腋下，虎齿人爪牙，名曰狍鸮，是食人。"）《中山经》里的犀渠，同样"音如婴儿"，牛身，颜色发青，也爱吃人。这几种爱吃人的怪物有个共同特点，用婴儿般的声音装可怜，如果你上当了，可怜的就是你。诸怀，状如牛，头上四角，人眼，猪耳朵，叫起来声如大雁，不要走近它去"考证"它是不是大雁，因为它也喜欢吃人（《北山经》）。

最后，我们来看看那些不吉不凶，只是单纯古怪的怪物。

陵鱼看上去很吓人，因为它长得太像人了，有手有脚，鱼身，简直就是海中的人鱼，比安徒生的美人鱼更像人（见《海内东经》）。还有种鱼怪叫鱼妇，身体一侧干枯，好似烤鱼，这么半死不活的鱼竟然是颛顼所化，借此死而复生。（"有鱼偏枯，名曰鱼妇，颛顼死即复苏。"《大荒西经》）颛顼为了永生真是拼了，哪怕变成一条半死不活的鱼,名字还那么难听。颛顼的儿子老童轻轻松松就永远年轻,不用变来变去,不知道什么地方出了差错,颛顼借用鱼身才能复活,可是变成一条半身不遂的鱼活着又有啥意思?神话里,没有任何一个帝王获得过永生,因为那太可怕了,没人好意思这么编。至于黄帝乘龙飞升,那不过是方士骗汉武帝而编的段子,谁傻谁信、谁信谁傻。"乘龙飞升"其实是个不错的隐喻,若要飞升为仙,须得舍弃大位,权力与永生就像鱼和熊掌。

狰,状如红色的豹子,五条尾巴,头上长着一只角(《西山经》),看上去比獬豸还要怪,但没听说它会断案。诸犍,人头,只有一只眼,牛耳,形体如豹,尾巴很长,走路需要叼着尾巴,就像女明星走红毯需要提着裙脚一样(《北山经》)。天狗有个邻居叫屏蓬,样子比天狗可怕得多,一左一右长着两只兽头,但它的出现并未对人世造成什么伤害(《大荒西经》)。举父,外形如猕猴,手臂上有斑纹,长着豹子的尾巴,擅长投掷("豹尾而善投"《西山经》)。夸父善跑,举父善投,可惜没听说怪物界有田径比赛。

有个成语叫"天马行空",这个天马其实是指汉武帝从大宛得来的汗血宝马,班固称之为"天马",或许是从《山海经》得到的灵感。《山海经·北山经》载:"有兽焉,其状如白犬而黑头,见人则飞,其名曰天马。"状如狗而能飞,那不就是天狗吗?但它就是叫天马,我们只能看着它的黑头双眼发黑。

《山海经》的诸多怪物中,以《中山经》的怪兽山膏最好玩。

它长得很普通，像猪，全身火红，有什么能力不清楚，但它喜欢成天骂骂咧咧（"其状如逐，赤，善詈"），是个愤青。

其他的怪物如毕方、穷奇、混沌、青鸟、比翼鸟（又叫蛮蛮）、夔、九尾狐、饕餮、凿齿、窫窳等等前文已提及，此处不赘叙。当然，《山海经》中的怪物不止这些，我只是挑了些足够怪的。

无论什么神、什么兽，在天帝面前什么都不是，十二个头的那家伙站在金字塔的顶端，打个响指就让那些大神和异兽俯首帖耳。

现在让我们告别《山海经》的神话世界，回到人间，人间也有神话。

第七章　商朝的巫与神

一　国师伊尹

在历代王朝的开国国师中，有两个人最富有传奇色彩，一个是伊尹，另一个是姜子牙。姜子牙因为《封神演义》变得家喻户晓，伊尹没有被写进小说，但他在神话中非常出彩，甚至让帝王都相形见绌。

通常只有帝王的出生经历才会被浓墨重彩地渲染，伊尹享受同样待遇，甚至有过之而无不及。伊尹母亲住在伊水（河南境内的南岸洛水支流）边，不知道有没有看见"天空突然一火链"（估计没有，因为那是帝王母亲的专利），但她怀孕了。临盆前她做了一个梦，梦中有神告诉她，如果石磨子（石臼）出水便往东跑，不要回头。她忘了问神，如果石磨不出水，她该往哪跑还是原地稍息。好在神没有难为她，第二天她醒来时，果然看见石磨出水，于是这个孕妇不顾一切往东边跑，一口气跑了十里，实在太累了，停下来时，忍不住回头看了下，结果她身后的土地变成一片水域，而她自己化成一棵空心桑树。

启的母亲涂山氏化为石头，二者庶几近之。《圣经·创世记》的记叙与伊尹母亲的经历更为神似。天使要毁灭罪恶之城所多玛，叮嘱罗得一家出城后，能跑多远跑多远，不要回头。罗得的太太跟伊尹母亲一样，好奇心特别重，停下来喘息时，回头看了一眼，于是化为盐柱，成为英国谚语"好奇害死猫"（Curiosity killed the cat）的注脚。好奇能够带来创新，也可以带来死亡。

有莘国有个女子采桑时，听到一棵桑树里传来婴孩的啼哭声。这个孩子的出生如此不同凡响，女子便将孩子带回家，给他起名为伊尹，并献给国王。这便是屈原在《天问》里所说的："水滨之木，得彼小子。"伊尹出生的经历充满童话色彩，远比帝王潦草的"感孕"来得生动、曲折。

有莘国王可能也受到神托梦，将这个孩子交给厨师抚养。伊尹的高超厨艺来自打小就开始的严格科班训练，没有人可以随随便便成功。伊尹外形相当难看，不仅又黑又矮，脸上又干净得过分——不仅没有胡须，连眉毛都没有。上帝关上了伊尹的外貌之窗，却给他打开才智之门。后来伊尹正是凭借出色的厨艺才吸引了身高九尺的美男子兼吃货成汤的注意。

伊尹不仅厨艺出众，还非常有学问，被有莘王聘为宫廷教师，公主便是其学生之一。成汤听说了伊尹的才识，非常希望他能为自己效力，于是派人去有莘国发聘书。聘书到了有莘国王手中，被压下了，伊尹根本不知道自己竟然引发了大人物之间的博弈。成汤发了三次聘书，都不见回音，就亲自去有莘国拜访。这便是屈原所说的"成汤东巡，有莘爰极"。

有莘国王打了一番太极，然后说：伊尹那个丑八怪不是俺不放，主要是他与公主感情深厚，他若离开了，俺担心公主会得抑郁症，所以迟迟不敢答应……

成汤何等聪明，马上向公主求婚，有莘国王愉快地答应了这桩婚事，并让伊尹作为陪嫁的一部分（媵臣）。这桩买一送一的交易是双赢，不对，是三赢——伊尹同样是赢家。

屈原这个书呆子完全把顺序弄反了，他问为什么成汤想得到伊尹，结果却得到了吉祥的贵妃？（"何乞彼小臣，而吉妃是得？"）还质问有莘国王，为什么那么瞧不起伊尹，把堂堂一个男子汉当作陪嫁？（"夫何恶之，媵有莘之妇？"）他以为有莘国王是讨厌伊尹（"恶之"）才这么做，真是单纯又天真，有莘公主才是买一送一的"赠品"。难怪屈原在楚国朝堂混不下去，他完全不懂博弈之道。

伊尹"嫁"到成汤那里后，成汤看到他的外貌，一时间不想见他，心想人和人之间的差距也太大了。伊尹对冷落习以为常，该干吗干吗，在不被接见的日子里，研发了很多美食。成汤吃人嘴短，便约见了伊尹。

伊尹背着厨具出现在成汤的面前，一边做着小菜一边讲解大形势，并将烹饪之术与治国之道有机结合在一起。那时成汤觉得眼前的黑小个儿气场足有两米八，脑后的光环亮如两百瓦的灯泡，皮肤也没那么黑了。

成汤给伊尹的第一份工作是去夏朝当卧底。伊尹并不喜欢这个工作岗位，但仍然全力以赴。他去夏都之前，做了一番调研，然后自带厨具、食材和调料出现在一个女子面前。她便是夏桀的妃子妹喜。

妹喜一度是夏桀的"白月光"，然而夏桀在得到岷山的两个姐妹花后，就渐渐冷落妹喜，让白月光成为一勾暗淡的下弦月，而姐妹花成为他心头的"朱砂痣"。抑郁的妹喜迫切需要排解心中的万千惆怅，美食正是一个本能的选择。而伊尹是个擅长制造美食的人，于是一个美女和一个丑男成了一对纯洁的"饮食男女"。

在与妹喜的交往中，伊尹从妹喜口中得到不少夏朝高端人士的八卦，以他的智商当然可以从八卦中筛选出一些有用的军事情报。伊尹带着情报回到成汤身边，出任首席谋士。

当妹喜获知伊尹的真实身份后，在夏桀面前痛哭流涕，骂道：所有的黑矮子都是骗子！夏桀并没有责罚她，反倒安慰道：不怪你，要怪就怪我自己，是我自己把那个四肘怪物放了出去，否则那个黑胖子也不会来骚扰你。

因为史料的匮乏，我们不清楚伊尹在成汤取代夏朝的战役中发挥了什么作用，屈原大概也不清楚，所以才问"何卒官汤，尊食宗绪？"（《天问》），意为伊尹为什么辅佐成汤，竟得以配享宗庙？伊尹一定厥功至伟，否则不可能成为一人之下的顶级权臣，成汤死后，他甚至有废立商王的权柄。《诗经·商颂·长发》的最后几句是献给伊尹的："允也天子，降予卿士。实维阿衡，实左右商王。"歌颂天降阿衡（即伊尹），辅佐成汤赢得天下，深受殷商人民的爱戴。伊尹死后，历代商王都以王的礼仪祭祀这个被采桑女从空心桑树里抱出来的孩子。

二　商王成汤

成汤的母亲叫扶都，某个惠风和畅的夜晚，在某个桑林里，"见白气贯月，意感"（《竹书纪年》）。她的"感孕"方式也是"火链"式的，与帝舜的母亲握登如出一辙。因为"火链"能量太强，帝舜生就双瞳仁，那么成汤呢？他的每条胳膊都有两个肘，不清楚这算超人还是残疾人。成汤外表出众，身材伟岸，皮肤白皙，浓发美髯，完全是伊尹的反义词。

成汤外表很帅，心灵也很美。有一次外出，他看到打猎的人们在四周布网捕兽。成汤慈悲地叹了口气说，这么干就把动物一网打尽了，只有履癸那个神经病才如此伤天害理。于是令人撤去三面网，只留一面给那些命中注定要自投罗网的动物。这么做自然深受动物以及动物保护主义者的欢迎，但猎人们回家可能要跪搓衣板。他们站起来后看到孩子们一边嗫着手指头一边啼哭，在内疚感的驱使下，猎人只得返回山林，在四面八方都支起网，可怜的动物们遭到变本加厉的"报复"。猎人们的所作所为与成汤无关，其善良的美名正四处传扬，诸侯们纷纷点赞："汤德至矣，及禽兽。"（《史记·殷本纪》）

据说成汤并不打算造反，从夏台监狱放出来后，只想好好过日子，不要再被抓进去，泡在重泉的滋味不好受。《天问》如是发问："不胜心伐帝，夫谁使挑之？"意思是谁挑唆他跟夏帝撕破脸的？屈原只问不答，但不难推测，那个"谁"只能是伊尹。伊尹只要念叨几次"重泉"，成汤的恐惧与愤怒便一次次地累积，终于忍无可忍，并最终爆发。成汤率领小弟们向老大哥履癸正式宣战，双方多次交手，成汤渐渐占据主动位置，从一个胜利走向另一个胜利，然后走向最后的胜利。《诗经·商颂·长发》大唱赞歌："武王载斾，有虔秉钺。如火烈烈，则莫我敢曷……韦顾既伐，昆吾夏桀。"成汤威风八面，手握象征统帅权威的大钺（斧头），攻势如烈火燎原，烤串似的先后"串烧"豕韦、顾国和昆吾，最后在鸣条迫使履癸成为夏桀。

成汤政权取代夏朝，自然会举行盛大的庆祝仪式。他首先要感谢的人是伊尹，如果不是他"挑之"，自己还是个唯唯诺诺的商侯。庆祝之后的数月里，成汤渐渐感觉到一种蚀骨的空虚感，不是厌倦了做天下共主，而是天不下雨，阳光弥漫整个夏季，只有知了在聒噪地鸣叫。田地荒芜，不要说庄稼，连杂草都生不出来。河床露出来，裂成龟甲的样子，而乌龟们不知去了哪里。第二年，雨仍然没有落下。

商朝的巫师们全都跑出来设坛作法，很多女人在祭坛上被烧死，很多乌龟献出龟甲供巫师们占卜何时下雨。巫师们很拼，穿着颜色夸张的衣袍，冒着中暑的风险坐在太阳下模仿旱魃，希望把旱魃吓跑。旱魃就是黄帝当年讨伐蚩尤时从天上请来的大神之一女魃。女魃的技术特点是止雨，正是用这个绝招破解了蚩尤的水雾。可能在战斗中功力消耗得太多，女魃回不去天上，于是成了旱魃，所到之处不下雨。《山海经·大荒北经》指出："黄帝乃下天女曰魃，雨止，遂杀蚩尤。魃不得复上，所居不雨。"

巫师们的工作思路有问题，既然旱魃"不得复上"，她能去哪里？所以无论巫师们怎么折腾都没用。第三年雨还是没下，第四年参照第三年，第五年参照第四年。江水都干涸了，世界一片死寂，连知了都不叫了，只有旱魃躲在某个角落捂着嘴偷乐。

第六年干旱依旧，转眼到了第七年。成汤的秀发与美髯都打结了，因为没有水洗澡，美男子成汤看上去像个流浪汉。死于祭坛的女人尸骨多得触目惊心，乌龟也找不到了，巫师们连占卜的道具都没有了。即便如此商朝人民仍然没有出来造反，因为饥与渴让他们只能选择躺平节省体力。周围的诸侯因为同样的原因没有出来生事，连军饷都没有，还打什么仗？

在这种情况下，成汤必须要站出来了。《淮南子》的叙事很有主旋律的范儿："汤时，大旱七年，卜，用人祀天。汤曰：'我本卜祭为民，岂乎自当之。'乃使人积薪，剪发及爪，自洁，居柴上，将自焚以祭天。"善良的成汤不忍再有人死于祭坛，于是献自己为祭。成汤很崇高，让人联想到普罗米修斯，但仔细想想，好像有些地方不对劲：既然成汤以民为本，每年都有无数百姓死于饥荒，为什么要等七年之后才献身？既然他以身献祭，又何必多此一举割发、剪指甲？如果他的归宿是在祭坛，那么他取代夏朝的意义是什么？这些问题还没有得到回答，就在薪堆点火的时刻，老天被感动了，雨下了，且一直下，气氛特别融洽。成汤从薪堆上站起身，对身边的伊尹说，我去洗澡了，请给我做一碗鱼汤。伊尹比画了个"OK"的手势。

《竹书纪年》和《吕氏春秋》关于成汤祈雨的陈述比《淮南子》要合情合理得多。伊尹是军师，不是巫师，虽然他瞧不起那些在祭坛上卖力表演、口吐白沫的巫师，但不敢公然批评他们。他建议成汤去郊外的桑林去祈祷，用断发、剪指甲代替身体向上天请罪。割发（或指甲）是为了代首，倘若以身体为祭，那么剪头发和指甲纯属多余。成汤在桑林这样向上天祷告："余一人有罪，无及万夫，万夫有罪，在余一身；无以一人之不敏，使上帝鬼神伤民之命。"

成汤去桑林祈祷只有小圈子知道，如果失败了，不召开记者招待会就是了，影响也不大；如果成功了，就把好消息扩散到全国的大圈子，乃至突破时间，永垂青史。成汤的祷告感动了天帝，看到雨水落下的瞬间，成汤涕泪滂沱。为了庆祝大雨，成汤特别指示国家交响乐团作《大濩》，"濩"便是"大雨"的意思。《大濩》后来成为商朝好歌曲，是祭祀祖先时的保留曲目。

成汤被儒家尊为上古圣王之一，无论是"尧舜禹汤"还是"三代之英"（指夏、商、周的开国之君），成汤都在列，但他到底有什么丰功伟绩，史籍中付之阙如。我们只知道他是"感孕"而生的，在伊尹的鼓动与辅佐下，推翻了夏朝，其后在位大概十四年，其中有七年活在大旱的恐惧与焦灼中。

庄子在《杂篇·让王》里讲了个寓言故事：成汤打算将大位禅让给隐士务光，务光坚辞不受，为了让成汤死心，干脆自己去死，"乃负石而自沉于庐水"。屈原听过这则寓言，在《哀时命》中赞曰"务光自投于深渊兮，不获世之尘垢"，屈原显然是以务光自比。

务光临死前说的一番话其实是在否定成汤："无道之世，不践其土。况尊我乎！吾不忍久见也。"意思是他活在这个无道的世界已经很羞耻，何况还被尊为君，不如眼不见为净。

成汤所在的时代太久远了，就让这个美男子活在传说中吧，正如屈原所言："禹汤久远兮，邈而不可慕。"（《九章·怀沙》）

三 巫师的代言人

成汤死后，伊尹辅佐了成汤的两个儿子和一个孙子共三任商王，病逝于第四任太甲任内，他跟太甲之间的恩怨可以写一出精彩的宫斗剧。太甲经历被立、被废再被立，足见伊尹这个四朝元老在朝堂地位超然。通常像他这样的权臣都不会有好下场，但他是个例外，所以在后世将相的眼中，他是神话一般的存在，而且不可复制，连姜子牙都比不了。

太甲继位之初，昏君们干的事他都干了，没干的事他也干，伊尹气得都长出胡子，于是果断废黜太甲，将其软禁在桐宫。战国的书生们看不下去，编造了一个富有神话色彩的故事：太甲不甘被囚，设法越狱，又设法杀死伊尹。持续三天的大雾笼罩商朝大地，似乎在为伊尹默哀。太甲在浓雾中猥琐地再次登基，然后砥砺前行，勤政爱民，中兴商朝，被尊为"太宗"。

这个神话的可疑之处有二：太甲杀了伊尹，然后把伊尹请进宗庙，享受王礼，太甲祭祀时心不会痛、不会心虚吗？太甲以暴力手段再登王位，如何就幡然而悟，从昏君成为中兴之主？如果是因为伊尹的教诲，太甲痛改前非，双方达成妥协与共识，那么就没有任何疑问之处。

战国乱世，书生们为了兜售自己的想法，不惜编造故事作为理论依据，这个故事的创作者很有可能是法家子弟，韩非子就曾拿务光的寓言借题发挥。《韩非子·说林上》声称成汤推翻夏朝后，担心天下人非议，便假惺惺地让位于务光。但成汤担心务光真的接受了禅让，暗中派人告诉务光，成汤很阴险，这么做的目的是将弑君（韩非子认为成汤杀了夏桀）的恶名转嫁给他，务光觉得世界太黑暗、成汤太腹黑，"因自投于河"。

太甲之后的四位商王都没什么作为，很多诸侯都不拿商王当领导了，懒得来首都汇报工作："殷道衰，诸侯或不至。"（《史记·殷本纪》）

过了五六十年，到第九个王太戊时，商朝又中兴了。辅佐太戊的是伊尹的儿子伊陟，从时间上看，伊陟该是伊尹的孙辈。

伊陟担任和伊尹相同的职位，相当于后来的相国，一人之下的权臣。有一年，朝堂上突然出现两株长在一起的植物，一棵是桑树，一棵是楮树，翻译成文言文叫"桑穀（谷）"。这两棵树不知受什么刺激了，一夜之间就长成双手合围那么粗。太戊吓坏了，赶紧请教伊陟该怎么办。

伊陟肯定听过"大濩"的前因后果，于是建议太戊好好想想自己是否德行有亏，才让妖异之物钻了空子冒出来吓人，君王的美德是碾压妖怪的武器。这个逻辑跟伊尹建议成汤去桑林以头发、指甲代首祷告是一样的。不成功，说明太戊反思得不够，与伊陟无关；成功了，则是双赢。

太戊快速、深刻而且真诚地反省着，慢一点儿的话，朝堂的屋顶就要被撑破，整个王宫将变成亚马孙雨林。在太戊心中突然且大批量涌现的美德果然胜利了，怪树很快就枯死，被太戊拿去当庆功宴上烤肉的木柴。这件古怪的事影响深远，司马迁都忍不住把它当作史实写进《史记·殷本纪》。

伊陟声望大涨，首席巫师巫咸做了两篇文章称赞伊陟与太戊。巫咸不仅属于商朝，他甚至是巫师的代名词，不可思议地穿越到遥远的黄帝时代。袁珂的《中国神话传说》里辑录了巫咸在不同时代的身影。

《太平御览》引《归藏》："昔黄神与炎神争斗涿鹿之野，将战，筮于巫咸。"黄帝请巫咸占卜，巫咸表示此战不利（"果哉而有咎"）。涿鹿即阪泉，黄帝与炎帝在阪泉交手三次才获胜，与《五帝本纪》合："与炎帝战于阪泉之野。三战，然后得其志。"根据巫咸占卜的结果，黄帝此前很可能都打了败仗。宋人罗泌在《路史》中表示，神农也就占卜事宜咨询过巫咸。黄帝、神农时代相近，巫咸加个班倒也可以理解，但在《世本》里，巫咸又化身为帝尧的神医："巫咸，尧臣也，以鸿术为帝尧之医。"上古时代，巫、医一体。巫咸在时间的长河里一猛子扎了两三百年，再一猛子又是六七百年到了商朝，他穿越的本事连共工都比不上。

巫咸在《山海经》里还成立了自己的国家："巫咸国在女丑北，右手操青蛇，左手操赤蛇，在登葆山，群巫所从上下也。"（《山海经·海外西经》）袁珂先生根据《山海经》里巫咸国的记载，判断巫咸应该是黄帝时代的人，"要以黄帝时人说为近正"，这暗示了袁先生打心眼里相信《山海经》是夏禹时代的作品。

巫咸国里所有人都是巫师，郭璞老师认为众巫师在葆山上上下下是"采药往来"。我不认同这个说法，这些巫师左右手都拿着蛇，难道用第三只手采药？我觉得他们的"上下"是在天上地下之间往返，他们可以突破颛顼"绝地天通"的禁锢。《山海经·海外西经》接下来提到一种叫作"并封"的怪物："并封在巫咸东，其状如彘，前后皆有首。"彘就是野猪，这句话很好理解，并封样子就像前后都长着头的野猪，图也是这么画的，但郭璞老师坚持认为并封是双头蛇之类的物种，我只能理解为郭老师不会看图或者没看见图。巫咸率领九巫采药不是在葆山，而是在丰沮玉门——日月休息的地方，此地各种药都有，巫咸领衔的十巫在山上"升降"采药。（见《山海经·大荒西经》）

巫咸不仅在中原享有盛名，南蛮亦奉之若神明，据说巫峡便是以巫咸命名。楚国的降神仪式更是请巫咸做代言，屈原在《离骚》中吟唱道："巫咸将夕降兮，怀椒糈而要之。"椒是指浸了酒的花椒，糈是精米，二者俱是敬神的祭物。屈原带着花椒和精米，乍一看好像要做粉蒸肉，其实他满怀虔诚地迎接巫咸的到来。

巫咸虽然善于占卜吉凶，祝祷于山川，但他有个软肋。韩非子在《韩非子·说林下》中一针见血地指出："巫咸虽善祝，不能自祓（fú）也。"意思是对于已经出现的怪物（比如桑穀）束手无策，所以需要伊陟代劳。打个比方说，中医可以告诉你如何预防癌症，但癌症来了，还得化疗，靠气行周天是没用的，肿瘤把大、小周天都堵得死死的。

太戊在伊陟与巫咸的加持下，道德崇高，治国能力猛涨，于是商朝又欣欣向荣起来，势利眼的诸侯们就主动来汇报工作了，太戊因此被尊为"中宗"："殷复兴，诸侯归之，故称中宗。"（《史记·殷本纪》）

神通广大的巫咸却在太戊朝永垂不朽，结束了穿越。他的儿子居然叫巫贤，父子谐音，听起来像巫咸用谐音梗继续刷存在感。巫贤比他父亲还厉害，除了首席巫师的身份，还兼了伊陟的相国职位，神权、政权一把抓。

四　后太戊时代

商朝迎来大复兴，不仅"诸侯归之"，连边陲的蛮夷都心向往之。太戊在位的第二十六年，西戎来访。对西戎的位置，导航系统都没把握导航，因为幅员过于辽阔，涵盖西部及西北，北狄出来混，都得事先跟西戎打个招呼，否则有可能被告侵权。西戎有个巨大的宝藏，那便是境内的神山昆仑。据《山海经·西山经》透露："昆仑之丘，是惟帝之下都，神陆吾司之。其身状虎身而九尾，人面而虎爪。"昆仑是天帝在凡间的都城（下都），由人面九尾虎（不是九尾狐）陆吾神掌管。昆仑山也是西王母的寓所。

太戊与西戎代表团进行了亲切友好的会谈，双方达成多项合作意向。太戊为了体现泱泱大国的礼仪之风，特派遣以王孟为代表的商朝外交团队回访西戎，顺便请西王母赐几粒长生不老药。其实拜见西王母才是太戊的真正目的，他很想向天再借五百年。王代表走后，太戊一直盼星星盼月亮似的遥望西方。

王代表并没有偷懒，更不像后来的徐福那样不讲职业操守糊弄秦始皇，他只是彻底迷路了。当代表团走进沙漠时，导航系统突然黑屏。可怜代表团兜兜转转了好几个月才发现，他们其实在原地转圈，就是无法出去，那时他们对"起点即终点"这一哲学命题有了形而下的认识。王代表临危不乱，将全体成员召集在一起临时开了个小会，主题是"关于扎根的技术探讨兼论单性繁衍后代的可行性研究"。

王孟成功了，愣是把不毛之地发展成"丈夫国"，并且解决了单性生殖的生物学难题。丈夫国的所有成员都可以从背部生两个儿子，儿子生出来后，父亲就死了，没有机会看到孩子长大的过程。尽管是单性国度，"丈夫们"还是很注意仪表，穿衣戴冠佩剑（"丈夫国在维鸟北，其为人衣冠带剑。"《山海经·海外西经》），一丝不苟。即使身在沙漠，代表团成员仍然保持着大商官员的修养与风度，没有给太戊丢脸。

太戊却为他们操碎了心，一直在等西王母的细胞再生特效药，到底还是没等到。在位七十五年后，太戊实在等得不耐烦了，干脆死了，死前给王孟发信：你死哪里去了？那时王孟早就死了，尸骨风化成沙。

太戊死后，商朝又开始崩盘，苟延残喘了一百多年后，又一个大牛人出现了，挽狂澜于既倒，他就是武丁。

武丁上台时接手的是一个烂摊子，有心想重振朝纲，却发现周围的大臣没有一个堪当大任。武丁愁得不想说话，沉默了整整三年，大臣们都以为他哑巴了。《论语·宪问》："高宗谅阴，三年不言。""谅阴"即哑然之意。

某天晚上，武丁突然做了个梦。梦中他清楚地看见一个人的相貌，而且名字叫"说"。解读者认为说念悦，我觉得就应该是说话的说，替武丁说话。

武丁醒来就开始说话了，声音很大，语气很激动。他首先召集群臣看看其中有没有人跟梦里那个人长得像，没有发现那个人，武丁也不气馁，命画师画出梦中人的样子，然后下诏让官员在民间查寻。终于在一个叫作傅岩（《殷本纪》作"傅险"）的建筑工地上找到了那个人。他竟然是个刑徒，穿着粗布烂衫，身上系着绳索，正在做苦力（"傅说被褐带索，庸筑乎傅岩。"《墨子·尚贤中》）。他连姓氏都没有，因在傅岩被发现，后人称之为傅说。

找到傅说的官员非常失望，眼前这个人是囚犯也就罢了，其貌不扬也算了，还驼背。《荀子·非相》指出"傅说之状，身如植鳍"，意思是背是弓着的，像长了鱼鳍。该官员为了交差，就死马当活马医将傅说带到武丁面前。

武丁见到傅说时，一眼就认出他正是在梦里与自己交谈的人，非常高兴，马上求教治国之道。傅说侃侃而谈，言之有物，句句都说到武丁心坎上。于是武丁马上命人给傅说沐浴更衣。当傅说从桑拿室出来时，他就从囚犯摇身一变成为商朝的权臣，不久更是成为卿士。史籍中没有傅说的具体政绩，但是在他的辅佐下，商朝再次焕发生机，用司马迁的话来说就两个字——"大治"。屈原很羡慕傅说，在《离骚》中感叹道："说操筑于傅岩兮，武丁用而不疑。"屈原是有感而发，因为他被楚怀王弃用了，离朝堂越来越远，离江湖越来越近。

傅说出现时轰轰烈烈，消失却无声无息、无迹可寻。殷墟发现的甲骨有十六万片之多，其中半数以上与武丁及其臣下有关，但没有关于傅说的只言片语，非常古怪。南宋学者洪兴祖不知道从哪得到的小道消息，认为傅说无父无母，也没有经历死亡："其生无父母，登假三年而形遁。"名副其实的天纵之子，比伊尹还要神奇。

更神奇的是，外形卑微的傅说"形遁"到天上，化为星辰。屈原在《远游》中赞曰"奇傅说之托辰星兮"，辰星即商星，帝喾大儿子阏伯的主管业务。王逸很肯定地曰："辰星，房星，东方之宿，苍龙之体也。傅说死后，其精著于房、尾也。"东方有七宿，傅说附身于房宿。难怪傅说"植鳍"，他是苍龙之体，可不有鳍吗？连明代的儿童读本《幼学琼林》都提到傅说："傅说死，其精神托于箕、尾。"与王逸的注解略有出入。不过《幼学琼林》更准确，因为《庄子·大宗师》也提道："傅说得之（道），以相武丁，奄有天下，乘东维，骑箕尾，而比于列星。"后世遂以"骑箕尾"借指重臣去世，如果不知道傅说的典故，你可能以为大臣童心未泯，学哈利·波特骑扫帚玩儿。

傅说跟伊尹一样，外貌都不佳，才能都佳。荀子的《非相》意思就是人不可貌相，长得相貌堂堂的人未必是好人，比如夏桀和商纣王，他们都是顶级帅哥，却是极品渣男。傅说虽貌不惊人，最后却能帅到天上去。

傅说"形遁"之后，商朝的业务没有停顿，武丁将以奥林匹克"更高更快更强"的精神经营商朝。

五　那个叫武丁的男子

傅说消失后，出现了一个他的替代者，叫祖己，成为武丁的左膀右臂。《史记·殷本纪》没有交代祖己的身份，从他的名字看，应该是武丁的长子。因为自成汤以后，历代商王名号的最后一个字都取自十天干之一，别人没有这个资格。这是祖己作为太子的一个直接证据，史籍和考古文物的其他佐证，此处从略。

祖己不仅是太子，也极可能是傅说的学生。《史记·殷本纪》认为在祖己的辅佐下，商朝更加兴盛，然后就不再提祖己，他的消失和傅说一样突然。

论资历和能力，祖己都是武丁继承人的不二人选，然而他不仅没有得到王位，甚至连命都没保住。这一切都是因为一个叫妇好的女子。

武丁为了维持边境的稳定，采取了非常环保的方式——和亲。他的和亲方式别具一格，不是把公主嫁出去，而是将方国（指蛮夷部落）的公主娶进来，他亲自娶，不劳儿子们帮忙。武丁为了事业，真的很拼，娶了六十多个妃子，估计边境方国的公主们都被他一网打尽了。

武丁的首任王后是妇妌，来自北境的井方。妇妌是个非常能干的女子，既擅长农业生产，也能上阵杀敌。她还为武丁生了个儿子，即祖己。母子二人看上去完全是人生赢家。

然而天有不测之风云，妇妌突然撒手人寰。一国不能无君，后宫亦不能无后，于是武丁立新王后，便是来自商方的妇好。

没有比较就没有伤害。妇妌很能干，但她跟妇好相比就像蜡烛与电灯泡的区别，尤其是在作战方面，妇好巾帼不让须眉。更重要的是，武丁对妇好爱之入骨，愿意为她做任何事。

妇好一开始与祖己没有任何矛盾，当她生了儿子祖庚之后，和谐就荡然无存了。妇好希望自己的儿子能成为未来的商朝老板，但祖己已经预定了那个位置。妇好是个坚忍不拔的女子，当她打定主意要让自己的儿子取代现任太子时，可怜祖己没有还手之力。不清楚妇好是吹吹枕边风还是做了什么，祖己被武丁判处流放，并在流放途中死于饥寒交迫或者疾病。

尽管长子惨死，武丁仍然无怨无悔地爱着那个人，因为他面对妇好时总是心太软。谁也没料到，妇好在人生巅峰的时候，也横遭不测。武丁御驾亲征讨伐不听话的荆国，不料陷入苦战。妇好听说前线战况吃紧，不顾身怀六甲，毅然率军赴前线救夫。身经百战的妇好因为身体不便，死于战场，死在武丁的怀里。

武丁痛不欲生，此后他所做的一切让琼瑶剧里的男主角都相形见绌，很像美国电影《人鬼情未了》里的女主千方百计借通灵者见死去的男友一面。电影的女主好歹见到了男友的幻影，武丁一通操作得到的却是更深的寂寞。

武丁生怕妇好在另一个世界孤单，借助巫师，先后三次为她举行冥婚。他首先将妇好"嫁给"第十三任商王中宗祖乙（太戊也是中宗）。根据殷墟出土的甲骨卜辞，武丁很关心妇好的婚事是否顺利，问巫师（贞人）："妇好有娶乎？"答曰："唯祖乙娶。"

武丁不知道是不放心巫师还是觉得祖乙罩不住妇好，又将妇好嫁给太宗太甲，操作流程如上，只是将"祖乙"换成"太甲"。过了段日子，武丁还是不放心，又命巫师再次举行冥婚仪式，将妇好嫁给成汤，似乎只有把她交到太祖手里才安全。这么一来，妇好在地下有三个"丈夫"，武丁完全不考虑那三位祖宗有多难堪，更没想过将来他自己下去还得做"小四"。

在这三场特殊的仪式中，出演三位先王的人是妇好的儿子祖庚。武丁"嫁"老婆，竟然还让儿子出演"丈夫"，这种闻所未闻的事只有武丁干得出来，因为没有哪个帝王如他那般痴情、任性。

武丁虽儿女情长，却不耽误治国。商朝在其任内盛名在外，即使在妇好离世之后，也未见颓势。后世对武丁评价极高，称之为"大仁"。武丁在某些方面确实当得起"仁"，比如他创立国家养老院，为老人养老送终，很多现代国家都做不到这一点。然而对于武丁看不顺眼的诸侯和方国来说，可就不仁了，简直就是他们的噩梦。

商人崇巫，巫师的地位在武丁时代达到巅峰，武丁本人就是商朝最大牌的巫师（尽管可能只是名义上的）。大事如战争、祈雨，小事如生孩子、庄稼收成都会举行祭祀。仪式需要大量的甲（龟甲）骨（通常是牛骨），因此甲骨是国家战略物资，民间不得拥有。除此以外，祭祀时还以活人为祭品（即人牲）。据甲骨卜辞，武丁时期被当作人牲杀死的人（绝大部分是俘虏）超过九千，比历代的总和还要多。武丁在位五十九年，去世后的庙号是"高宗"。

妇好的儿子祖庚继位。祖庚是个厚道人，追封同父异母的哥哥祖己为"小王"。祖庚政绩不明，在位十一年后驾崩，其弟祖甲（妇好的另一个儿子）接棒。妇好地下有知，一定会高兴地跟她的四个"丈夫"炫耀：看，我的两个儿子都是王。

武丁在世时威风八面，商朝看上去很风光。然而武丁用兵过多，对物力和人力损耗极大。这就意味着武丁留给两个儿子空虚的国库，除非他们很有本事，否则财政负担会被无限放大，导致社会经济的全面崩溃。祖甲无能也就罢了，在位时间还特别长，导致"殷复衰"。（《史记·殷本纪》）

衰败刺激了宗教改革的发生，因为人们发现在祭坛上求神问鬼献祭并未带来什么实际好处。于是商王对祭祀就不那么起劲了，到武乙时代，巫术地位一落千丈，人牲几乎绝迹，这意味着昔日大批养尊处优的巫师失业了，不再有社会地位，巫师恨不能把武乙当作人牲给宰了。

《史记·殷本纪》里的武乙倒是没有什么腐化的花边新闻，但他喜欢玩一种叫作"射天"的游戏。以一个木偶代表天神，在木偶上方置放一个血袋。武乙以半躺的姿势，仰面射血袋，看到"天神"淋了一身血，他就开心得像一个精神病人。

这么一个亵渎神明的人肯定不会有好下场的吧？是的，他打猎时被雷劈死了。如此死法的帝王，武乙独一份儿，不知道有没有载入吉尼斯世界纪录。不过武乙的死因（包括"射天"的游戏）很有可能是失业的巫师们捏造的，以泄心中无法排解的郁闷。

六　末日镜像

武乙之后，他的儿孙都没什么作为，最后其曾孙帝辛登场了，他便是恶名昭著的商纣王。

帝辛名叫子受（德），其外貌特征及身体素质可参阅夏桀，软能力同样超强：耳聪目明，口才出众，能把博学善辩的大臣怼得哑口无言。如此超人般的帝王，怎么就变得一塌糊涂，堕落成人人唾弃的纣王呢？

商末几乎就是夏末的镜像，而纣王几乎就是夏桀的镜像。夏桀干过的他都干，一点儿创意都没有。酒池肉林、豪华"度假村"、酷刑炮烙、美女一应俱全，不同的是美女的名字变了，一个叫妹喜，一个叫妲己，说明书生们在拷贝粘贴的过程中，意识到了得调整人名，已经很不错了。这两个美女都是妖女，连爱好都一样，都爱听丝绸被撕裂的声音，所谓"裂缯"是也。在史籍里，妹喜和妲己都是因为部落打了败仗被当作赔款的一部分赔出去。在《封神演义》里，妲己是被忠臣周文王姬昌忽悠进宫的，姬昌告诉妲己的父亲苏护，一定要响应纣王的选妃号召，献出女儿以尽君臣大义，并列举了献女的三大好处，详见《封神演义》第三回"姬昌解围进妲己"。姬昌这个忠臣真是当得别开生面。

夏桀的失败用儒生们的话来说就是放松德育的结果，商纣的德育当然同样差劲，因为他做的一切都是在模仿夏桀。他那么聪明的一个人为什么腐败起来没有任何新花样？那就说明他不是一个聪明人，但儒生们坚持他很聪明，只是聪明反被聪明误。儒生们没有意识到他们编的故事有多么笨拙，笨得把历史整成神话。

夏桀是名正言顺的继位者，但纣王略有不同。纣王并非帝乙的长子，尽管是嫡子。帝乙的长子是微子，但其母并非正妃。其实纣王也算名正言顺的嫡长子，但他同父异母的哥哥微子有不同看法。纣王登基后，为了弥补微子的失落，对兄长很好，给了他一人之下的地位。在帝王家，兄弟残杀是很常见的人伦惨剧，特别像微子这种身份微妙的长子属于高危人群，随时都有被杀和"被自杀"的可能。纣王对待微子的方式，说明他很重兄弟之情。耳聪目明的纣王没有想到他对微子的善意将给他和商朝带来什么，因为他看不清人心有多么黑暗，他自己反倒被史籍和神话黑得一塌糊涂。

纣王被塑造得像一个港剧里的变态杀人狂，比如将一个过河老人的双腿砍断，只为观察老人是否骨质疏松；比如九侯的女儿因为不谙风情，就被纣王杀死，九侯更被做成肉脯。诸侯梅伯替九侯说了几句好话，就被纣王制成肉酱，还分赐给诸侯，命令他们食用。屈原认为姬昌对此很反感，向天帝告发纣王（"受赐兹醢，西伯上告。"《天问》）。纣王赐肉酱这种事有可能是真的，但事情的起因肯定不会是因为一个女子，被剁成肉酱通常是叛乱首领的"待遇"。黄帝处理蚩尤的方式与此一般无二。

纣王杀人杀出新高度的是比干之死。据说比干很贤明，被尊为圣人，民间盛传其心有七窍，于是纣王的好奇心大爆发，残忍地将比干开膛破肚，取出心脏来验证民间传说真实与否。这件事连孔子都知道了，讥讽纣王一窍不通才干出如此疯狂的事。比干被杀或许有之，毛泽东就认为比干因政见不同而身死。但很难想象比干被挖出心脏，纣王该有多恨这位叔父才会如此丧心病狂。

姬昌当时是西部大诸侯（西伯），纣王的暴行让他心疼不已，暗中叹了口气。坏蛋崇侯虎不知怎么听到了姬昌的叹息，就给纣王打小报告。纣王于是以寻衅滋事罪将姬昌抓了起来，关进羑里监狱，就像夏桀以同样的罪名关押成汤一样。

姬昌的手下跟成汤的手下一样，买通纣王身边的红人费仲，让他把珍宝和美女带进宫中。纣王像个没见过世面的土包子，流着口水说那些宝物和美女任何一样就够了，何况还这么多，于是愉快地欢送姬昌回归故里，顺便还猥琐地出卖了心腹崇侯虎。纣王是夏桀的镜像，姬昌又何尝不是成汤的镜像。

在释放姬昌前，纣王做过一个测试。姬昌的长子伯邑考当时在都城（陪都）朝歌作人质。纣王听说姬昌有圣人之名（圣人何其多），眉头一皱，计上心来，杀了伯邑考，做成肉羹送给姬昌吃。他不知道从哪听说一个偏方，圣人不吃自己的儿子，否则就不是圣人。不知情的姬昌吃了肉羹，纣王听说后很高兴，姬昌非圣人有了生物学上的铁证，那么就不足为虑。其实这世上有几个人愿意吃自己的孩子？饥荒之年偶有易子而食的惨剧发生，即使在那种情况下也没人愿意吃自己的孩子，那么绝大多数人岂非都是圣人？纣王的一系列操作除了显示其凶残以及比愚蠢还要愚蠢的愚昧，哪里有一点儿"资辩捷闻，闻见甚敏"的影子？如此蠢人确实什么坏事都做得出来，因为愚蠢不仅是智力上的残缺，更是道德缺陷。

据《武王伐纣平话》，姬昌出狱后，在羑里城外听说了长子被杀还被自己吃了的噩耗，悲伤得全身痉挛起来，呼吸困难，恨不得把五脏六腑都吐出来。姬昌在马上坐不住，下马来用手压下舌根，吐出猩红的血肉，肉块落地后全部化身为兔子四散而走。姬昌失声痛哭，命人在呕吐的地方修了坟茔，叫作"吐子冢"，据说在河南汤阴县城外四里。

在《封神演义》里，纣王杀比干并非出于对七窍的好奇，而是因为狐狸精妲己生病了，需要比干的玲珑心为药才能痊愈。纣王很斯文地对比干说，只借叔父心一片，"无伤于事，何必多言？"比干差点儿被气死，还是耐心地告诉愚蠢的侄儿，心去一片人就死了。纣王不为所动，坚持索要一片心。比干愤而自殒，将心丢给纣王，然后面如金纸坐上马，漫无目的地出北门而去。比干之所以无心还能骑马，是因为大神姜子牙的符纸之功。比干在北门外遇见一个神秘的妇人卖无心菜，比干问："人若是无心，如何？"妇人答曰："人若无心，即死。"比干闻言落马坠地而死。本来比干是可以活的，买菜妇人如果没心没肺地说人无心还活，那么比干亦可不死。无论在历史还是神话中，比干都死了，死于"心脏病"。

纣王倒行逆施，连老天都看不下去，生出异象预警，比如麻雀生出老鹰，某个女人突然变成男人，等等。姬昌终于忍无可忍，决定替天行道。但姬昌出兵前突然死了，其子姬发继承遗志，终于在牧野击败纣王，并且逼得纣王自焚。商朝就此灭亡，周朝成立了。

牧野之战是商、周的胜负手，双方杀得血流漂杵。这场著名的大战其实没有任何战略战术可言，因为纣王被哥哥微子出卖了，这才出现倒戈，于是纣王猝死。关于微子如何策应姬昌、姬发父子，因为没有神话色彩，此处从略，后面细说。

第八章　西周的镜花水月

一　大神姜子牙

姜子牙名尚，子牙是他的字，他有很多外号，如单呼牙、太公望、姜太公、尚父、师尚父、飞熊……他连姓都有两个，既姓姜，又姓吕。其远祖是帝尧时代的权臣四岳，帝舜时被赐姓姜。吕国是他们其中一个封国，姜子牙出生于吕国，故而亦姓吕。

姜子牙七十二岁之前的经历连平庸都谈不上，而是彻头彻尾的失败。他做过各种营生，卖过竹编制品、杀过牛、开过小吃大排档等，全部以关门大吉告终。姜子牙老婆马氏见丈夫的生存能力太差，为了让余生能够延续得长一些，坚决要求离婚。姜子牙虽落魄，依然保持强大的自信，声称他日后必将富贵。奈何目光短浅的马氏态度决绝，姜子牙只好写了一封休书。马氏居然改嫁去了，嫁给一个农民。神奇的是，马氏嫁给姜子牙时已经六十八岁，这般年纪还能再嫁，在那个时代实在是个神话。

名言"是金子总会发光"可能是句凡尔赛式的蠢话，说这话的人是最终发光了的金子，更多的金子深埋于地下，直到地老天荒。如果天帝没有用拂尘拂去盖在他身上的厚厚风尘，满腹经纶的姜子牙差点儿就发不出光来。

有天晚上，周文王姬昌做了个美梦。天帝身穿黑袍站在令狐渡口，指着身边的一个白胡子老者说："亲爱的昌，我把望赐给你。"（"帝曰：'昌，赐汝望。'"）望就是姜子牙，昌望着望，望也望着昌，两人相互作揖致意，心中留下彼此的印记。某一天，他们在现实中邂逅，一眼就认出对方。保险起见，两人还是对了对"接头暗号"。姬昌问：您大名可是望？望答曰：是！姬昌又说好像在哪见过望，望就将梦中的渡口相遇叙述一番，姬昌大喜，频频点头："有之，有之。""遂与之归，引为卿士。"（《太公吕望表》，引自鲁迅《中国小说史略》）在这个神话片段里，如果没有天帝的引荐，望就算望穿秋水也望不到周文王。

这个神话与正史的记载相悖，《史记·齐太公世家》里，姬昌与姜先生的相遇像是发生在梦与现实的边缘。

姬昌有次出门打猎，行前卜了一卦，卦象显示，此行收获非凡，猎物既不是长着角的龙也不是无角龙（螭），不是虎也不是熊，而是可以辅佐霸业之才。这个卦真是话痨，就说将得到人才不就得了。

姬昌一行在渭水北岸的磻溪（今陕西省宝鸡市东南）遇见了正在钓鱼的姜先生。司马迁省略了诸多细节，只是说"（吕尚）以渔钓奸周西伯"。"奸"念干，晋见的意思，说明姜先生是主动方，算准姬昌从溪水旁路过，说明他有未卜先知的能力。

姜先生垂钓的姿势非常醒目，路过的人都会注意到这个怪老头。姬昌当然也注意到了：那个老者似枯树一般安静，拿着钓竿，鱼钩是直的——可能是马氏遗留的缝衣针，"鱼针"还悬在水面之上。鱼就算想上钩难度也很大，不是想上就能上的，起码得块头大、跳得高、咬合力强，只有姬昌符合这个要求。

姬昌看着垂钓的姜先生，双眼发直，比鱼针还直，心想这哪是钓鱼，分明是钓个寂寞。姜先生心里呵呵一笑：我钓的是王侯。成语"姜太公钓鱼，愿者上钩"的情景剧就这样表演完毕。

姬昌上前与老者攀谈，没想到老者从钓鱼谈到钓取天下，兼论一个王者的修养。姬昌喜出望外，想起祖父公亶父曾告诉过他，有个圣人要到来，并兴旺岐周。姬昌紧握老者的双手，说原来您就是我太公盼望的人啊，于是当场给老者起个网名"太公望"。姬昌结束打猎，请太公望入座自己的车一同回去，任命他担任师辅重任。"太公望"是姬昌命名的，是个组合词，天帝身边的那个"望"显然剥夺了姬昌的冠名权。

屈原在《离骚》中用蒙太奇手法讲述了姜子牙的身份跳跃："吕望之鼓刀兮，遭周文而得举。""鼓刀"是指姜子牙曾经干过屠夫，洪兴祖补注曰："（吕尚）卖肉于朝歌，肉上生臭，不售。"这哪是补注，分明是补刀。"周文"即"周文王"，意思是遇到姬昌，姜子牙从尘埃中立起来了，金子终于发光了。

关于姜子牙钓鱼的技术问题有两个传说。其一是姜子牙真的不会钓鱼，就像不会做买卖一样。有一次钓了三天三夜连棵水草都没钓上来，气得他把衣帽都脱去，在水边裸奔。（"吕望钓于渭渚，三日三夜，鱼无食者，望即忿脱其衣冠。"《说苑》，引自

《史记正义》）一个农民实在看不下去，就告诉姜子牙钓鱼的一些基本技巧。姜子牙虚心学习，不久竟然钓到一条大鲤鱼，更妙的是，鲤鱼肚子里有个布条，上书"吕望封于齐"。这个传说想必流传甚广，陈胜、吴广明显借鉴了此桥段。

《符子》里的姜子牙是个偏执狂，垂钓五十六年，一直不用鱼饵，一条鱼都没钓到。但姜子牙坚持不懈，就像一个人几十年如一日用同一组号码买彩票终于买中了，姜子牙也钓到一条又大又傻的鲤鱼，鲤鱼腹中竟藏有兵印。

这两则钓鱼逸事可能是古代儿童的睡前童话故事，我情愿相信《封神演义》。在这部家喻户晓的小说中，姜子牙师从元始天尊四十载，天尊觉得他智商不够二百五，就打发他下山。如此强悍的"学术背景"，姜子牙依然一事无成。偶然的机会，姜子牙施展捉妖法术，被纣王赏识而封为下大夫。纣王让他担任包工头，监控大型娱乐设施鹿台的建造。姜子牙目睹纣王无道，决绝辞职。这倒不是空穴来风，《齐太公世家》也说："太公博闻，尝侍纣。纣无道，去之。"

姜子牙究竟在伐商的大业中做了什么，史籍中语焉不详，如同伊尹的事迹不可考。但《诗经·大雅·大明》中提到了姜子牙的雄姿："维师尚父，时维鹰扬。"意思是统帅三军的姜子牙，如鹰展翅在战场上飞翔。

傅斯年在《民族与中国古代史》中对此不以为然，认为姜子牙的伟绩都出自后人虚构："可知尚父为三军之勇将、牧野之功臣、阴谋术数，后人托辞耳。"然而傅先生并未能提供"托辞"的证据，他的反驳逻辑看起来有点儿奇怪："《国语》'齐许申吕由太姜'，据此可知齐以外戚而得封，无所谓垂钓以干西伯。"就算齐、许、申、吕四封国得之于姬昌的祖母太姜，跟姜子牙无关。姜子牙后来因功封齐，跟太姜也没有关系，但却有"所谓垂钓以干西伯"。

姜子牙也可能压根就没钓过鱼，《齐太公世家》提供了一个纯现实主义版本。"博闻"的姜子牙游说诸侯，希望能得到重用，但那些诸侯都看不上姜子牙，觉得他算不上大鱼，懒得钓。其时，姬昌被囚于羑里，其手下找到姜子牙，希望他能帮忙出出主意。姜子牙一口答应下来，理由一点儿都不高大上，他看上了岐周的养老福利："吾闻西伯贤，又善养老。"从这个故事里，也可以推测姜子牙出山时年事已高。

无论姜子牙是否钓过鱼，他有大功于周朝应该没有任何疑问，否则周武王何至于把齐国那么大、那么好的封地赏赐给他"养老"？

姜子牙飞黄腾达的消息传到马氏耳中，马氏又悔又羞，自缢身亡，死后灵魂化成一缕青烟。姜子牙当时是"封神办公室"主任，收到马氏灵魂时，念在夫妻一场，就封了马氏为扫帚星。想想马老太婆骑着扫帚飞行，多有喜感，比哈利·波特更酷。

二　周文王姬昌

周文王姬昌作为岐周的掌门人其实从来没有当过王，他是沾了儿子周武王姬发的光，死后被追封为王。姬昌的父亲季历和爷爷公亶父也都被追封为王。

公亶父有三个儿子，季历是老幺，按理没有任何机会继承周室当家人之位。然而姬昌生来有"圣瑞"，因此被公亶父隔代指定为接班人，季历于是水涨船高成为第一继承人，他的两个哥哥泰伯和仲雍为了避嫌不得不远走他乡，前往南蛮荆地生活，此处也是武丁的伤心地。

这哥俩为了在异乡生存下去，将入乡随俗做到极致，剪去长发，还在身上刺青，彻底和当地的荆蛮融为一体。当地人被他们感动了，于是拥立他们当首领，创立了吴国。其中肯定发生了许多事，但现在我们只能说"以下省略八十万字"。《左传》提供了另一种说法：泰伯不愿听从"禅让"安排，公亶父干脆强行剥夺其继承权，将他和老二仲雍一起赶出去。哥俩无论在哪一种情况下离开故乡，都与姬昌的"圣瑞"有关。

司马迁为了避免语怪力乱神，在《史记·周本纪》里含糊其词地说"生昌，有圣瑞"，假装不知道"圣瑞"是什么。《尚书·帝命验》披露，火凤凰在枫叶红得发紫的深秋，口含天书，降落在姬昌的房间："季秋之月甲子，赤爵衔丹书入酆，止于昌户。"赤爵即火凤凰，丹书即天书。

这个动漫效果拉满的"圣瑞"让公亶父激动不已，信心十足地预言姬家的未来不是梦："我世当有兴者，其在昌乎？"（《史记·周本纪》）。公亶父临终前像穿越人似的告诉姬昌，不久的未来将有圣人来辅佐他，岐周将会兴旺发达："当有圣人适周，周以兴。"（《史记·齐太公世家》）。那个圣人自然就是我们所熟悉的姜子牙，公亶父隔着时空盼望的人。

《吕氏春秋》改编了"圣瑞"：天空火光乍现，好像突然出现无数个火链，火光中出现一只红色的乌鸦，衔着丹书站在岐周的社庙上，神奇地张望着。周文王指出眼前的现象说明五行中火胜出，所以定下周朝的服色为红色。（"及文王之时，天先见火，赤乌衔丹书集于周社。文王曰'火气胜'，火气胜，故其色尚赤，其事则火。"《吕氏春秋·应同》）

这两件事应该是同一件，只是写作者之间缺少沟通导致"变奏"的出现。火凤凰变成红乌鸦也就算了，时间也发生了错位。《尚书》里的"圣瑞"发生于姬昌出生之际，而在《吕氏春秋》里姬昌已经成了岐周最高领导人，那时其祖父和父亲都已经去世，也就是说公亶父没有机会看到"圣瑞"，那么姬昌就失去了接班的契机，当时在周社迎接红乌鸦的人应该是泰伯或者仲雍。姜子牙对此也很有意见，时间差不仅让他少了"太公望"的外号，甚至连能否出任"封神办公室"主任都是问题，也意味着马氏失去了骑扫帚的机会。

既然姬昌当上了岐周当家人，我们只能接受《尚书》版的"圣瑞"，那时姬昌刚刚出生。如此特别的孩子自然会天生异相，不过姬昌的异相看起来更像是生理缺陷。据《史记·孔子世家》爆料，姬昌生就"黮然而黑，几然而长，眼如望羊"。前两句没有疑问，皮肤黑，个子高，"眼如望羊"是什么意思？语言学家马叙伦先生认为是"美目"，似乎勉强。望羊是叠韵举义，就是望的意思。东汉刘熙的训诂名作《释名》如此解释:"望,茫也,远视茫茫。"看不清远处的东西,其实就是近视眼。

尽管姬昌是近视眼,也没有矫正眼镜可戴,但并不妨碍他找到漂亮的女朋友。《诗经》首篇《关雎》,前面几句"关关雎鸠,在河之洲。窈窕淑女,君子好逑",朗朗上口。大多数人都以为这是恋爱中男女的情歌,但《诗经》的权威毛亨、毛苌叔侄认为《关雎》有所指:君子是姬昌,淑女是太姒。朱熹《诗集传》引证毛传:"女者,未嫁之称,盖指文王之妃太姒为处子时而言也。君子,则指文王也。"理由是什么呢? 没有,毛氏说是就是,而朱熹附议,于是《关雎》成为姬昌和夫人太姒的二人转。

毛氏叔侄进一步透露,《关雎》大有深意,雎鸠是一种有固定配偶的南方水鸟,用情专一,仰慕彼此美德,而非沉溺美色,如同君子和淑女。("是以《关雎》乐得淑女,以配君子;忧在进贤,不淫其色。")雎鸠在毛氏眼中愣是进化成有"美德"的人,非常神奇。毛氏进一步阐述道:"《关雎》,后妃之德也,'风'之始也,所以风天下而正夫妇也,故用之乡人焉,用之邦国焉。"原来这首温柔的小情歌《关雎》事关后妃之德,具有利国利民的功效。

既然雎鸠的配偶是固定的,为什么姬昌的孩子那么多,不算女儿,儿子近百,显然不是太姒一人所生。

姬昌和太姒一共生了十个儿子,都大名鼎鼎,最有名的是前五个:长子伯邑考变成兔子;次子姬发即未来的周武王;三子管叔鲜因为反叛被诛杀;四子周公旦,缔造了西周的礼治规范,也是中国的历史名人；五子蔡叔度也因叛乱罪，被判处流放，并死于流放途中。五个孩子死了仨，其中两个死于祸起萧墙，姬昌在天之灵恐怕连近视眼都不愿睁开。

姬昌自羑里逃回大本营后，正式与纣王撕破脸，在国师姜子牙的指导下，接连吞并周围多个小国，随后就开始大搞土木工程建设。

姬昌指派儿子姬发营建都城镐京，自己也不闲着，先是建造了一座行宫，名曰"辟雍"。"辟雍"后来成为各个朝代皇家大学的代名词，但姬昌的"辟雍"只是个娱乐场所。

姬昌接下来又开始兴建著名的"灵台"。根据《诗经·大雅·灵台》，灵台规模很大，里面有灵囿、灵沼，辟雍也在其内，园内有飞禽、走兽、游鱼。诗的第一节讲大家自告奋勇前来做义务劳工，后面三节都是讲文王在园内各处逍遥，给人感觉好像文王的享受是崇高的，而纣王的享受是邪恶的。这说明人一旦失去道德制高点，喝口凉水都有腥气。

在姬昌建设灵台过程中，纣王派胶鬲来索要上天赐下的宝物"玉版"，姬昌不答应。纣王又派费仲前来，姬昌给了。在《史记》与《封神演义》中，费仲是个奸恶小人，姬昌希望他能发挥更大的坏作用。他后来被姜子牙施法冰冻岐山而被活捉，随后遭诛。姬昌还有另一层意思，胶鬲是他安插在纣王身边的棋子，为了不让纣王生疑，姬昌才故意不给他面子。

姬昌在灵台部分完工的第二年就去世了，未能完成棋局。他的儿子姬发将替他把残局走完，直至屠龙纣王。

三 周武王姬发

姬发是姬昌次子，如果没有纣王"助攻"杀死伯邑考，他也没机会成为岐周当家人，这对父子都是"捡漏王"。

姬发也生有异相，不仅继承了父亲的近视眼（"武王望羊"《白虎通·圣人》），还生就和帝喾一样酷的"骈齿"，即双排牙齿，《春秋元命苞》认为长两排牙齿的人性格坚强（"武王骈齿，是谓刚强"），很有道理，倒下一排还有一排，就是刷牙时比较麻烦。

姬发喜欢吃的东西比较小众：味道很冲的腌鲍鱼。这原本没什么，就像有人喜欢臭豆腐一样，但他的老师姜子牙看不下去。他觉得太子的生活应该有品位，像臭鲍鱼这种不上台面的东西，闻都不能闻，更别说吃了，太子吃鲍鱼，就是鲍鱼在非礼太子。（"昔周文王使太公望傅太子发，嗜鲍鱼，而太公弗与，曰：'礼，鲍鱼不登于俎，岂有非礼而可以养太子哉？'"贾谊《新书·礼》）说得姬发自惭形秽，产生吸毒被抓的罪恶感。太公望的话自然是要听的，否则真正的太公隔着时空给他一板栗，说不定会敲掉他的两排牙齿。不过姬发心眼挺活，只是当着姜老师的面不吃鲍鱼，私下里照吃不误。

臭鲍鱼让姜老师记起当年在朝歌做肉贩的辛酸：很多年过去了，他依然不明白为什么自己摊子上的肉就是卖不出去，还惨遭后人补注"肉上生臭，不售"。他尤其不能理解为什么臭鲍鱼有人爱，而他的臭肉却无人买。这个世界太不公平了，公平起见，他不许姬发再碰臭鲍鱼。没有味觉的刺激，姜老师才可以放下过去、放眼未来。岐周的未来就在集万千繁华于一身的大都市朝歌，他曾经卖臭肉的地方。

姬发很尊敬姜子牙，执之以父礼，并称之为"尚父"。事实上，姜子牙真的是姬发的半个父亲——岳父，姬发的正妃邑姜是姜子牙的女儿。这听起来不可思议，但史籍中言之凿凿，似乎没有疑问。皇甫谧的《帝王世纪》说得很明确："武王妃，太公之女，曰邑姜。"杜预在《春秋左传集解》中称："邑姜，齐太公女。"后来齐国的高大上地位也暗示了这点，楚灵王曾不无醋意地表示："齐，王舅也。"（《左传·昭公十二年》）

邑姜是扫帚星马氏的女儿吗？可能性不大，马氏跟姜子牙结婚时已经六十有八。那么就是姜子牙发达以后娶妻而生，可他老人家早已是古稀之年，真是老当益壮的大神啊。传说中常有夸大的成分，目的是增加传奇性，如果把姜子牙和马氏的年龄减半，那么就很容易解释了，而且邑姜可以是马氏的女儿。

文王去世后的第九年，姜大神认为时机到了，建议姬发讨伐纣王。姬发很谨慎，觉得时机尚未成熟，因为潜伏在商朝内部的同志并未传来任何消息。但他不好意思驳尚父的面子，便找人算了一卦。卦象显示大凶。

姬发想这下尚父总该知难而退了吧？哪知道接下来发生的一幕让姬发目瞪口呆。只见白须飘然的尚父动作敏捷地跳上祭坛，把巫师们扒拉开，一脚踩碎龟甲，另一脚踢开筮草，说："枯骨死草，何知吉凶？"（《论衡·卜筮篇》）姬发只得答应出兵，生怕尚父在气头上端自己两脚。

姬发以文王的名义号召诸侯齐心协力讨伐纣王。大军最前面的战车上摆放着一具尸体，屈原对这一历史事件非常关注："武发杀殷何所悒？载尸集战何所急？"屈原问武王为什么那么气势汹汹杀向殷商？带着"活尸"去会战，为什么如此急促？尸体其实是活人装扮的，穿着文王服饰，象征文王并未远去，依旧和大家心连心。洪兴祖及时补注："尸，神像也，以人为之。"

姬发的号召力极强，据说聚集在孟津的诸侯多达八百个。姜子牙非常亢奋，念咒语似的发出军令："苍兕苍兕，总尔众庶，与尔舟楫，后至者斩！"（《史记·齐太公世家》）苍兕没有在《山海经》注册，但它是水中怪兽，可以覆舟，所以用它代指水军。姜子牙的意思是所有水军都必须奋勇前进，迟到者斩。

既然气氛如此紧张，刻不容缓，又人多势众，那还不乘势杀殷，更待何时？哪知道姬发突然踩了急刹车，差点儿把站在帅车上的尚父摔个半身不遂。姬发把方向盘打了一百八十度，姜大神捧着头问为什么，姬发只回了两个字"未可"。《史记·齐太公世家》给了姬发一个台阶，声称他只是看看诸侯是否积极主动地响应号召："东伐以观诸侯集否。"诸侯倒是集了，他却撤了。

关于姬发的撤军，《史记·周本纪》给了两个玄学理由。其一：就在姜大神念出咒语的时候，一条白鱼突然跳上姬发的坐船。姬发令人发指地宰杀白鱼献祭。（"白鱼跃入王舟中，武王俯去以祭。"）其二：盟军来到河对岸后，天空突然掉下一个通红的火球砸在姬发的帅帐上，并化成乌鸦。（"既渡，有火自上复于下，至于王屋，流为乌，其色赤，其声魄云。"）这分明是《吕氏春秋》

版本的吉兆再现，当初出现在周社的不就是一只火乌鸦吗？白鱼自动献身为祭，妥妥的也是吉兆。但姬发坚称二者都是大凶之兆，必须立刻撤军。姜子牙实在够不着火乌鸦和白鱼，否则他一定把它们踏个稀烂，然后说："傻鸟笨鱼，何知吉凶？"

八百诸侯见正主儿都撤了，自然作鸟兽散。反转太快，屈原猝不及防，来不及问"载尸撤退何所急"。姬发真是来也匆匆去也匆匆，就这样风雨兼程回到岐周。姬发急流勇退的合理解释是他收到了来自胶鬲或者微子的线报。

即使有那么多盟军撑腰，姬发依然不敢挑战纣王，因为当时的商军太强大了。纣王当时最烦心的问题不是如何作战，而是如何安置俘虏。朝歌城内有数万俘虏，换做武丁早把他们杀光了，但纣王让他们活下来，为市政建设做贡献，并让他们充当雇佣军。

姬发郁闷地回到岐周，为了发泄情绪，当着尚父的面吃了好几只鲍鱼。姜子牙什么都没说，陪着女婿一起吃，并且发现臭鲍鱼确实比卖不掉的臭肉好吃。

过了一年，姬发主动跟尚父说：是时候了，出发吧。早就等着这天的姜大神很兴奋，让后厨给女婿准备了两百多份臭鲍鱼，其中一百份是他自己的。

姬发等来了强援。据《太公金匮》透露，天帝派了七个比姜大神更大牌的神仙前来帮忙。姬发没有慧根，认不出七位大神，还以为来了七个乞丐。他们分别是南海之神祝融、东海之神句（gōu）芒、北海之神玄冥、西海之神蓐收以及河伯、雨师和风伯。这七位大神都是《山海经》里的常客，祝融我们很熟悉，他的儿子是穿越人共工，现在他自己亲自穿越回来。四海之神除了玄冥的座驾比较寒碜是两条青蛇，其余三位大佬都"乘两龙"。雨师和风伯穿越得更厉害，当年他们是反动势力蚩尤的帮手，兴风作雨，如果没有女魃帮忙止风雨，黄帝就黄了。（"蚩尤请风伯雨师，纵大风雨。黄帝乃下天女曰魃，雨止，遂杀蚩尤。"《山海经·大荒北经》）现在看起来他们都改邪归正了。河伯左眼戴着眼罩，不是装酷，那只眼睛被后羿射伤后，一直没好利索，迎风落泪，怕风伯笑话他。如此超强阵容甚至超过了黄帝当年的麾下配备。他们文质彬彬、谦虚有礼地告诉姬发他们奉天帝之令前来效命，愿意接受调遣，各司其职。（"天伐殷立周，谨来受命，愿敕风伯雨师各使奉其职。"）

有这七位大神助阵，想必前来响应的诸侯更多，一年前在孟津可是有八百诸侯共襄盛举。但这次决战却只来了庸、蜀、羌、髳、微、卢、彭、濮八国，没有一个是中原诸侯，故孔安国说"八国皆蛮夷戎狄"（《史记集解》）。八国全部都是来自西部偏远地区（相对于殷商的位置）的蛮夷之邦，所以姬发称他们是"西土之人"。上次在孟津的匆忙撤军极伤士气，那些诸侯觉得姬发不靠谱就不来了，他们可不敢得罪强大的殷商。除非殷商倒了，他们上去踏几脚是可以的。

尽管只有这点儿人马，姬发仍然敢进攻朝歌，靠的是鲍鱼给的勇气吗？当然不是，姬昌当年布下的棋子胶鬲和微子给了他十足的底气和信心，否则他那么谨慎的人怎会甘冒如此风险？当队伍到达朝歌城的远郊（即牧野），姬发做了最后一次战前动员，鼓励大家要像虎、熊、狼和山神兽一样勇往直前，否则杀无赦，其讲话便是《尚书》中的《牧誓》，那八个西土之国史称"牧誓八国"。

姬发将收到的情报告诉他，殷商主力在东南作战，朝歌城内军力空虚。当周军进攻时，纣王并不特别紧张，让那些俘虏组成的雇佣军参加战斗。刚开始时，周军占不到任何便宜，再打下去，输的将是劳师远征的周军。然而商军很快崩盘了，他们不是投降，而是倒戈。微子正是朝歌城的军事总指挥，所以毛泽东说微子是个"汉奸"。如此一来，胜负立判。姬发根本不需要那七个大神帮忙，大神们也乐得清闲，拢着袖子站在云端看热闹。

可怜纣王临死前才知道自己善待的兄长是什么人，于是掩面跳入火海自焚而死。姬发赢了，成为周武王。"牧誓八国"也赌赢了，成为周朝的开国元勋。孟津那八百诸侯可就输惨了，全部被吞并，不复存在。

武王君临天下后，将以前的诸侯国全部打散重组，一共只剩下七十一个诸侯国，其中姬氏（包括亲戚）占了五十三个，"牧誓八国"在其余的十八国内，稳稳地吃上正席，有资格吃上"武王牌"鲍鱼。

四　蜀国的前世今生

"牧誓八国"中除了蜀国，余者在历史中的存在感很弱；羌国跟羌族不是一回事，同样没什么存在感，战国时被秦国吞并。

蜀国就不同了，贯穿上古到东周晚期。近八百年寿命的周朝在蜀国的源远流长面前不值一提。

颛顼的父亲昌意当年被黄帝流放到弱水，也即《山海经》里的若水。在那里，昌意邂逅蜀山氏族长的女儿女枢（也叫昌仆、景仆），女枢因为"火链"效应"感孕"生下颛顼。颛顼的庶子被封于蜀地而立国，说起来蜀国也不是外人，就是太偏远了，又在群山环抱之中，信息交流不畅，愈发显得神秘。李白在《蜀道难》如是说："蚕丛及鱼凫，开国何茫然！尔来四万八千岁，不与秦塞通人烟。"不必纠结于四万八千年的时间，浪漫主义诗人笔下的数字通常当形容词用，意思是很悠久。

上古时代的第一位蜀王是位养蚕专家，极大地改善了百姓的日常生活，故被尊称为"蚕丛"，甚至成为蚕神的化身。蜀字的甲骨文就是一条卷曲的蚕，那么蚕丛就是蜀国的代言人。

蚕丛天生异相，表现为"纵目"，就是眼球突出。三星堆里有些铜人的眼珠极其夸张，就像两根从眼睛里窜出来的柱子。有些 UFO（不明飞行物）爱好者声称这些纵目铜人说明三星堆是外星文明。他们习惯仰望星空，却没看见躺在古籍里的蚕丛。如果蚕丛的眼珠没有"放纵"得如铜像塑造的样子，那么他或许是位甲亢患者。当然，如果蚕丛的眼珠真的长达十六厘米，那么他确实是外星人。

蚕丛的继任者被称为"柏灌"，这同样不是名字，而是代表他的技能：种植和灌溉。蚕养得好不好与植物关系很大，想必柏灌不仅发扬光大了前辈的养蚕大业，还促进了农业生产。

柏灌之后的蜀王叫"鱼凫"，鱼凫即鱼鹰，这暗示了这位蜀王的宫殿或许靠近江边，擅长捕鱼。三星堆出土的黄金权杖上的鱼鸟图案，或与纪念鱼凫有关。

蚕丛、柏灌和鱼凫三任蜀王看起来不像是家族继承者，而是能者为王，与中原的家天下不同。很可能古蜀国没有氏族制，这也可以解释为什么三位蜀王都没有姓氏。《蜀王本纪》神化了这三位蜀王："此三代各数百岁，皆神化不死。"这个神话被《华阳国志·蜀志》弄得穿帮了："有蜀侯蚕丛，其目纵，始称王。死，作石棺、石椁。国人从之。"蚕丛显然还是死了，葬身于石制的棺椁。蜀国人觉得蚕丛死得也很酷，纷纷效法"石葬"。不过大概只有少数权贵能"从之"，因为石制棺椁的制作成本太高了，手头不富裕想都别想。既然蚕丛死了，柏灌和鱼凫大概也逃不掉。

鱼凫之后，关于蜀王的记载突然消失了。这很奇怪，按说越往后的记载越多才是，很可能蚕丛、柏灌和鱼凫真的是神仙，每人都统治了好几百年。不是没有记载，而是记了就像没记，再说古蜀文明没有文字，也记不了什么，只要掰着手指算数就可以了，每个手指一百年，十个手指四万八千年。

手指掰来掰去，无数个春夏秋冬轮回，不知不觉来到商朝末年。蜀国也许发生了动乱，一时间出现无王的无政府状态。天帝不忍，于是派了一个叫杜宇的人从天而降。杜宇是人名，而不是功能性的称号。杜宇乘坐的"飞船"降落在朱提（今四川省宜宾市西南），这时一个叫作利的女子从江源（今四川省松潘县以西）的一个水井里仪态万方地钻出来。一上一下、一阳一阴，金风玉露一相逢，便胜人间无数。杜宇和利顺利结婚，过得比"王子与公主的幸福生活"还幸福。杜宇不仅自立为王，还更进一步号称"望帝"，自天而降的人境界果然不一样。"帝"在上古本就是指神，杜宇并不算僭越。杜宇定都于郫，即今四川省成都市郫都区（旧称郫县），盛产豆瓣酱的地方。

来到人间的杜宇无法超脱，必须要考虑柴米油盐酱醋茶，否则是不可能幸福的，正如海子所说："从明天起，做一个幸福的人，喂马、劈柴，周游世界。"

杜宇真的开始周游世界——与岐周的最高领导人姬发先生取得联系，并在合适的时候访问了岐周，双方进行了亲切友好的会谈，并就"国际形势"达成共识——组团攻打腐败的商纣王，同去朝歌的花花世界吃花酒。

杜宇率领的蜀军在牧野之战中发挥了相当大的作用，《华阳国志》特别提及："武王伐纣实得巴蜀之师。"巴和蜀其实不是一回事，虽然经常被连在一起，它们是两个国家，一个在重庆，一个在成都，既是兄弟，又是仇敌，这对难兄难弟都在战国时为秦国所灭。既然巴国也参与了商周决战，为什么被"牧誓八国"排除在外？这有些奇怪，或许《华阳国志》里的"巴蜀"仅仅借指蜀国。

周朝建立后，在都城镐京举行了盛大的庆功酒会，杜宇喝得差点儿飞上天去。筵席终有结束的时候，杜宇带着很多礼物，还有周朝提供的援助专家凯旋。

杜宇在专家们的指导下，大力发展农业，试图研发"亩产万斤"的技术，还是没成功，反倒饿死了不少人。失败的原因是杜宇及专家团都缺乏转基因的学术背景，更糟糕的是，嘉陵江还动不动就泛滥成灾，无视人民的生命财产安全。杜宇对水灾束手无策，经常在水边徘徊，像是想不开的样子。

某一日，奔腾的江面上忽然逆流出现一具尸体。通常尸体只会顺流而下，从没看见哪具尸体那么有奋斗精神，居然逆流而上。

杜宇亲自下水把那个人捞上来，并且给他做人工呼吸。尸体终于活了过来，自我介绍说他名叫鳖灵，楚国人。

鳖灵简直就是上天派来的使者，治水正是他的特长，脑筋又特别活络，没有比他更好的帮手了。再者，他的命都是杜宇所救，忠诚度肯定也不会有问题，杜宇于是任命鳖灵为宰相。杜宇擅长审时度势，对人心的把握却很差。

鳖灵是个治水天才，据《水经注》和《蜀王本纪》记载，他带领百姓开凿玉山和巫山泄洪，对平息水患做出巨大贡献，百姓终于可以在陆地上安居乐业，所谓"民得陆处"（《蜀王本纪》）。如果仅止于此，那就好了，杜宇和鳖灵成就一段君臣佳话。不幸的是，他们最终演了一出狗血扑面而来的罗生门。

《华阳国志》称为了感谢鳖灵的治水伟业，杜宇竟然自愿禅让王位。鳖灵也就不客气地接受了，号称"丛帝"，"丛"可能取自蚕丛，让人觉得他似乎跟首任蜀王有什么说不清、道不明的关系。他还让自己跟杜宇姓，鳖灵摇身一变为"杜灵"。杜宇辞职后隐居西山，人民很想念他，一听到山上的杜鹃悲鸣，就不由悲伤起来。

这个故事听起来怪怪的，因为缺少支撑故事的叙事逻辑。杜宇显然对王位和国家的前途很看重，否则也不可能冒着巨大的风险陪姬发"潇洒赌一回"，甚至亲力亲为战斗在第一线。这样一个人怎么可能因为鳖灵解决了水患，便将王位和国家拱手相让？又为何杜鹃的叫声让百姓心生悲伤？杜鹃跟杜宇有什么关系？

东汉的著名文字工作者许慎看不下去了，在其名作《说文解字》解"巂"（guī）字时透露："蜀王望帝，淫其相妻，惭亡去，为子巂鸟。故蜀人闻子巂鸣，皆起云'望帝'。"意思是杜宇和鳖灵的妻子发生了不正当男女关系，被鳖灵知道后，杜宇惭愧万分，于是躲到山里化身为子巂（规），即杜鹃鸟。蜀人知道杜鹃乃杜宇化身，闻声思人也就可以理解了。

在四川的民间传说里，许慎的版本被反转了。话说杜宇禅让后，便隐居于西山，哪知道妻子却被鳖灵霸占。杜宇悲愤不已，然而对鳖灵无可奈何，只能每日以泪洗面，心都哭出血。临死前，杜宇委托杜鹃替他在蜀国的大地上哭诉、申冤。这个传说的可疑之处在于，杜宇既然已经退位，却将妻子留在后宫，是为了测试鳖灵的道德水准吗？再说他那么爱自己的妻子，怎么可能不带着妻子一同归隐？

这两个版本都解释了杜鹃与杜宇的关系，李商隐的《锦瑟》一句一典，其中"望帝春心托杜鹃"指的就是这个悲剧。悲剧的出发点是杜宇退位，悲剧的元素是女人。既然杜宇不可能自愿禅让，那就只可能是被逼退位。

鳖灵有大权又有大功，完全有可能发动政变。鳖灵来自楚国，楚国王室的权斗充满阴谋和血腥，兄弟相残很常见，鳖灵想必对此耳熟能详。政变当然需要一个理由，鳖灵那么聪明，设计一个不是难事。他将妻子献给杜宇，然后再以受害人身份控诉望帝不讲武德，连大臣的妻子都霸占。杜宇百口莫辩，加上大权旁落，只有退位一条路可走。

鳖灵成为杜灵后，给自己的王朝起名叫"开明"。这位"开明"的篡位者开启家天下模式，用偷来的杜姓延续了十二代。公元前316年，第十二世开明王杜芦听说秦国愿意献上一头会拉金子的石牛，高兴地命人修出一条通道迎接石牛，这条道便称为"石牛道"。可这石牛不仅不会"粪金"，连拉粪都不会。杜芦等来的是秦国的虎狼之师，蜀国遂灭。"四万八千年"后，蜀国终于与秦塞通上人烟，却马上被烤得外焦里嫩。杜灵靠耍权谋和聪明夺取天下，他的后人因贪婪和愚蠢丧国身死，也算是报应不爽。

五　周朝的奇耻大辱

杜宇被鳖灵篡位后，蜀国改天换地。周朝的变化也很大，周武王在位没几年就去世了，还好儿子周成王、孙子周康王都很争气，把周朝经营得有声有色，史称"成康之治"。

周康王死后，其子姬瑕即位，即周昭王。"瑕"的本义是指玉上的斑点，一点瑕疵便会导致玉的价值大幅降低。周康王给儿子起这个名字的初衷可能是希望他能引以为戒，规避缺点，发扬优点。哪知道周昭王愣是把"瑕"给拿捏得死死的，小瑕疵愣是给他玩成大崩盘。更离谱的是，他把崩盘玩出新高度，搞得他的后人恨不得表示不认识他。他毕竟是堂堂周王，藏是藏不住的，谈起昭王，王室新闻发言人一般都会侧着耳朵说：信号不好，下一个问题。

在《史记·周本纪》里，周昭王一无是处："昭王之时，王道微缺。昭王南巡狩不返，卒于江上。其卒不赴告，讳之也。""微缺"是司马迁能给周昭王的仅有善意，没有大毛病，只是小瑕疵。王室在内部给昭王攒了个治丧委员会，委员会的首要工作是证明昭王没死，起码活在人们的心里。到底是生是死，这是个问题，尽管不一定是好问题。

周昭王其实相当有本事，干过好几件大事。但我不清楚他是否天生异相。如果没有异相，还特别有本事，那就是昭王的不是了，一切后果自负，没有什么比长相不正确更错误的了。

昭王曾举兵弹压东夷和淮夷（今山东、江苏和安徽），并且成功了。纣王在世的最后一年也做了同样的事，所谓"绥靖东南"。因为微子的搅局，纣王功败垂成，还被周武王捡漏绝杀。周昭王却把纣王未完成的事做成了，迫使东南二十多方国投降。那时他的声望达到巅峰，周昭王坚信没有什么能够阻挡他的未来。

然而天帝似乎早就把周昭王抛弃了，只要他轻举妄动就凶兆乍现，昭王自我感觉还特好，以为自己是天气预报。在此之前，天帝已经多次警示昭王：他在位的第六年，桃树和李树在冬天开花了。昭王没有意识到这是可怕的"温室效应"，还以为大冬天也阻挡不了他桃李满天下。

昭王绥靖东南前两年，天象异变："恒星不见。"(《竹书纪年》)古人的恒星和现代天文学的恒星不在一个频道，是指二十八星宿，代表帝王。帝王星都消失了，昭王仍然没有在意，他相信第二天"太阳照常升起"。

东南被搞定后，昭王将目光投向荆楚之地，那是武丁付出惨重代价的地方。昭王小宇宙爆发，以为世上没有他搞不定的事，一次搞不定就两次，再不行就三次。可他显然没有后世曹刿的哲学修养："一鼓作气，再而衰，三而竭。"他哪怕做噩梦都不愿想遭遇"衰竭"的可能性。

昭王在位第十六年，他率领军队，意气风发地进攻楚国。楚国的军力自然不能跟周朝正规军相提并论，昭王也是这么想的。但他忽略了楚国地形的复杂，商朝最善战的武丁大帝就曾在此被弄得灰头土脸。

那次声势浩大的出征虎头蛇尾，潦草收场。原因到底是什么，语焉不详，《竹书纪年》仅有七个字交代："伐楚，涉汉，遇大兕。"情景倒是很清楚，周军渡过汉江时，遇见一只大兕。一般认为兕即犀牛，可当时犀牛并不罕见，姬发的弟弟姬虞就曾猎杀犀牛造了副盔甲，昭王何至于见到一头大犀牛便认为是凶兆而撤军？气候温暖的荆楚大地上犀牛多的是，它们的皮被普遍用于制造犀甲，屈原在《九歌·国殇》中写道："操吴戈兮被犀甲。"昭王肯定预料到他们将遇见很多犀牛，看不到反倒才奇怪。在《山海经》里，多处同时提及犀和兕，比如《山海经·西山经》：

"其兽多犀、兕。"这说明它们是两种动物。或许兕很罕见，而大兕尤为罕见，才被昭王当作凶兆。只有这样，才能勉强说得通。

昭王第一次伐楚极可能溃不成军，王室面子上挂不住，才"委托"《山海经》里的怪物出面打圆场。反正当时通信不畅，无须担心楚国宣传部门拆穿谎言。

第一次伐楚反倒自己被伐了，昭王心里憋屈得不知说什么好，眼睛里没有了神采。臣下安慰他说，没关系的，时间会治愈伤痛。昭王等了三年，时间真的治愈了他的抑郁，眼睛里又有神采了，于是决定再次伐楚。他不相信大兕还蹲在汉江边候着他。

关于昭王的第二次出征，史籍里有两种表述。

第一种是这样的：楚人得知昭王又要来打架的消息，很是害怕，便向昭王示好，献出祥瑞——一只纯白的野鸡（白雉）。昭王对此很感兴趣，表示不用他们来镐京献礼，他将亲自前往楚国去取。屈原显然知道这个新闻，在《天问》中问道："昭后成游，南土爰底，厥利维何，逢彼白雉。"意思是白野鸡到底有什么益处，昭王要为此来到楚国？

屈原确实不适合从政，完全不理解"醉翁之意不在酒"的奥秘。昭王既想要祥瑞，还要把失去的面子找回来。楚王是职业政客，当然知道昭王在想什么。清人毛奇龄在《天问补注》里说，楚王热情款待昭王，好酒好菜伺候着，宴后恭请昭王一行登上豪华的游船赏汉江。昭王见楚王这么有眼力见儿，很高兴，暂时打消了"伐"的念头，待游览汉江之后再说。哪知道船到了江心突然解体，昭王一行大都溺毙，昭王在"大都"之列。原来楚王用胶拼了一艘船（"胶船"），胶遇水渐溶，导致昭王"溶"于汉江。

毛老师声称他是从《竹书纪年》看来的，似乎不太靠谱。另外，很难想象楚国能够研发出性能如此优异的胶水，这种收放自如的胶水现在都没研发出来，居然被毛老师想出来了。

在《竹书纪年》中，昭王逆天而行，看到"有星孛于紫微"仍然选择出征，坚信洗刷耻辱的胜利之诗就在远方。孛就是姜子牙前妻马氏化身的扫帚星，紫微则是尊贵无比的帝王星。扫帚星扫过帝王星，是要触霉头的。急于证明自己的昭王无视扫帚星，无论臣下如何规劝都不为所动，坚持伐楚。当他们到达楚国境内渡汉江的时候，朗朗乾坤忽然变得漆黑一片，因为发生了日全食，这便是《竹书纪年》所谓"天大曀"。在突如其来的失明中，周军崩溃了，昭王也吓得不知如何是好，他落入江水时的最后一句话是：救我。黑灯瞎火的，谁也救不了谁，周军全部被江水吞没，这便是周人讳莫如深的"丧六师于汉"。

昭王的离奇死亡及全军覆没让王室的眼珠突得比蚕丛还厉害，于是竭力证明昭王其实并没有死，只是贪玩留在楚地乐而忘返，所谓"昭王南巡狩不返"是也。

既然昭王不回来，那么他儿子就必须提前上班。

六　穆天子小传

昭王给儿子起名叫姬满，似乎对自己的"瑕"名不满意，希望十全十美的儿子能替他找补回来。然而,"满"了真的好吗?不是说"谦受益,满招损"吗?据《国语·内史过论神》透露,穆王的出生非常奇特。

昭王的王后房氏日常生活失德("实有爽德"),言行举止就像帝尧不成器的儿子丹朱,所以人们怀疑是丹朱附体于房氏,生下穆王。《史记·夏本纪》里,帝舜把丹朱贬得一文不名:"维慢游是好,毋水行舟,朋淫于家。"说丹朱就喜欢四处漫游享乐,河里没水都要行舟,还动不动跟狐朋狗友鬼混,结果断子绝孙("用绝其世")。房氏如果真的像丹朱那般"爽德",那昭王肯定是不爽的,如果不发泄会得抑郁症,难怪他没完没了地跟楚国较劲。最爽的就是丹朱了,千年之后居然老树开新花,结下穆王这么大的一颗果实。

姬满登基后,周朝最嘚瑟的王诞生了,在传说中被称为"穆天子"。他是唯一被冠以天子之名的周王,连姬发都没有"武天子"的外号。这是因为周穆王太爱旅游了,足迹遍布天下——完美地继承了丹朱的"慢游"基因,于是民间条件反射地称其为"天子"——行走天下、追逐诗与远方的赤子或孙子。

穆王刚即位时中规中矩,认真地搞民生经济,设法组建被父亲弄丢的军队,并未表现出说走就走的冲动。当一个叫作化人的"外星人"来到镐京时,穆王被带跑偏了。

《列子·周穆王》讲了一个怪异的故事。有个人从西天而来,名叫化人,一听就是假名,大概是化身为人的意思吧。化人本事大得令人瞠目结舌,折腾出来的视觉效果比史上最著名的魔术师的魔术还要神奇：站在烤肉的篝火中，毫发无损；悬于半空而不掉下来，滞空能力甩篮球之神乔丹好几条街；还能像崂山道士一样穿墙入壁；更神奇的是，他可以将整座城市从东方搬到西方，居民于是白天睡觉，晚上却精神抖擞，他们不知道发生了什么。

周穆王对化人佩服得五体投地，拿出美食、美酒、美人还有珍宝殷勤款待化人。化人对这些俗物不屑一顾，有一天，他邀请穆王去他家见见世面。穆王抓着化人的衣袖升到空中，不知道飞了多久，来到化人的琼楼玉宇。眼前的一切，让穆王变成"木王"，手都不知道往哪放，比初进大观园的刘姥姥还局促不安。他看到的东西都泛着迷人的幻影，吃到嘴里的东西胜过任何人间珍馐，听到的音乐高雅动人，让"木王"痛苦地认识到以前听的那些音乐简直不堪入耳。穆王低头看见自己的宫殿，就像烂泥和朽木堆砌而成。一般人来到如此仙境会乐不思蜀，穆王的境界不一样，他想要马上回去，因为再待下去他将羞愧而死。穆王请化人送他回家，化人不负责任地将穆王从空中推下去，穆王吓得失声尖叫。

穆王从空中坠落后，发现自己坐在大殿上，周围的那些大臣若无其事地在说着什么，化人在一旁看着他。穆王问刚才发生了什么，化人皮笑肉不笑地说身体哪都没去，只不过神游物外罢了。

穆王的心灵之眼被化人打开了，再也回不到从前的自己，决心在有生之年去外面的世界好好漫游一番。临行前，他给辅政大臣留了一张字条：世界那么大，我想去看看。

穆王出行的派头不是普通驴友可以想象的，就像他想象不出化人的"外星"生活。除了大周的精锐之师保驾护航外，穆王的座驾是八匹超越现实的骏马，跑起来脚不沾地，速度比高铁还快。这八骏原是夸父山的野马，造父把它们驯养成交通工具，也只有他可以驾驭它们。这八匹骏马在史籍中有不同的名字，王嘉《拾遗记》中的名字最好听、好懂："王驭八龙之骏。一名绝地，足不践土；二名翻羽，行越飞禽；三名奔宵夜，夜行万里；四名超影，逐日而行；五名逾辉，毛色炳耀；六名超光，一行十影；七名腾雾，承云而奔；八名挟翼，身生肉翅。"看这些名字就让人神往不已，恨不得骑上任何一匹，神游一番。第六名尤其好，骑上后肉体可以变成精神。鲁迅先生评价王嘉："文笔颇靡丽，而事皆诞漫无实。"不过既然是神话，太实了反倒不好。

穆王的大队人马自北而西行进，他没有告诉任何人，他最想见的人是谁。一路上，穆王接见了不少人。他先是亲切会晤河伯；接着造访了黄帝在昆仑山上的旧居，因为他是君王，管理人员没有收他门票；然后接受了赤乌族敬献的美女，又在黑水封赏了殷勤接待的长臂国国君；最后穿越流沙，到了太阳休息的地方，那里有他朝思暮想的仙人——西王母。

西王母原来的造型是豹尾虎齿、披头散发，从来没有人敢跟她亲近，黄帝当年也只是相敬如宾地跟她打了个简略的招呼"嗨"。

穆王不知道从何处得知西王母整容了，不仅性感美丽，还特别有文化，比化人还要"化"。其实对于西王母这样的大神，易容是分分钟的事，比变脸容易得多，只要她愿意，可以在吓死人和迷死人之间随意切换。

穆王在山下沐浴更衣，挑了良辰吉日登山造访女神，并献上珍贵的礼物。西王母站在宫殿广场的玉阶上迎接穆王，一袭白衣，仿佛是云彩裁制而成，秀发披肩，发髻整整齐齐，上面插着一根不知何仙物所制的发簪，面若桃花，明眸皓齿。

穆王瞬间就变"木"了，心想哪个挨千刀的人在《山海经》里那般恶搞眼前这个仪态万方的女神，她的美已经不能用美丽来形容。穆王的文学修养想不出用什么词来形容，就是觉得她比美还美。穆王稳了稳心神，这才缓步往台阶上走去，走得腿发软。西王母欠了欠身，伸出柔若无骨的手轻轻牵着穆王。双方确定眼神后，在通往宫殿的路上从越谈越投机发展到情投意合，直至走进西王母的闺阁。

西王母每日都盛情设宴款待亲爱的姬满。幸福的时光都很短暂，转眼就到了离别之日。美酒佳肴之后，西王母深情地为穆王吟诵了一首自己写的诗，最后两句是："将子无死，尚能复来。"句子平实，但有一种痛彻心扉的绝望与缠绵，丝毫不比"要死就死在你手里"弱。如果你不死，记得要再来看我啊。穆王强忍泪水说，三年之内，他必将再来（"比及三年，将复而野。"《穆天子传》）。他自己知道这句脱口而出的承诺大概率只是谎言，作为一国之君他不可能说出走就出走，一走就是好几年的话，是要出事故的。西王母也不戳穿，只是说她很遗憾无法随行，因为她要守护在此，尽帝女的义务（"嘉命不迁，我惟帝女"）。穆王与西王母分别时，双方都竭力微笑，心里却悲伤逆流成河。穆王余生再未见过西王母，临终前，他遥望西方，脸上带着笑，心里无声地说：我曾爱过一个女人，她是女神，也是女王。

穆王回国途中，碰到一个叫作偃师的手艺人。他做了一个假人给穆王表演曲艺，那个假人能唱能跳，比真人还要真。最离奇的是，"他"还会色眯眯地看着穆王的姬妾。穆王感到被冒犯了，下令把偃师拖出去砍了。偃师吓坏了，急忙求饶，说他也不知道人工智能竟然有了自己的坏心思。偃师急于证明自己清白，把假人拆了。穆王又变成了"木王"，因为那个假人的体内都是些木头、皮革之类的填充物。穆王不怒反笑，夸奖偃师简直巧夺天工（"人之巧乃可与造化者同工乎？"《列子·汤问》），并邀请他与自己共乘车一起回国。

穆王在路上收到情报：徐偃王反，速归！穆王再无游玩的兴致，外面的世界再大，也不如自己的国土珍贵。他下令造父快马加鞭全速冲刺，务必争分夺秒赶回国。

徐偃王是徐国的君主，很有本事，因此他的出生必定离奇，甚至直追上古的盘瓠。徐国的一个宫女某日临盆，不料生下来一个肉蛋。宫女吓得快昏过去，命人将肉蛋丢掉。肉蛋被遗弃在水边，水边住着一个善良的老人，老人养了一条狗，名叫"鹄苍"，不过我还是想叫它为大黄。大黄也很善良，将肉蛋衔回家，用身体捂着。过了若干天，肉蛋里孵出一个小男孩。小孩出生时不哭不闹，像大黄一样四仰八叉地躺着，因此被老人取名为"偃"，偃通仰。《尸子》声称"偃王有筋而无骨"，这就真是"诞漫无实"了。莫非徐偃王生出来后还是个肉蛋？那又何必生出来，大黄白辛苦了。

肉蛋长大后，聪明伶俐，健康活泼，宫女听说后就将孩子要了回去，罔顾大黄愤怒与不舍的眼神。很多时候，人是不如狗的。徐国君主可能没有儿子，或者儿子们都"有筋而无骨"，于是就让身板硬朗的肉蛋继位。

肉蛋当上国君后，勤政爱民，国力蒸蒸日上。有一次他准备修一条河道，以便于拜访周朝。在工地上，有人发现一套红色的弓与箭（"朱弓矢"）。肉蛋认为此乃上天所赐，于是果断称王，河也不修了，反正自己也是王，徐王何必低三下四地拜见周王？朱弓即彤弓，是权力的象征。天子赐诸侯彤弓，就表示该诸侯有代表天子征伐的资格。《诗经》里有首诗叫《彤弓》，讲的便是天子赐彤弓给有功诸侯的盛况。徐偃王号召力相当强，江淮地区的三十六个诸侯都愿意给他当小弟。

徐偃王从没想过要攻打周朝，他知道徐国的力量不足以撼动周朝这棵大树。当他得知穆王出行且带着精锐部队迟迟未归时，他有想法了。最后在小弟们的怂恿下，他决定动一动穆王的奶酪。

造父驭车疾奔，一天就赶回国内。一个比较尴尬的问题是，穆王的精锐部队没办法跟上来。穆王一方面调用现有兵员进行防御，另一方面请了一个援军，只是谁都没料到援军竟然是大仇人楚国。穆王的脑子好像被西王母开过光，好使得很。江淮地区与楚国接壤，楚王当然不希望徐国坐大。周、楚达成的交易不难推测：击退徐偃王后，江淮地区将成为楚国的势力范围，楚王也乐意借此机会缓和与周朝的关系。

徐偃王想不到穆王这么快就回来了，还联手楚国，大出意外，顿时阵脚大乱。据说徐偃王是个热爱和平的人，担心旷日持久的战事导致生灵涂炭，便下令撤军，一路退到彭城。周王也没有赶尽杀绝，给了徐偃王一条生路。

客居彭城的徐偃王不再是王，又成了肉蛋。他把老人和大黄都接到身边，不再关心时局变幻，什么工图霸业都见鬼去吧，远不如一碗鲫鱼汤踏实。他很享受与老人、大黄在一起的每一个晨昏。他把那张朱弓当作柴火烧了，灶台上炖着熬成乳白色的鱼汤……

造父驭车有功，穆王赏了他一个封国"赵"。从此造父便姓赵了，又因为他是秦国奠基人非子的叔伯，所以他是赵、秦的双重先人，历史上没有比他更成功的赶车人。

穆王后来再也不敢周游世界了。他很清楚，如果同样的情况再发生，断他后路的一定是楚国，那时他的下场比自己的父亲好不到哪里去。徐偃王有鱼汤喝，他或许只能陪昭王痛饮汉江水。

七 被诅咒的周宣王

穆王之后一茬不如一茬，过了五代，接棒人叫姬胡，便是周厉王，周朝历史上最烂的王。他只是很幸运，手下有能人共伯和，才免了亡国之祸，他其实比倒霉的周幽王要恶劣一万倍，应该称之为"周烂王"。

姬胡出生时，据《竹书纪年》透露："大雨电，江、汉水

（牛马死，是年，厉王生）。"老天爷、长江和汉江都表示接受不了这么个祸害来到人世，大发雷霆，可惜遭殃的是无辜的牛马，姬胡一根毫毛都没少。老子说得很对，"天地不仁，以万物为刍狗"。姬胡就是人世躲不过去的劫，或许世人皆有罪，非得接受"烂王"的折磨才能渡劫。

经过数代的无作为，厉王登基时，国家很穷。他为了捞钱，手段穷凶极恶，采取强硬的土地国有化政策，逼贵族和诸侯多交税。这是捞钱的快捷方式，也非厉王独创，以前有，以后还会有。但厉王"厉"害的是，他不断升高税率，增加各种征税名目，缴税压力很快从贵族和诸侯波及普通国人——住在城市里或者近郊的平民身上。

朝野上下对于厉王的横征暴敛再也不堪忍受，顺民们实在顺从不下去了，就像《传道书》所说："静默有时，言语有时。"他们开始在朋友圈批评厉王。

一时间对朝政的负面评价在朋友圈刷屏，召穆公私下里给厉王送了个消息，说他的所作所为让百姓都快活不下去了（"民不堪命矣"《史记·周本纪》）。厉王烂的地方在于，他丝毫不认为自己有错，错的是妄议王室的人。他对召穆公说，总有刁民想讥讽朕，严重影响了社会和谐，不过这难不倒聪明的他，他有办法平息非议的浪潮。

召穆公以为他将采取什么措施改善自己在公众面前的负面形象，哪知他的方法是让批评他的人闭嘴。有个大臣急厉王之所急，给他推荐了一个来自卫国的巫师，简称卫巫。此人有顺风耳的特异功能，在几里外都可以听见有人说话。

厉王令卫巫全权监控舆论，一旦发现碎嘴子，一律杀无赦（"使监谤者，以告则杀之。"《史记·周本纪》）。酷吏代言人来俊臣跟卫巫比真的是小巫见大巫，卫巫是名副其实的大巫。卫巫的顺风耳功能强大，辅之以毒辣的手段，没过多久厉王的耳根就清静了，他的眼睛看不见城外的乱坟岗又添了多少新坟。

社交网的朋友圈一片空白，像白纸一样干净。国人在路上甚至都不敢说话，熟人间打招呼，是用眼神来传递信息，所谓"道路以目"。他们的眉目不是在传情，传的是恐惧、无奈以及埋藏在心底的愤怒。国人要说话也可以，如果是对厉王歌功颂德的话，甚至可以大声地说。

厉王对卫巫的工作很满意，予以重赏。厉王厚颜无耻地在召穆公面前嘚瑟：看看我多能干，再无刁民敢说三道四了。

召穆公叹了口气，送了厉王八个字："防民之口，甚于防川。"他的比喻很恰当，不让人说话比堵塞水流的后果还要可怕。

召穆公的预言不久就应验了。国人的愤怒在某一天终于爆发，并且成燎原之势席卷整个都城，史称"国人暴动"，是中国历史上的首次大规模平民起义。厉王抵挡不住抗议的洪流，只得带着一批亲信随从仓皇出逃，好不容易捡了一条命，前往汾河边的彘国申请政治避难。

史籍中没有说明暴动是如何发生的。当时通信落后，加上官方的严密监察，作为暴动主体的平民应该没有机会串联，因此很可能是一起突发事件。人人心中都怒火中烧，一点就着，卫巫或许就是导火索。几个愤怒而勇敢的国人在街上碰到趾高气扬、出言挑衅的卫巫，一时按捺不住就当街杀死了这个民愤极大的恶巫。目击者拍手称快，一传十、十传百，欢呼之后，又后怕起来，他们很清楚后果会是什么。在那种群情激愤的氛围中，大家决定一不做、二不休干脆推翻厉王，既然横竖都是一死，大不了一死。他们拿着木棒和板砖，坚定地冲向王宫，身后是越来越汹涌的人潮，就像决堤的大洪水。在浩大的洪流面前，不久前还不可一世的厉王就像一堵烂泥筑成的堤坝被迅速冲垮。

卫巫虽然只是厉王的打手，但他跟厉王一样都死有余辜。厉王被推翻了，但他用暴力手段控制舆论的方式却被后世的混账帝王们继承了下来，留下了千秋骂名。

厉王流亡彘国发生在公元前 841 年，被史学界公认为信史元年，自此以后，中国历史事件有了明确的纪年。那一年，在西周史上叫"共和元年"。"共和"是指共伯和，而不是如司马迁在《史记·周本纪》里所谓"召公、周公二相行政，号曰'共和'"。共伯和成为厉王的代理人，一共执政十四年，直到厉王客死异乡，才将权力移交给厉王的儿子姬静，这便是周宣王。共伯和挽狂澜于既倒，却毫不留恋权力，卸任后彻底离开朝堂，"逍遥得志于共山之首"（《竹书纪年》）。这是个了不起的人，散发着神话一般的迷人光彩。

厉王如此歹毒的大奸大恶之人居然能好死赖活地善终，让人几乎丧失对上苍公义的信心。不过宣王的离奇死亡，又让人看到报应不爽的奇妙。

宣王任内的前半程挺像样子，民生和军事皆取得长足进步，大臣尹吉甫是其得力助手，君臣齐心，史称"宣王中兴"。宣王手里有钱就开始嘚瑟了，四处征讨，结果把好不容易攒起来的钱全都造光，周朝一夜间回到从前。

晚年的宣王变得患得患失、多疑易怒。他有个妃子看上了年轻英俊的杜伯，百般引诱，杜伯不为所动，还给她上了一堂关于妃子修养的课。该妃子恼羞成怒，因爱生恨，转头在老态龙钟的宣王面前哭诉，声称杜伯丝毫没有大臣和君子的修养，竟然对她动手动脚耍流氓。

宣王勃然大怒，不由分说将杜伯抓起来下狱，无论杜伯如何陈情喊冤，宣王都充耳不闻。杜伯的朋友左儒为杜伯申辩，说杜帅哥不仅帅还心灵美，绝对不可能干出流氓行径。宣王戳着左儒的脊梁骨说他背弃主上、偏袒朋友，罪不可赦。左儒坦然地说，他站在真理的一边。宣王威胁他，如果不改口就处死他。左儒挺起脊梁说，那他就用死去证明朋友的清白。

宣王不理会左儒，执意处死无辜的杜伯，左儒听说后，自杀身亡。杜伯临死前发出诅咒：只要死后不是灰飞烟灭，三年内他必将让宣王偿还无辜人的血。这是来自《说苑》里的故事，比《列女传》温暖得多，作者都是刘向，同一个作者的书差距怎么就这么大呢？

苦命的杜伯变成鬼魂后，决定替自己复仇。"三年之约"很快到了。有一天，宣王兴致勃勃地带领诸侯和大臣狩猎，场面宏大，出动数百辆车子，随从数千人。就在众声喧哗的日中时分，一辆车子不知道从哪冒出来，众人都以为自己眼花看见的是幻影。

"幻影"却写实得很：那辆车子是白色的，马也是白色的，坐在车上的人一袭红衫，戴着小红帽，手上拿着红色的弓箭，形成鲜明的色差。白的特别白，红的特别红。众人好奇地围上来，见车上人赫然竟是三年前死去的杜伯，一个个见鬼似的四散而逃。

他们见到的确实是鬼，最害怕的人是凶手宣王。宣王见车夫都跑掉了，只得自己驾车狂奔，一边跑一边喊：别来找我，我也是被蒙蔽的呀。

红衣杜伯弯弓搭箭，冷冷地说，你的恶足以让你不得善终！话音刚落，箭在空中以慢镜头的姿势缓缓飞行，射透车厢，木头的碎屑在空中炸裂、飞溅，箭头坚定地射中宣王心窝，透胸而过，宣王张大嘴，痛苦地叫喊却发不出声，倒在箭囊上抽搐了一会才死去（"伏弢（tāo）而死"《墨子·明鬼下》）。白车、白马、红衣随后消失，像是什么都没发生。尸检表明，宣王死前极其痛苦，在挣扎中把脊梁骨都弄断了（"中心折脊"《墨子·明鬼下》）。

后人大概觉得宣王之死很有戏剧性，又加了不少猛料。北齐人颜之推的《还冤记》把杜伯的名字都"考证"出来了，叫杜恒。

杜恒冤死后，化为人身质问宣王："我何罪之有？"宣王活见鬼，吓坏了，赶忙询问大臣祝有是否有良策，祝有出了个馊主意，让宣王杀了司空锜，司空锜名副其实做了替死鬼。哪知道情况更糟了，杜伯和司空锜结伴而来问他们何罪之有。

宣王彻底乱了方寸，一副胆小鬼模样对大臣皇甫说："祝有为我谋划杀人谢罪，现在他们都来抱怨，可如何是好？"皇甫是个平庸的臣子，当即说杀祝有谢罪就没事了，他也不想想，如果祝有死后也去抱怨，他的下场会是什么？

果然，祝有伙同杜伯、司空锜一起责问宣王，宣王如何作答不详。他没杀皇甫，并非心慈手软，而是担心如果杀了皇甫，明日就会有四个面熟的鬼来上访。周宣王想想都害怕。

《还冤记》中三年后的场景无缝对接《墨子·明鬼下》，不过复仇的鬼有三个，杜伯不是一个鬼在战斗："见杜伯乘白马素车，司空锜为左，祝为右。"宣王依然死于正中心窝的红箭，伏尸于箭囊，脊梁骨仍然是断的（"折脊"）。

八　爱与痛边缘的尹吉甫

尹吉甫是宣王时期的名臣，文武双全，曾为"宣王中兴"立下汗马功劳。《诗经·大雅》里有两首诗出自其手笔，一首是《烝民》，赠别朝中大佬樊侯仲山甫，宣王的太师，也是尹吉甫的好友。另一首是《崧高》，按孔子学生子夏的解释，此诗"尹吉甫美宣王也。天下复平，能建国亲诸侯，褒赏申伯焉"，"天下复平"即指中兴之象。这首诗"美宣王"只是表面，尹吉甫真正颂扬的人是申伯，也就是宣王的舅舅。这对舅甥感情很好，尹吉甫夸申伯不用担心宣王会吃醋，他把申伯比喻成五岳中的中岳崧山（即嵩山）那般高大巍峨，马屁拍得太狠了。总之，尹大人的地位很高，朋友圈皆是大贵大富之人。

尹吉甫的长子叫伯奇，虽然父亲是顶级权贵，身上却没有官二代的骄气，为人忠厚老实，在街上碰了人家脚后跟都会说"对不起"，而不会傲慢地晃着肩膀、甩着大拇指说"我爸爸是尹吉甫"。

伯奇母亲去世后，尹吉甫纳了一房美妾，美妾生了个儿子叫伯封，这个孩子也很善良，性情跟伯奇相近，弟兄俩关系很好，伯奇待这个年幼的弟弟如兄似父。在尹氏这样的超级豪门，兄弟情深颇为难得。

然而豪门可能出现的戏码是寻常人家无法想象的。伯封的母亲看着弟兄俩在一起嬉戏，脸上挂着塑料一般灿烂的笑容，心里想的却是：尹公百年之后，伯奇将成为家主，她和伯封孤儿寡母的，日子还能过得像现在这般惬意吗？

她在枕边探过尹公口风，问有没有可能让伯封当继承人。尹公的满面春风马上就变成三九严寒，让她想都别想。伯奇是个几乎零缺点的好孩子，阖府上下没有人不喜欢他，他也一定会善待伯封和她。

美妾心里很不高兴，却始终保持着塑料笑容，枕边再不提换接班人的事，尹公老怀大慰，春风又满面。

美妾人美、主意大、心肠狠，打定主意要除掉伯奇，她的战略是左手拈着花，右手舞着剑，出哪只手看情形而定。

某日宴后，尹公喝了两盅之后，美妾亮出左手，委屈地说：伯奇的忠厚是装出来的，四周没人的时候，他、他、他竟然对我出言轻薄，还、还、还动手动脚。

尹公牵着她的左手拍了一下，说不可能，不要开这种上不得台面的玩笑。美妾的右手捂着脸，说眼见为实，等我一个人在室内时，你看看会发生什么。尹吉甫将信将疑，就离开房间，等丫鬟来叫时再登楼查看。

美妾把一只毒蜂放在衣领上，然后派人找个借口叫伯奇来房间。不知究竟的伯奇来到门口时发现后母面呈惊恐之色，手在领子里挠来挠去。看到伯奇，她急忙招手让他过来帮忙。

伯奇便过去翻看后母的衣领，并试图把掉在里面的毒蜂取出来。后母见火候差不多了，扭着身子，让毒蜂更难被捉到，一边喊：不要啊不要啊。伯奇心地单纯，安慰后母说：就快抓住毒蜂了，不要害怕。

后母扭动得更厉害了，叫得也更大声。就在这时，丫鬟领着尹吉甫上楼来。尹吉甫正好看见伯奇的手伸进美妾的领子，美妾抓着前襟，奋力抗拒。

尹吉甫气得胡子都翘起来，当即狂怒地命家丁将伯奇赶出门，无论伯奇怎么解释、哭诉都没用。尹吉甫本就老眼昏花，此刻更是双眼发黑，哪里看得见美妾躲在门后，美得鼻涕冒泡。看着儿子离去的背影，尹吉甫感觉心被撕成了两半，他曾对这个儿子寄予厚望并引以为傲，还把他引荐给宣王。他怎么都想不通，那样一个好儿子怎么就猪油蒙了心，干出此等禽兽不如的事？不仅父子恩断义绝，还让尹府成为镐京城天大的笑柄。

伯奇离开家时，只带了一把琴。为了避免碰到熟人，他只得出城而去，离家越来越远，也越来越伤心、绝望。他想念父亲，特别是可爱的弟弟伯封，尽管这一切都是他后母设的局。

伯封也想念伯奇，他不明白到底发生了什么，只知道哥哥不见了，他不知道怎么找到哥哥，就写了一首诗怀念哥哥。据大才子曹植透露，伯封写的就是《诗经》中的《黍离》。此诗倒也应景，反复哀叹谁害得他离家出走："悠悠苍天！此何人哉？"不过很难想象这首诗是一个孩子的手笔："知我者，谓我心忧，不知我者，谓我何求。"这更像是一位士大夫的抒怀之作。好吧，就算是伯封写的吧，他所忧所求者皆是兄长伯奇。

转眼已是秋季，衣衫单薄的伯奇踏霜而行，饥寒交迫。在路上的伯奇，也写了一首诗，叫《履霜操》，抚琴而唱，大意是父亲大人听信谗言把他赶了出去，与亲人别离让他痛彻心扉，谁能来听他诉说冤情？据说伯奇趁宣王出游、其父伴游时唱出的，宣王很感动，说："此孝子之辞也。"（《琴操·履霜操》）尹吉甫因而感悟儿子的冤情，回家后就射杀美妾（"遂射杀后妻"）。

这个情节的安排过于简单粗暴，很难想象伯奇可以探知宣王的出游路线并且让他清楚地听见自己的歌声，果真如此，说明宣王的安保很有问题，难怪杜伯的白车能够在众目睽睽之下"闪亮登场"。

扬雄《琴清英》里的说法比较婉约：伯奇在流浪途中渐渐万念俱灰，于是投江自尽，尸体不知在水里沉了多久，衣带上渐生苔藻。奇怪的是，他的尸体竟然还能做梦，梦见水中的仙子赐他解药。于是伯奇就活了过来，此后一直生活在水里。但他对尘世里的父亲和弟弟一直念念不忘，便常在月明的夜晚浮出水面，抚琴而歌。不妨假设那首歌就是《履霜操》。渔民们很喜欢这首歌，渐渐地传唱开来，并传到尹府。尹吉甫因而感悟儿子的冤情，回家后就射杀美姜。

这个合二为一的设计看起来不错，但仍然不如曹植的《令禽恶鸟论》。在两百多字的篇幅里，曹植让我们见识了什么叫"麻雀虽小，五脏俱全"。他不仅交代了伯奇被迫离家的原因，还不忘写兄弟情深，乃至还描写了一段长镜头一般的空白：尹吉甫终于悟出他可能冤枉了儿子，当他去野外寻找时，伯奇已经死了，化身为鸟。尹吉甫看见桑树上有一只鸟很怪异，冲他凄厉地叫着。

尹吉甫带着哭腔问：你是伯奇吗？鸟儿扇动翅膀，叫声愈发哀切。尹吉甫不愧是朝廷重臣，做事很稳妥，对鸟儿说：伯奇一定累了吧，如果你是我儿子，就飞到我的车上去；否则，请离开。

鸟儿于是就飞到车顶上，尹吉甫不由老泪纵横。当车子进入庭院时，鸟儿又飞到车顶，对着室内发出号叫。美姜和伯封都被惊动了，从室内来到庭院。伯封不知道究竟，但那只鸟让他感到很亲切，想到好久不见的哥哥，眼泪夺眶而出。

美姜也感到异样，不寒而栗，忙不迭地从庭院的兵器架取出弓箭，欲射车顶上的鸟。尹吉甫的身手依然敏捷，也拿起弓箭，在美姜慌张搭箭的时候，一箭射中她后心，"遂射杀后妻以谢之"。看着美姜在血泊中扭动，尹吉甫想起昔日恩爱的片段，扔掉弓箭，坐在美姜的尸体旁边，心中哭着说：你这是何苦，一个人就算是赚得了全世界，却赔上了自己的生命，到底有什么益处呢？

伯封在母亲中箭倒地的时候，呆若木鸡，回过神来后，号啕大哭，跪下来试图抱起母亲。母亲用尽力气抬手想要抚摸儿子，但手在半途就垂下了。伯封把母亲的手抱在怀里，浑身颤抖地哭喊。尹吉甫突然产生耳鸣，听不见伯封喊什么。他背过身，看到车顶上的鸟一动不动，雕塑一般。

从此，尹吉甫与鸟以及伯封生活在一起，然而并不幸福，因为再也回不到从前了。所谓"某某与某某从此过着幸福的生活"只是童话的表述，现实很残酷，没有多少余地留给幸福。伯奇的三段传说串在一起，看起来就像卡尔维诺的小说，一切皆有可能，然而宿命难逃。

九　谶言、褒姒身世暨妖精简史

宣王死时倒在箭囊上，所谓"伏弢而死"。为什么要强调箭囊呢？这与流传的两句谶言有关，而谶言是为一个妖精的出现做的铺垫。

宣王晚期，形势一塌糊涂，还出现了匪夷所思的异象，《竹书纪年》称先是有马变成人（"有马化为人"），不知道这个"马人"会被人如何对待；没过多久，又有马化身为狐狸（"有马化为狐"）。看来天帝为了吓唬或者示警宣王，对马施行了强大的转基因工程。

自从马跨物种变化后，宣王的国政开始崩盘，斥巨资制造的大规模杀伤性武器"戎车"（巨型战车）也不管用了，军事行动接二连三遭到溃败。其实主要还是因为连年征战，钱都烧光了。

没钱了，武器和军饷都成问题，戎车需要维修，否则就是一堆垃圾。更糟糕的是，接连的败仗导致周军严重减员，宣王就像输急眼的赌徒，为了翻本，不断投入兵马，结果恶性循环，损失越来越大。

宣王为了征兵，不得不"料民于太原"。料民就是清点人头或者说人口普查，有人说宣王意在征收人头税，我以为不是。太原（不是现在的太原，在甘肃境内）是宣王跟姜戎对峙的战场，他怎么会在战事正酣之际临时抱佛脚征税？再说那个穷乡僻壤也没多少油水，其目的应该是紧急征兵。

尹吉甫的朋友，《烝民》的主角仲山甫警告宣王："民不可料也。"因为"天之所恶也"，后果很严重，于朝政不利且祸延子孙（"害于政而妨于后嗣"）。宣王晚年时人口负增长，仲山甫的本意是"料民"即自曝其短，如果诸侯知道百姓减少，那他们就不会尊敬王室（"临政示少，诸侯避之"）。但仲山甫非要上升到"天之所恶也"的形而上学高度，但又没给理由。

"料民"作为一种行政措施无所谓善恶，动机才有善恶。《圣经》里也有两位大佬料民，一个是摩西，一个是大卫。摩西计算以色列的人数，目的之一是确定有多少男丁可以打仗，是有必要的；大卫清点人数的目的纯属嘚瑟，为了让以色列民知道他多么伟大，他的军队兵多将广，后来在先知的批评教育下，认识到错误，放弃了"料民"。宣王"料民"肯定不是出于嘚瑟，在我看来是有必要的，有用与否是另一回事。

宣王拒绝了仲山甫的意见，坚持料民，《国语·周语上·仲山父谏宣王料民》结尾如是说:"王卒料之,及幽王乃废灭。"一下子把西周的灭亡归咎于宣王料民,结论粗暴之极。

无论是否料民,西周都一样油尽灯枯,如同走向生命尽头的宣王本人,社会上弥漫着一股末世气息。其时,镐京的大街小巷,流传着八字童谣:"檿(yǎn)弧箕服,实亡周国。"檿弧是桑木弓,箕服是箕草制的箭囊,二者同时出现,周朝就要亡国。可怕的是,这两样东西都极为普通,同时出现的概率太高了。

宣王抓狂了,下令严查集市,凡发现有售卖此二物者,格杀勿论。很多小贩因此被杀,杜伯实在看不下去,上奏宣王:从逻辑上来说,只要这两样东西同时出现,那就满足了谣言的条件,杀卖主有什么用呢?

宣王大怒,因为他不知道逻辑是什么意思,以为杜伯在诅咒大周,于是大手一挥,下令斩杀杜伯。这是杜伯的第二种死法,与妃子无关,因此这个版本中的杜伯不必很帅,只要心灵美就可以了,也无碍他白马彤弓射杀宣王。不过在这个版本中,宣王是病死的。

宣王躺在病榻上时,听见宫人来报,在集市发现一对卖弓箭的夫妇。宣王喝了口去晦清瘟汤,慢悠悠地说:抓起来,杀了便是。宫人点头哈腰地说,那对夫妇跑了。

宣王闻言,含在口中的药喷了出来,然后开始吐血,差点儿吐血身亡。他的身体自此每况愈下,苟延残喘三年后死于宫中。

那对夫妇在好心市民的提醒和帮助下逃出城外。他们一直跑到太阳下山,跑得上气不接下气也不敢停歇,实在跑不动了,男人跪在地上，双手撑着路面说，再跑下去咱们就累死了，被抓住也是一死，不如躺平潇洒而死。女人竖起大拇指，倒在湖边的草丛中，大口喘息，二人天不怕地不怕地休息着。

这时，女人听见了婴孩的哭声，她以为听错了，让男人听，男人点着头，表示他也听见了，但是他们觉得非常害怕：哪个正经孩子会大晚上在野外啼哭？这不合逻辑。他们循声而去，借着清亮的月光，发现了芦苇荡中有一只竹篮，竹篮里有个婴孩。那个婴孩长得粉嘟嘟，谁看了都会喜欢，看到他们，居然笑了起来。两口子没有孩子，如获至宝把婴孩抱起来，带着她一起逃亡。

多年后，他们想起那个夜晚，才惊觉她笑得诡异，只是当时匆忙得很，没有细想。不过就算觉察到异样，他们还是会带走她，因为那毕竟是一条活生生的性命，而不是大人物眼里的一个数字。他们一路逃到褒国，租了间房住下来，隐姓埋名。他们给捡来的婴孩取了个名字叫褒姒，意思是褒国女孩。

褒姒作为中国历史上最著名的三个妖精之一，史家对她的兴趣异乎寻常，研究成果喜人，《国语·郑语》里的史伯（即伯阳父）对褒姒的前世今生如数家珍。自称不喜怪力乱神的司马迁像发现宝藏一样，从中大段摘录。伯阳父是宣王、幽王两朝的史官，司马迁想必认为同行的话比较权威。

妺喜和妲己就像两个相隔五百年的双胞胎，不仅喜好几乎一模一样，身世也都语焉不详，但褒姒很不同凡响，不仅有出生经过，甚至还有前世，伯阳父在宣王弟弟（一说儿子）郑桓公面前的长篇大论，堪称"妖精简史"。

接下来我们的第一个问题是：褒姒是谁生的？史伯答曰："（宣）王之小妾生女而非王子也，惧而弃之。此人也，收以奔褒。"宣王的小妾生了一个女孩，但不是宣王的，小妾心中害怕，就将女婴丢弃在湖边，被那对夫妇捡到了，投奔褒国。完美的回答。

下一个问题比较八卦：那个小妾的胆子怎么那么大，竟敢让宣王戴绿帽？史伯答曰："府之童妾未既龀（chèn，换牙）而遭之，既笄而孕，当宣王时而生。不夫而育，故惧而弃之。"原来小妾就是在王宫里出生的，还没有换牙的时候，碰到什么东西，导致在十五岁的既笄之年怀孕生女。她并没有绿宣王，而是某个邪门玩意儿让她"不夫而育"。

那么那个邪门玩意到底是什么呢？这就说来话长了。很久很久以前，夏朝没落的时候，褒国的主神化身为两条龙，莫名其妙地出现在夏王宫中。当时的夏王疑似孔甲，问二龙大驾光临有何指教。哪知道二龙死活就是不开口。孔甲于是请巫师占卜如何处置这两条不请自来的龙。巫师说杀也不是、放也不是、留也不是，都不吉利（"夏后卜杀之与去之与止之，莫吉"）。孔甲怒了，问是不是杀了他这个夏王才吉利。巫师赶紧道歉，再占卜的结果是放走二龙，留下它们的唾液就没事了。孔甲认为比较合逻辑，便照做了，将龙涎收藏在一个盒子里，再将盒子放进柜子，每年都抬着柜子去郊外祭祀。

商朝取代夏朝后，将这只柜子也接收了，但一直没有打开过。周朝也继承了这个神秘的柜子，周厉王末期，穷得发慌的厉

208

王可能以为柜子里藏了啥宝物，就打开柜子，又打开盒子，就像打开潘多拉魔盒。龙涎流了出来，并且流得到处都是，因为年深月久，颜色发黑，且散发着臭鲍鱼的味道。黑色的龙涎不仅擦不掉，还越来越多。厉王害怕极了，在那种关头，他居然想出了一个偏方：让宫中所有女子褪去下衣，在庭院里扭秧歌，并大呼小叫。黑色的龙涎于是比厉王还要害怕，化身为一只黑色的蜥蜴，慌不择路地逃跑，碰到了一个女童。女童当时吓了一跳，见身体没有什么挠伤痕迹，也便不在意。女童长大已到周宣王时，哪知道到十五岁时身体出现孕相，并生下一个女婴，就是褒姒。褒姒既然来自龙涎，那么她就是小龙女。史伯讲解时，抽空发出感叹："天之生此久矣，其为毒也大矣。"

　　来历颇久的褒姒来到人世后，在褒国茁壮成长，像花儿一样绽放，并且成为褒国的国花，艳名远播。这样的大美女普通人自然无福消受，褒国的太子褒洪德将褒姒收入宫中。那时洪德以为他是世界上最幸福的人，从此将和褒姒过着童话般的美好生活。

十　周幽王：才下眉头，却触霉头

　　天有不测之风云，就在褒太子生活如蜜的时候，一颗黄连掉了进来。在镐京出差的褒国国君褒姁（xǔ）因为某种原因得罪了幽王，被捕入狱。冯梦龙认为褒姁是因为指责幽王罢免贤臣而获罪，我觉得不可能。诸侯想的都是各自安好，怎么可能没事惹周王生气？褒姒被抓一定别的原因，但我不知道是什么。我不是史官，没编故事的权力和便利。

褒姁急忙派人回国跟洪德商量营救方案。方案简单明了：送财宝和美人，这个招数成汤和姬发都干过，效果立竿见影。洪德为了救父亲，不得不送出自己的心上人褒姒。有可能褒姒的美名声闻于镐京，连幽王都知道了，洪德只能送出她，否则他完全可以送出别的褒国美女。

屈原发问："周幽谁诛？焉得夫褒姒？"（《天问》）意思是周幽王要杀谁，是怎样得到褒姒的？屈原似乎暗示了幽王就是为了得到褒姒，才将褒姁抓起来，扬言要杀了他。这个猜测或许是合理的，也是洪德别无选择的原因。洪德送褒姒离开时，彼此的心里在滴血，他们知道，此一别便是永诀。褒姒的车子西行而去，在洪德泪眼模糊的目送中渐行渐远。

不出所料，幽王一见到褒姒就两眼放光，眉头上都挂着笑意，当场宣布将罪大恶极的褒姁无罪释放。根据《竹书纪年》，幽王是在登基的第三年纳褒姒入宫："三年，王嬖（bì）褒姒。"《史记·周本纪》的说法与此相同。

史伯跟郑桓公讲解"妖精简史"时，西周尚未灭亡，幽王和褒姒还都活蹦乱跳，这是最令人惊异的地方。史书中所有对亡国的"预测"几乎都是事后诸葛亮式的总结，史伯是个例外，简直像个先知。他的叙事能力也很强，条理很清晰，但他犯了个致命的错误。

史伯滔滔不绝地上课时，他所说的话中空间、逻辑都成立，却忽略了时间。我们不用追溯厉王末年是哪一年，有一点很清楚，褒姒生于宣王去世前三年，到幽王三年，她不会超过七岁，为什么褒国的太子和幽王都会爱上这个稚童？好吧，就算他们都变态，但褒姒嫁给幽王的第二年就生子，八岁的女童能做到吗？史伯什么都好，就是算术不大好。可能他上课时喝醉了，没考虑到这种小问题，满嘴跑火车的人一般不会注意唾沫的走向。

史伯其实完全可以让褒姒的出生提前十年，那么彼时褒姒正是十七八岁的好年华。这又带来另一个问题：谶语"檿弧箕服，实亡周国"那时还没理由出现，这同样是个时间问题。史伯讲课时并没有喝醉，在二律背反的情况下，他必须选取一个时间点，然而无论怎么选都是错的。郑桓公应该也是个数盲，对史伯没有任何质疑，诚心诚意地让史伯为郑国的未来发展出谋划策。

好吧，什么都不说了，让我们装糊涂假设褒姒在适龄之际嫁给了幽王，并且生下儿子伯服。幽王已经有了王后及太子宜臼，褒姒母子取而代之的难度系数极高。王后是申侯的女儿，申侯是谁？他父亲是宣王的舅舅，就是被尹吉甫夸得像嵩山一样高大的男子申伯。

尽管幽王手心手背都是褒姒，但他仍然不敢废后另立太子。幽王岳父的申国很强大，还有两个天不怕地不怕的夷族朋友，把他惹恼了，日子不好过。幽王不敢废后，但可以跟王后打冷战，让她每夜孤枕难眠，而他和褒姒双宿双飞。褒姒理解幽王的难处，也就没有继续催逼，没想到的是，太子竟然助攻褒姒。

王后自然不爽，但又不知道该怎么办，于是更加不爽，成天唉声叹气。宜臼是个孝子，决定替母亲出气。他带着几个手下闯入褒姒的琼台，粗暴地将花园里花卉尽数毁去。褒姒试图阻止，还被宜臼揪住头发，打了一顿。宜臼得意扬扬地离去时，没想到他的太子大位也被自己亲手打掉了。

看到褒姒头发凌乱、嘴角带血哭诉时，幽王没法不处理宜臼，便将他发配到申国，接受外公申侯的批评教育。幽王不知道，他的这个决定意味着什么，被送到申国的宜臼将成为一颗地雷，一旦引爆，可以埋葬整个西周。宜臼也不知道，他再也回不来了。申侯看到外孙时，忧喜参半：忧的是女儿的后位；喜的是，太子在自己手中，奇货可居。

太子被逐，王后与褒姒的矛盾越来越深，她跟儿子宜臼一样，都不善于处理矛盾，盾拿不稳，却让矛刺得遍体鳞伤。她跟褒姒的关系僵也就罢了，与幽王的关系也越来越差。在权斗圈子里混的大臣们势利的目光如炬，看清了褒姒母子才是他们的未来，于是纷纷在朝堂上"忠心耿耿"地说出幽王想说而不便说的话：废后立新太子。

废后派里有个顶级权臣是太师尹球，尹吉甫的儿子。尹吉甫形象正面，尹球在《诗经》里却是个彻头彻尾的反面教材。《诗经·小雅·节南山》用长达六十四句的篇幅对其进行抨击，甚至预祝他早日被剪除，百姓将举酒相贺，足见尹球在时人心目中是个罪大恶极的混球。

有了尹太师的支持，褒姒顺利成为新王后，伯服成为新太子。褒姒一切都顺心顺意，可脸上却没有笑意。事实上，自她进宫以来，幽王就没见她笑过。一开始，幽王倒也不太在意，觉得比起其他妃子的媚笑取宠，褒姒反倒别具一格。时间久了，幽王感到不是滋味了，怀疑这个美人是不是面瘫。幽王便时常留意，有时发现她安静地坐在窗前，望着东方，手指捻着发梢，嘴角带着浅浅的笑意。一听到动静，她的笑容就像受惊的鸟儿飞走了，脸上又是井水一般的宁静。

幽王太喜欢褒姒的笑容了，于是他在宫中悬赏能让王后娘娘展颜一笑者，尽管赏金丰厚，还是无人领取。有个宫女可能是个历史爱好者，当着褒姒的面撕扯丝绸（"裂缯"），结果挨了一大耳刮子，被打得面瘫。

据说愚蠢的幽王终于想出了一个聪明的办法逗笑了褒姒，这便是著名的"烽火戏诸侯"，褒姒在诸侯的凌乱中哈哈大笑，幽王在褒姒的笑声中身子轻得如烟，快飘起来。这是幽王和褒姒最大的罪状，但我不想复述这个桥段，因为这是假的。倘若西周真的因此亡国，史伯在预言周朝三年内亡国时，怎会不提？

钱穆先生论证过，烽火台直到秦汉之交才有，幽王根本不知道啥叫烽火台，褒姒如果看见钱先生的文章倒真的会哈哈大笑。清华简上的记载印证了钱先生的推断，西周时没有烽火台，但是有烽火，是幽王挑起的。幽王主动向申侯发动进攻，申侯联络盟友击败周军，后来戎人杀进镐京，西周亡。

清华简的说法与史伯的推演几乎如出一辙。史伯称幽王"欲杀太子以成伯服"（且不管这个假设是否成立），幽王将攻打申国，并将被申、吕、缯和西戎四国击溃。史伯的预测准确得可怕，如果并非后人附会，那么他就是周朝的神人。

史伯没有预测幽王的下场。幽王带着褒姒和伯服逃到骊山脚下，还是被戎人追上了。幽王力战而死，这个不体面的周王死得倒是体面。他还是未能护得母子周全，伯服被杀，褒姒被戎人掳走，从此下落不明，不知道洪德听说后会不会去找她。

从褒姒的前世今生来看，她是个十足的妖精，但她进宫后没显示出任何超自然能力，小说家冯梦龙在《东周列国志》里一口一个"妖女"地叫着，但也没写出褒姒妖在何处。西周的猝亡确实跟褒姒多少有些关系，但把所有责任推给她，幽王地下有知都不会同意。书生们在抨击毫无话语权的"妖精们"时显得勇敢无畏且才华横溢，其实不过是一群精致的利己主义者，若给他们荣华富贵的机会，他们不会做得比尹球更好。顺便提一下，尹球这个混球在戎人攻入镐京时，像个勇士一样无畏地死去，这点有几个"正义"的书生做得到？

第九章　东周的奇人怪事

一　碧血丹心与松乔之寿

幽王死后，昔日的废太子宜臼在外公的扶持下，一路踉踉跄跄登上王位，这便是周平王。他将都城从镐京迁往洛阳，东周正式开张。

东周再也没有西周当初的壮怀激烈，历代周王几乎都是平庸之辈，倒是几大诸侯国风生水起。平王之后，东周毫无起色，到了第十一代的灵王姬泄心，诸侯都懒得入朝觐见。

灵王跟夏桀和商纣一样，也是个大帅哥，他脸上最有特色的八字胡，居然出生时就有了，这成了朝野上下乃至各国的谈资。灵王因为胡子才闻名遐迩，因此有个别号"髭王"。堂堂周王竟靠胡子蹭热度，不亦悲乎？灵王不以为忤，甚至有点儿小得意，帝尧有八采眉，他有八字胡，为什么不利用自己的胡子振兴颓废的周朝呢？

灵王的小心思是这样的：诸侯既然不肯来朝见，那我让你们来看我著名的胡子，不收门票，满足你们这些势利眼的好奇心，总行了吧？为了有个气派的场所接见诸侯，灵王斥巨资花了十多年的时间兴建了一座宏伟的章华台。哪知道，仍然没有一个诸侯愿意来京都拜见。灵王落寞地坐在章华台高大的王座上，王座越高大，灵王就越尴尬，尬得恨不得剪掉八字胡。屈原都替他难过："顾章华兮太息。"（《伤时》）

大夫苌弘曾跟灵王说过他能用法术让诸侯来朝，灵王觉得这么做有点儿下作——有点儿像扎小人，有失周王体面。可是在花了这么大代价之后，诸侯还是不肯来光顾，灵王心态崩了，也就顾不得体面，还是实惠更重要——如果诸侯不拿周王当干部，那周王就真的不是干部，意味着周朝又要亡了，可是史官们还没把妖精准备好就亡国了，那实在太不好意思了。成大事者不拘小节，灵王也就顾不得什么体面了，宣苌弘进宫商讨大事。

苌弘来自神秘的蜀国，精通阴阳术数，有法术神通。灵王羞答答地开门见山问他有什么法术能让诸侯来朝，苌弘胸有成竹地回答他的法术师承姜太公。灵王一听就来神了，姜大神的法术肯定包治百病，便让苌弘给他讲解一下法术流程。

苌弘说当年武王在孟津大会诸侯时，只有丁侯没来。周王都没注意到丁侯是否缺席，因为来的诸侯太多了，号称有八百多。但心细如发且眼里揉不得沙子的姜太公捏着手指和脚趾数算一番后，发现小小的丁侯竟敢不听从正义的呼唤，于是很生气，后果很严重。姜太公让人画了丁侯的像，再令人朝画像上射箭。丁侯被射病了，浑身都疼，问卜巫师，被告知作法的人在岐周。姜太公让人每天拔一箭，丁侯的病就轻一些，最后箭去病去。丁侯后来参加伐纣了吗？"牧誓八国"里压根就没有丁国，姜太公一通操作猛如虎，但只是秀一番操作而已，丁侯病愈后又是一条好汉。

灵王委婉地请苌弘秀一秀神通，让他开开眼。苌弘知道灵王还信不过自己，便主动将法术的难度系数提高到十分级别：召唤两位神人来表演法术。

灵王很重视神人降临的盛典，令人把章华台装饰得像圣诞树，又请朝臣和后宫嫔妃一起来见证奇迹时刻。

苌弘一身黑袍站在庭中，举手朝天，念念有词，不一会众人就看见两朵云像飞碟一样自天而降，两个须发皆黄的人身着洁白的羽衣从云里走出来。从他们的架势和气场来看，很像是来自化人的星球。

一个神人说，天太热了，又没有空调，他下点儿雪给大家降降温。于是"引气一喷，则云起雪飞"（《拾遗记》），宫中的池井都结冰了。殿内诸人都冻得流鼻涕，尴尬的是，鼻涕结成冰柱，难受又难看。灵王赶紧差人从府库中取来狐裘和棉被，众人穿着裘、裹着被，仍冻得瑟瑟发抖。

另一个神人见众人快要失温而死，马上表演升温。只见他在席上弹了弹，于是热风从四面八方吹进来，众人忙不迭地扔掉保暖物件，恨不得把身上的衣服都脱掉，鼻子下方的冰柱化成水，搞得全身狼藉一片。

两位"化人"在众人惊愕、敬畏的目光中踏云而去，挥手和苌弘道拜拜。苌弘作为神人的朋友立刻成为殿内的焦点，人们纷纷涌上前请他在自己衣服上签名。灵王手捻八字须，满眼含笑，从座位上站起来热烈地鼓掌。他抬头望向外面空荡荡的庭院，仿佛看见那里跪满了诸侯。

见证奇迹的第二天，灵王就迫不及待请苌弘作法。作法现场看起来并不阴森，甚至有点儿喜感。苌弘依旧黑袍加身，指挥人在后花园里竖起很多红色的靶子，靶子上写着诸侯的名字，然后令人朝靶子上射箭，这便是《史记·封禅书》中所谓"设射狸首"。"狸首"并非狐狸或是任何动物的首级，而是指箭靶。日本学者泷川资言在《史记会注考证》中指出"狸读为埋，不来反"，意为狸是"不来"二字的合音，也即箭靶上被诅咒的人。

苌弘作法之后，灵王便等着身体各种不适（取决于哪个部位中箭）的诸侯们前来洛阳求饶（"依物怪欲以致诸侯。"《史记·封禅书》），可是左等右等，等得花儿都谢了，仍然没有一个诸侯来求见。灵王失望，苌弘则感到深深的恐惧，不知道哪个环节出了问题。

苌弘羞愧难当，不敢见灵王。灵王却对他仍然信任有加，毕竟那两个差点儿把人冻死、热死的神人货真价实，因此苌弘的神通也货真价实，尽管没到心想事成的级别，实在不行，把那些讨厌的诸侯热得或冻得半死也解恨。

世上没有不透风的墙，诸侯们得知灵王和苌弘的龌龊行径后，气得不行，呼吁周王诛杀苌弘道歉，但灵王就是不答应。大诸侯晋平公见灵王不配合，决定自己动手除掉苌弘。他手下谋臣叔向使用离间计，成功让灵王上当，将苌弘车裂而死。《韩非子·内储说下》：“叔向之谗苌弘也……周以苌弘为卖周也，乃诛苌弘而杀之。”《史记·封禅书》“而晋人执杀苌弘”的说法，并不准确。

苌弘到底为什么失败呢？《淮南子·氾论训》说苌弘有通天彻地的神通，“然而不能自知，车裂而死”，这个看法很有意思也很深刻，人类的很多悲剧都是“不能自知”引起的，再有本事的人都有局限，看不见局限，局限就可能成为吞噬自己的陷阱。

《庄子·外物篇》不认为苌弘死于车裂：“苌弘死于蜀，藏其血，三年而化为碧。”这便是正能量成语“碧血丹心”的来历，可能除了灵王，没有任何一个诸侯承认这个成语的正面意义。庄子说得有些语焉不详，唐代道士成玄英的注疏称：“苌弘遭谮，被放归蜀，自恨忠而遭谮，遂刳肠而死。蜀人感之，以匮盛血，三年而化为碧玉。”苌弘性情刚烈，被灵王遣送回蜀后，心中意难平，竟然挖出肠子自戕，不知道日本人的剖腹自杀是不是来源于此。蜀人觉得苌弘死得可怜又壮烈，就将他的血收在匣子中，三年后，血化碧玉。

苌弘往矣，但关于他的传说却方兴未艾。《史记·封禅书》“周人之言方怪者自苌弘”的说法颇为奇怪，周人的怪力乱神怎么会始于苌弘？文王的祥瑞、太公望的愿者上钩还不“怪”吗？事实上，自三皇五帝以来，尽是古怪，苌弘只是其中一个怪。

失去苌弘后，灵王将希望寄托在太子姬晋身上。姬晋这个名字很多人未必知道，仙人王子乔的知名度很高，子乔是姬晋的字。因为姬晋是王子，后人简称其为王子乔，他也因此成为后世王姓的先人。

姬晋天资聪颖，性情温良，博学多才，擅长吹笙，乐声美妙得如同凤凰鸣叫。灵王虽然不受诸侯待见，但姬晋在诸国的声望极高。晋平公对他很忌惮，担心他将来即位后会报复晋国逼死苌弘之仇，便派盲乐官师旷以切磋音乐的名义前往洛阳一探究竟。姬晋的学识与见识让师旷极为钦佩，两人相谈甚欢，结束时，各鼓瑟唱了一支歌献给对方。

师旷回国述职告诉晋平公，尽管太子非常聪慧，但不需要担心，因为他的声音里带着痰喘，肯定患有痨病，不出三年将离开人世。

三年后（就是这么精确）姬晋果然死了："年十七，偶游伊洛，归而死。"（《东周列国志》）出去游玩一趟，回来就死了，年仅十七岁，灵王痛不欲生。高人告诉他，太子没有死，只是离开人世成仙了。灵王让人挖开太子墓，果然棺材是空的。灵王临终前，梦见太子坐在鹤背上吹着笙，灵王含笑道："儿来迎我，我当去矣。"姬晋的弟弟姬贵即位，是为周景王。

姬晋离开人世三十年后，让人给周景王带口信，七月七于缑氏山相见。那一天，姬晋如期出现在缑氏山的上空，骑在白鹤上，浮在白云上，唱着歌，然而周景王余生再未见到仙人哥哥。不知道为什么神话会把王子乔跟上古的仙人赤松子这两个八竿子打不着的人连在一起，比量子纠缠还不可思议，将他们并称为"松乔之寿"，代言长寿。民间有个歇后语叫：赤松子遇王子乔——各有千秋。屈原显然对王子乔的传说耳熟能详并且深信不疑，他在

《远游》里表达了想去找王子乔游玩的心愿："轩辕不可攀援兮，吾将从王乔而娱戏。"

据说崔文子曾师从王子乔学仙术，王老师对他进行了一番测试，以确认其资质是否合适修仙。王老师化身为一道云气缭绕的白虹出现在厅堂，给崔文子送仙药。崔文了吓得抽风，操戈疯狂击打白虹，药掉在地上，随后又听到"砰"的一声闷响，赫然竟是王老师的尸体。崔文子更害怕了，不知道如何处理尸体，只得拿个破箩筐倒扣在尸体上，捂着眼睛表示自己啥都没看见。可他耳朵里却听见箩筐里面传来尖锐的鸟鸣，崔文子哆哆嗦嗦地用脚拨开箩筐，大鸟飞起消失不见。屈原对这事门儿清，《天问》有八句都与此有关，还问王子乔死了怎么会变成鸣叫的大鸟，他是怎样丧失了本来的躯体？（"大鸟何鸣，夫焉丧厥体？"）王老师是仙人，想变什么都不在话下，愿意的话甚至可以变成屈原的克隆人。崔文子未能通过王老师的测试，但是仙药给了崔文子莫大的启示，让他成为一个神医。《列仙传》云："文子世好黄老事，居潜山下，后作赤丸散，卖药都市，所活者万记。"天上少一个不着四六的仙人无所谓，地上多一个神医功莫大焉。

关于王子乔之死还有另一种说法，《左传·昭公二十一年》称是灵王杀了姬晋（"灵王杀隐大子"），为的是让齐国嫁来的姜氏的儿子姬贵取而代之，所谓王子乔成仙云云，只是灵王给国人打马虎眼。我情愿相信王子乔成仙了，神话有时只是残酷历史的遮羞布，没有那层布，儿童不宜的事太多了，令人不忍直视。

二　师旷的眼睛是雪亮的

晋平公时代，盲人乐官师旷是晋国的超级名人。王子乔的音乐造诣固然非同凡响，但仍然无法跟师旷相比。师旷被尊为乐圣，相当于晋国的贝多芬，王子乔是洛阳莫扎特。

关于师旷目盲的原因，大概有三种说法：第一种是师旷天生酷爱音乐，师从高扬学琴时，总觉得无法超越老师，反省之后，师旷悟出是心灵的窗户让他心有旁骛，妨碍他全身心投入音乐事业，于是用绣花针刺瞎双眼，苦练之后终于超越师傅，成为东方不败；第二种说法是对第一种的修正，师旷怕疼，不是用绣花针刺瞎双眼，而是用艾草渐渐熏瞎双眼；第三种说法毫无创意，师旷天生目盲。三种说法里，我倾向于第二种。师旷不像是个自虐狂，不太可能采取自刺双眼的极端血腥手段；如果天生目盲，他没有机会看见大千世界，也就不可能用音乐抒发情怀——与大自然无关的情怀都是假的，就像一个天生没有味觉的人不可能成为大厨一样。让我们采信第二种说法吧：在艾草的青烟与清香中，师旷缓缓地关上心灵的窗户，听见了辽阔、澎湃的内心世界，一举成为晋国贝多芬。

事实上，贝多芬分辨音调的能力肯定远逊师旷，因为师旷可以听出八方风声音调的差别，当然他还是有局限的，十里之外的声音听不见，也就是说他并非顺风耳。（"师旷之聪，合八风之调，而不能听十里之外。"《淮南子·原道篇》）奇怪的是，到宋元之交，师旷突然变成顺风耳的代言人，比如《武王伐纣平话》："此二人，名离娄者是千里眼，名师旷者是顺风耳。"离娄是千里眼没问题，《孟子·离娄》的第一句就是"离娄之明"，他在百步之外就可以看见鸟兽身上秋天新生的绒毛末梢，所谓"能视于百步之外，见秋毫之末"。最离谱的是，春秋时代的师旷怎么穿越到了五百年前的商朝末年？不带这么忽悠人的。因为话本小说的巨大影响力，师旷和离娄都被纳入道教的神仙体系，从此在道观门口蹲到地老天荒。

师旷琴声的魅力也不是贝多芬能比的，虽然他弹的不是钢琴。他的琴声不仅让人神魂颠倒，连天上的玉羊、白鹤听了都走神，纷纷掉到地上来，不知道这些可爱的动物有没有摔伤。他的琴声为何美妙如弦乐，因为"师旷鼓琴，通于神明"（《瑞应图》，引自《广博物志》卷三）。

有一次，晋平公请师旷在宫廷的花园中弹琴。琴声甫响，只见十六只黑色的仙鹤自天而降，每只鹤的嘴里都含着一颗明珠。鹤们排成两列，在琴声中翩翩起舞。晋平公看得眼珠子都快掉出来，心想灵王和诸侯们听到师旷的琴声，是否也会像鹤们这样乖巧？有一只鹤可能是临时工，舞着舞着，嘴里的珠子掉了出来。珠子很贵重，如果弄丢了，转正就没戏了。那只鹤很紧张，急忙停止舞步，低下细长的脖子，一丝不苟地在草丛里找起来。"临时鹤"没有注意到，因为他的离队，另外十五只鹤被整不会了，舞步凌乱得像醉鬼的脚步。想着王图霸业的晋平公被这一幕逗得哈哈直乐，考虑到君王的威严，急忙捂住嘴。师旷在这个过程中丝毫不受影响，只是用眼白瞟了瞟笑得不检点的晋平公。"临时鹤"终于在草丛里找到珠子后，紧紧地含在嘴里，然后若无其事回归舞队，舞队瞬间回归正常。晋平公实在忍不住了，索性拊掌大笑。（"有玄鹤二八，下衔明珠舞于庭。以鹤失珠，觅得而走，师旷掩口而笑。"《玉符瑞图》。掩口而笑的应该是晋平公，非师旷——笔者注）师旷弹完最后一个音符，右手悬在半空，左手捂着嘴掩饰笑容，因为憋得太辛苦，身体抖得厉害，失去平衡摔倒在地。君臣的爆笑把鹤们吓得振翅而飞。

师旷的琴曲之所以搞得天上的仙鹤都失去方寸，是因为他可以用乐声表现自然的呼吸，呈现飞鸟的姿态和鸣叫，所以他绝非先天盲人。他在音乐上一通百通，南北方的民歌他一听就会，对旋律的把握极其精确，《淮南子·氾论训》感叹："譬犹师旷之施瑟柱也，所推移上下者，无尺寸之度，而靡不中音。"

在上古时代，音乐绝不仅仅是音乐，娱乐性其实是次要的，它与祭祀、军国大事都联系在一起，这就导致乐师必然参政议政，师旷尤其如此，因为他不仅音乐造诣"通于神明"，而且满腹经纶、能言善辩。晋国的乐官多的是，只有师旷深得晋平公的赏识，得以参与内政、外交和军事等国家重要事务，故谓"师旷虽隐于乐官，而实参国政"。事实上，师旷后来官至相国（太宰），对国政的影响举足轻重，不需要"隐于乐官"，可以正大光明地站在朝堂上指点江山。

参不了国政的屈原是师旷的粉丝，他在《离世》中手动点赞："立师旷端词兮，命咎繇使并听。"意思是如果有什么不明白的就让师旷来辨是非，还"命"咎繇来旁听。咎繇即皋陶，大禹的哥们兼同事，夏朝的首席大法官，可屈原居然让他听师旷讲课，伤害不大，但侮辱性极强。皋陶地下有知，一定会放宠物獬豸去顶厚今薄古的屈原。

师旷在军政上的造诣一如音乐上的神通，《左传·襄公十八年》记载了师旷在军事上的听风能力。晋、齐开战，师旷听到乌鸦的叫声听起来很快乐，于是猜测齐军偷偷撤了："乌鸟之声乐，齐师遁乎？"齐师果然遁了，但我不明白其中的逻辑关系，或许我也该用艾草熏眼才看得清。当楚国进攻晋国盟友郑国时，晋平公问师旷战局走向，师旷胸有成竹地说他多次唱北方和南方的歌，发现南方的音乐死气沉沉，所以楚军必败。（"吾骤歌北风，又歌南风，南风不竞，多死声，楚必无功。"）这个判断比乌鸦欢唱还要不可思议，既然楚乐一副死相，岂非永远"无功"？除非师旷把楚乐给"唱死"了。事实上，楚国给晋国带来极大的麻烦，这两个冤家拼得你死我活，谁都没办法置对方于死地。

晋平公对师旷的音乐很熟悉，晚年时产生了审美疲劳，想听听新曲风"清角"。师旷批评清角是靡靡之音，甚至是亡国之音。晋平公执意要听，破罐子破摔说他已经老了，无所谓了，就是想听一回清角。师旷拗不过只得演奏起来。

乐声刚起，只见西北的天空红云涌动，接着狂风骤起、大雨倾盆，帐幔被掀翻，里面的桌案腾空而起，器具碎了一地，廊上的瓦片也像树叶一样被吹飞。大臣们吓得四散而逃，师旷仍旁若无人地弹奏，问匍匐在角落的晋平公还要不要继续。晋平公已经吓得失声，有气无力地摇着手，看上去像是在投降。自此以后，晋平公身体一天不如一天，三年后病亡。

后世对师旷极为推崇，把什么厉害玩意儿都算到他头上。王嘉在《拾遗记》中称师旷撰写兵书万篇、《宝符》百篇，王嘉肯定是个数盲，就算兵书每篇只有一百字，万篇就是一百万字。师旷当然可以口述，让别人刻竹简，可一百万字的竹简是个什么体量？就算师旷是个著作远远超过身高、令人望而兴叹的军事家好了。除了著名音乐家、政治家、军事家的头衔，他还是外交家和通神的阴阳家。

我们都记得师旷曾出使洛阳，与王子乔就音乐、政治和外交进行了深入且友好的交流。双方惺惺相惜，临别时王子乔赠送师旷一辆"豪车"以示敬意。师旷作揖拜谢，欲言又止，转身就上了车。

《周书·太子晋篇》记录了他们的最后一次谈话。王子乔问道：大师耍我吗？我知道您知人寿命长短，何不告知在下寿命？（"太师，汝何戏我乎？吾闻汝知人年之长短，告吾？"）师旷便直言他寿命不长："汝声清汗，汝色赤白，火色不寿。"师旷能听出声音的异样不稀奇，居然还"听出"王子乔面色赤白，他的眼睛确实是雪亮的。

据说师旷的祖先可以追溯到远古的伏羲，这似乎暗示了八卦是师氏一门的祖传技艺，并货与帝王家。师旷有个先人叫师永，名气不大，但他有个学生是历史上的超级名人——周文王姬昌。如果没有师永，姬昌的学术成就可能就少了《周易》，那他也就没什么学术成就了。师旷还有个长辈叫师襄，在鲁国任乐官，也没什么名气，但他有个学生名气比周文王还大，叫孔子。孔子晚年喜好《易经》，把编竹简的牛皮带都翻断了三次，所谓"韦编三绝"。师襄正是孔子的音乐兼《易经》指导老师，没有师襄，孔子未必对《易经》看得那么带劲。

师旷不仅琴技超凡入圣，连战场胜负、寿命长短都断得出来，这种"特异功能"自然同样"通于神明"。伏羲"始画八卦，以通神明之德"，师旷果然有家学渊源。

三　既怪且神的孔圣人

孔子的时代比师旷略晚些，他们的生平肯定有交集，就算没见过面，想必二人通过师襄都听说过彼此。孔子在后世的知名度远超师旷，但在当时，师旷的名声在孔子之上，因为晋国是超级大国，远非弱小的鲁国可比。

孔子的父亲叫孔纥，字梁，排行第三，所以又叫叔梁纥。孔纥身高十尺，正好一丈，是个标准的"丈夫"，力大无穷。有一次在战场上他秀了一把神力，用双臂托举城门，救了不少被困城内的鲁国将士，凭此军功在鲁国当上大夫，此后再无建树。因为孔氏是从宋国流亡而来，在鲁国没有根基，到孔纥晚年时，家境越来越不景气，但他个人倒是老树开新花，有一颜氏妙龄女子为他生下儿子。《史记·孔子世家》说："纥与颜氏女野合而生孔子，祷于尼丘得孔子。""野合"便是野外媾合的意思，这个说法的怪异之处在于这一场景被人窥见了吗？应该不会，以孔纥的身手，目击者没有机会站着离开现场。更有可能的是，孔纥在酒友们面前瞎嘚瑟，这个武夫可没想到自己的儿子将来是个圣人，但说出去的话如同泼出去的水，收不回来了。

后世的儒生们为了让"野合"不那么野蛮、生猛，使出了浑身解数，《史记索隐》和《史记正义》声称孔纥于年迈之际娶了少女不合礼仪，故谓"野合"。这是明目张胆的忽悠，古代的老夫少妻实在太多了，都是"野合"吗？上古的那些大人物不少其实都是野合的产物，只不过加上了"火链"的美化特效。《史记·孔子世家》的那两句顺序调一下似乎更合理："纥与颜氏女祷于尼丘，野合而生孔子。"祷告之后而得子，这便是"感孕"了，一下子让野合高大上起来，并且富有神话色彩。孔子的学生们声称老师"不语怪、力、乱、神"，但孔子本人既怪且神。

孔子没当过帝王，又特别有本事，所以他不可能是帅哥，可参看皋陶、伊尹和师旷。孔子头顶凹陷，看上去像他父母"祷于"的尼丘山，父母没什么文化，便给他取名叫孔丘（"生而首上圩顶，故因名曰孔丘"），字仲尼，尼同样来自"尼丘"，仲是排行第二的意思，这说明孔子有个哥哥，但可能早夭了，所以晚年再得子的孔纥才忍不住嘚瑟。

孔子幼年时父母双亡，过着"贫且贱"的生活。古时候，比较宽裕的家庭才有能力把孩子送进学堂，至于书籍更非普通家庭买得起的，因此很难想象孔子如何受教育，尤其是其渊博学问来自何处。

孔子成人后，继承了父亲的高大身材，有说身高十尺，也有说是九尺六寸，人称"长人"，打篮球中锋位置绰绰有余。孔子的脚也特别大，鞋（履）长一尺四寸。孔子有双鞋子不知道怎么被保存了下来，并且成为晋代的武库三宝，另外两宝是刘邦斩白蛇的剑和王莽的大好头颅。可惜武库失火，孔子履、王莽头都被烧为灰烬，刘邦的斩蛇剑化作白光穿墙而去。

　　孔子的竞技能力跟他父亲相比甚至青出于蓝，除了同样可以双手托举城门，甚至能一脚踢翻猛虎，其箭术同样超群，当他表演射箭时，观众像过节一样，把场地围得水泄不通。

　　如此猛人明明可以靠体力吃饭，偏偏其智力水平还高过体力，人跟人之间的差距实在太大了。听到人们赞美他的学问，孔子顾左右而言他，摊开超长的臂展，像是要扣篮似的，谦虚地说他只不过会驾车而已。

　　孔子对名字极为敏感。有一次他长途旅行来到一个叫作"胜母"的地方，尽管孔子累成熊猫眼，还是不肯住宿，因为"胜过母亲"大逆不道；又有一次，孔子途中渴得嗓子冒烟，看到一汪泉水，高兴地趴下来准备喝，却看到泉边立着一个牌子曰"盗泉"。孔子于是愤然起身，坚决不喝"偷来的水"。事后孔子写下了这段著名的说唱词："名不正，则言不顺；言不顺，则事不成；事不成，则礼乐不兴；礼乐不兴，则刑罚不中；刑罚不中，则民无所措手足。故君子名之必可言也，言之必可行也。"

　　孔子是周文王姬昌的迷弟，凡是文王做过的事他都觉得好极了。姬昌体内富含酒精酶，故而千盅不醉。孔子明明不擅饮酒，

可为了靠近偶像，竟然练起酒量，后来也有百杯之量。("文王饮酒千钟，孔子百觚。"《论衡·语增篇》）

孔子爱好极其广泛，除了上面提及的种种，他也是六子棋和围棋的高手。他劝无所事事的年轻人去下棋，用不着成天刷题："饱食终日，无所用心，难矣哉！不有博弈乎？为之，犹贤乎已。"博即六子棋，弈是围棋。

但孔子最爱的并不是棋类游戏，而是音乐，他的音乐老师便是师襄。师襄教孔子一支古曲。一段时间后，师襄觉得孔子弹得挺熟练，就建议他学新曲。孔子说他只是掌握了技巧，作者的志趣还没弄明白。又过了段时间，孔子还在坚持练习，因为他想知道作者是谁。最后，孔子大彻大悟，不仅知道作者是谁，连作者的外貌特征都搞清楚了：皮肤黑、身材颀长、高瞻远瞩，气势如同一统天下，这人分明就是周文王啊！("丘得其为人，黯然而黑，几然而长，眼如望羊，如王四国，非文王其谁能为此也！"《史记·孔子世家》）师襄被惊呆了，起身离座，给孔子拜了再拜：这支曲子正是《文王操》。

孔子失意时，去齐国旅游，有一天正坐在车里，忽听得乐声响起。孔子耳朵都竖起来了，催车夫快马加鞭往乐声来处奔驰。他听出了那是比《文王操》更为古老的《韶乐》，作曲者是帝舜。当年在庆典上，舜的乐官夔演奏时，凤凰都飞下来伴舞，这还不算稀奇，连祖先的亡灵都赶来赴会，现场的气氛不知道是快乐还是阴森（"于是夔行乐，祖考至，群后相让，鸟兽翔舞，《箫韶》九成，凤皇来仪。"《史记·夏本纪》）。孔子听完《韶乐》，一个月都缓不过神，吃肉都觉得没滋味，感叹道：真没想到这神曲让人爽到这种地步！（"子在齐，闻《韶》，三月不知肉味，曰：不图为乐之至于斯也！"《论语·述而》）

孔子毫无疑问是个音乐行家，但他百科全书式的学问更令人吃惊，而且还是特别冷门的学问。在齐国时，孔子顺便帮齐王指认出一只飞进王宫的独足怪鸟，它叫商羊，是水怪，并当场背诵儿歌："天将大雨，商羊鼓舞。"预言齐国洪灾在即，嘱咐齐王做好防洪的准备，不久齐国果然大雨成灾。鲁国权臣家里挖井时，从地下掘出一个怪物，谁都不知道那是什么玩意儿，孔子都没去现场，仅根据口述，就"认出"那是土怪，叫"羵（fén）羊"。吴人在越国找到一根大骨头，孔子一听就知道那是巨人防风氏的骨头，还顺便交代了防风氏的死因。孔子从未见过猩猩，但只用三秒钟就从脑中调出数据库，准确地辨认出来。有一次，孔子和学生子夏郊游，看见一只九尾的怪鸟，毛发凌乱，在风中和目光中愈发凌乱，没有任何人知道那是什么鸟，子夏心里直嘀咕：那不会是南越的爱情鸟吧，因为它看上去像失恋的样子。他幸亏没有说出来，否则可能会被逐出师门。孔子肯定地指出那是鸧（cāng），因为渔夫们爱唱："鸧兮鸹兮，逆毛衰兮，一身九尾长兮。"类似的知识点还有很多，基本上只要有人敢问，孔子就敢答。

然而孔子也有答不出来的时候，而且都是栽在小孩子手上。《列子·汤问》里"两小儿辩日"的故事很有名：一个小孩说早晨的太阳距离地面近，因为那时的太阳看上去显得大；另一个小孩说分明是中午的太阳最近，因为那时最热，人好像被太阳抱在怀里。两个小孩争执不下，看到一旁观战的白胡子孔子，就请他决断。孔子耸耸肩，摊开双手，尴尬地笑了笑。两小儿没心没肺地指着孔子说：不是说你博学吗？孔子背身而去，打定主意要找本天文学科普著作来看看。

辩日的两小儿还只是开胃小菜，流亡途中，经过莒国袁家庄时，某日孔子看到一群小孩在玩游戏玩得不亦乐乎，但有一个小孩抱臂冷视，一脸不屑，看上去像个老成的愤青。

孔子问他为什么不跟其他小朋友一起玩游戏，小孩说一场游戏一场梦，有啥好玩的，还不如回家帮妈妈舂米来得实在。孔子当时如果追问一句，那你站在这里莫非做白日梦吗，干吗不回家劳动去？便没有后来被小孩怼得溃不成军的喜剧了。

这个孩子并没有回家，而是玩起游戏来：用泥土和石头筑城，然后自己坐在城中，俨然城主。孔子坐在车上，临离开前，跟小孩开玩笑道：你的城为什么不避开我的车？小孩龇着虎牙，虎虎生风地回答：自古以来只有车避城，哪有城避车的道理？

孔子被怼得咽了一口唾沫，决定给小娃娃上一课，问道：何山无石？何水无鱼？何门无关？何车无轮？小孩眼都不眨，答道：土山无石；井水无鱼；空门无关；舆车无轮。

孔子接着连珠炮发问：什么牛不生犊？什么马不生驹？什么火没有烟？什么人没有妻子？什么女人没有丈夫？什么日子不足？什么日子有余？什么树不长枝丫？什么城不设集市？

小孩张嘴就来：泥牛不生犊；木马不生驹；萤火无烟；仙人

无妻；玉女无夫；冬日不足；夏日有余；枯树不生枝；空城无市。

孔子对小孩刮目相看，决定问些高大上的问题：天高几许？地厚几许？天有几根梁？地有几根柱？风来自哪里？雨来自哪里？霜在何处出现？露在何处现身？

小孩依旧对答如流：天离地万万九千九百九十九里；地厚与天高相等；天无梁；地无柱；风来自苍梧；雨来自高山；霜出自天上；露出现在叶尖。小孩还挠了挠脑袋，似乎有些不好意思。

孔子从没遇到过这种情况，一直以来都是别人拿他当老师供着，今天在这个娃娃面前，他失去了师者甚至长者的风范，想着接下来再问什么问题。

哪知道他已经失去了提问的机会，小孩不失时机地说：您问了我这么多问题，可不可以也让我问几个问题？

孔子当然不好意思说不，就听小孩问道：鹅鸭为什么可以在水面浮游？鸿鹄为什么鸣叫？松柏为什么四季常青？

这些问题都很怪，但跟怪物又无关，因此不在孔子的数据库中。孔子不由自主地捋捋长须，用新闻发言人的口吻说，这些问题自带节奏，但他愿意给出可能的答案：鹅鸭的足是方的，故能浮游；鸿鹄的脖子是长的，故能鸣叫；松柏的树心坚实，故能常青。

小孩丝毫不给孔子情面，反驳道：乌龟也可以浮游，足却不是方的；蛤蟆也会鸣叫，但脖子短得不能再短；绿竹也四季青翠，但心是空的。

孔子无语了，那时他的心和竹子一样空。后来小孩又问了几个问题，孔子的回答成了翻车现场。最后，孔子不得不拱手道：后生可畏！

这个小孩名叫项橐（tuó），时年七岁，《战国策》首次披露了孔子与项橐的往事，但没有项橐的生平。项橐后来成为神童的代言人，出现在汉代的画像中，并被称为"大后橐"，"后"是对地位极高人的尊称，比如周朝的先人稷就被尊为后稷。项橐年仅十岁便夭折了。《论语·子罕》里说："达巷党人曰：'大哉，孔子！博学而无所成名。'""达巷党人"这个称呼匪夷所思，更特别的是董仲舒认为达巷党人就是项橐"不学而自知也"，难以想象，项橐面对一败涂地的孔子，居然点赞"大哉，孔子"。如果他真这么说了，一定是反话，那个孩子没这么刻薄，是汉儒皮厚。

唐代《孔子项橐相问书》的后半部分启动恶搞模式：被问得发蒙的孔子跟在项橐后面，小孩却突然消失在百尺大树下，孔子更蒙了。孔子从车上取来工具，撅起树根，发现里面有个石屋，屋内有两个孩子在读书。孔子冲进去，丧心病狂地挥刀一顿乱砍，两个孩子在乱刀下血肉横飞，变成石人。孔子还不解恨，把项橐的血混在粪堆里，过段时间，粪堆里居然长出竹子，并疯长到百尺之高，每个竹节还生出全副武装的骑兵。孔子虽然对怪物有研究，但眼前的一切过于怪异。孔子很害怕，从树洞爬出去后，将项橐供在庙里祭祀。

编出这个传说的人，明显是在讽刺儒家，但奇怪的是，这个传说流传极广，甚至传到越南、日本，中国台湾也有首古老的六字儿歌，名字就叫《孔子项橐论歌》。

事实上，这个诡异的传说并未损害孔子分毫，只是多了些茶余饭后的乐子，丰富了人民的文化生活，在唾沫与笑声中，孔子和项橐都永垂不朽。

孔子却乐不起来，满腹经纶却不能治世，实在郁闷得紧。孔子想要有个人可以开导自己，否则会得抑郁症。找谁倾诉呢？孔子思考很长时间，决定去找老子。

四　老子不可道

孔子带着弟子们去拜见老子时，据说已经五十一岁。《庄子·天运》载："孔子行年五十有一而不闻道，乃南之沛，见老聃。"孔子南下沛地（今江苏沛县）去拜访老子。老子其时已经辞去周朝的图书馆馆长（守藏史）职务，看来他并没有待在故乡苦县厉乡（今河南鹿邑县）养老，而是云游到了沛地。司马迁认为老子当时还没有退休，孔子是去周都洛邑拜访的。

孔子在老子面前大谈名教、仁义，结果遭到老子的雷霆暴击，那种感受不是在项橐面前的尴尬可比。项橐毕竟只是个孩子，而老子是老子，他像拆房子一样把孔子苦心经营的礼教大厦拆得只剩下一堆烂木头和破石头，更重要的是，老子根本就没尽全力，只用了简简单单的几句话而已。

老子把仁义比作迷人眼睛的秕糠和叮人的蚊虫，搅得人不得安宁，又说何必以仁义的名义敲锣打鼓，像寻找被拐卖的孩子？

白鹤不洗照样白，乌鸦不染照样黑。接着说了句名言："相濡以沫，不若相忘于江湖。"

孔子无言以对，躬身告辞，出门后背着手像是没看见候在门外的弟子们，一言不发，闷头前行，并且在其后的三天里都没有说话。

弟子子贡胆子大、好奇心重，实在忍不住，举着话筒问：请问您见到老子，有何感想？

孔子把眼耳口鼻都揉了一遍才开口道：鸟会飞翔、鱼会游泳、兽会奔跑，而龙则不可名状，合起来成一体，散开来自成风流，腾云驾雾翱翔于阴阳之间，我还能说什么？古老的东方有一条龙，他的名字叫老子。老子不可道也。

子贡初生牛犊不怕虎，他不相信有人行如龙腾、声如雷鸣、动若天地，欲以老师的名义也去拜访老子。孔子摇摇头又点点头，还是帮子贡预约了与老子会面。

子贡一上来就是兴师问罪的口吻：三皇五帝治理天下各有一套，大大地有名，您认为他们不是圣人？为什么？（"夫三皇五帝之治天下不同，其系声名一也，而先生独以为非圣人，如何哉？"）

老子眼睛都没睁，说三皇五帝乱了人的本性，上遮日月光明，下而辜负山川，中而违背四时运行，儒、墨助纣为虐，还以为自己是圣人，简直可耻！（"莫得安其性命之情者，而犹自以为圣人，不亦可耻乎，其无耻也。"）表达得粗鲁一点儿就是：你们简直是人渣！

子贡吓呆了，觉得老子就是在骂他，顿时无地自容，给老子三鞠躬就仓皇而逃，老子在身后笑道：我还没死，你为什么三鞠躬？子贡无比慌张，又鞠躬两次说：对不起，加两个或者扣两个，您看着办。

孔子和他的得意弟子在老子面前连一个回合都支撑不下去，直接被击倒。看老子与其门徒的对话，他们像是两个维度的人。老子为什么这么牛？因为他生来便是神人，他来人间只是渡个劫。

据说老子是太上老君第十八次转世（谁考证的，站出来），父亲是宋国的兵马总司令（司马），名叫老佐，在与楚国的战役中阵亡。老夫人迫不得已，只得挺着孕肚踏上流亡之路，经过一个村子时，因为一路颠簸，老夫人腹痛难忍，不久就生下一个男婴。这个婴孩出生时，比母亲还要苍老，状若老翁，须发皆白，母亲一气之下便给儿子起名"老子"。

听起来老子像是早产，其实他在母腹中已经滞留七十二年，不老才怪。传说中老子的出生方式还有第二种：他是母亲的腋下生出来的。老子生在一个李树下，一出娘胎就会说话，指着树说，既然出生在李树下，就姓李吧。母亲看着比自己还老成的儿子，只得点头答应。老子为什么又叫"老聃"呢？因为他的耳朵长达七寸，故谓"聃"；也有说因为老子的耳朵没有耳轮，"聃"即"耳漫无轮"之意。他另外还有个别号叫李耳，因为他生于虎年，邻居们亲切地称他"小老虎"，在江淮口音里，老虎的发音是狸儿，音同"李耳"。

老子成年后一直在洛邑管理王室图书，书肯定是看了很多，很像博尔赫斯。上班看书，下班还看书，看累了就拿把扫帚扫扫地，仿佛金庸笔下那位寂寞的扫地僧。朱熹甚至怀疑《道德经》未必是老子所作，或许是他在古籍中看到而传出来的："盖老聃，周之史官，掌国之典籍，三皇五帝之书，故能述古事而倍好之。如五千言，亦或古有是语而老子传之，未可知也。"朱熹之所以用如此轻飘飘的口吻提及老子，是因为他是儒家的拥趸。

老子眼见周朝日益衰微，毫无振兴的希望，而大乱世将无可阻挡地到来，心灰意冷之下，他决定远走西域，在流沙中看大漠孤烟直。腐朽的朝堂像一潭死水，臭不可闻，天才和傻子都在里面追腥逐臭。

老子只带了些生活必需品，就坐在一副薄板车上出发了，拉车的不是马，是青牛。一牛一人，简称"牛人"，西去函谷关。函谷关的守将叫尹喜，是个有道根的人，站在城头远远地看见东方有紫气弥漫，随后就看见"牛人"入关。

尹喜欢喜万分，亲自下城楼迎接老子，好酒好菜招待着。他送什么老子就吃什么，老子不怎么说话，最多说声"谢谢"。尹喜也不着急，心想来日方长，自己像亲儿子侍奉老子一样，老子总得也透露点儿秘籍吧。不料来日一点儿都不长，第二天一大早老子就说要出关了。尹喜急了，强行留客，告诉老子如果不露点儿绝活就别想出关，他和青牛将被永远关在关里。老子见尹喜本性自然流露，反倒高兴，就怕尹喜捂着腮帮子掩饰牙疼，还以"仁义"之名欢送他出关。老子一夜之间写出五千言，分上下集，上集曰"道"，下集曰"德"，合在一起便是《道德经》。（"乃乘

青牛车去，入大秦，过西关，关令尹喜待而迎之。知真人也，乃强使著书，作《道德经》上下二卷。"《列仙传》）

《史记·老子韩非列传》里说老子著作完毕，便"莫知其所终"。《列仙传》补了一笔："（尹喜）后于老子俱游流沙，莫知其所终。"这个补笔有些仓促，如果老子先行一步，神龙见首不见尾，尹喜上哪"后"去？

《蜀本纪》贴心地再补一笔。老子临行前，告诉尹喜先踏踏实实地修道一千天，然后去成都德青羊肆去找他，不见不散。据说二人"约会"的地点，即现在的青羊观。

司马迁不忍老子不知所终，后面又补充了几句：老子大概活了一百六十岁或者两百岁，因为他以修道得高寿。这还没完，孔子死后一百二十九年，周朝史官儋拜见秦献公，预言七十年后天下将出现一位新霸主。那位新霸主就是秦国。有人说，太史儋就是老子，原来他从未死去，只是换了个身份证而已。

这都不算什么，没有最神奇，只有更神奇。《淮南子·缪称训》如是说："老子学商容，见舌而知守柔矣。"商容是商末时代的人，也就是说老子穿越回到了五百多年前。商容是老子的老师，他只是吐了一下舌头而已，可能是看到穿越者吓了一跳，但老子却从舌头悟出持守柔弱的道理。既有"一字师"，为什么不能有"一舌师"？

老子是道教里的一尊大神，其地位远非蹲在道观门口的师旷可比，他是"太上老君""道德天尊""混元老君"，等等等等。老子其实一直都在人世忙碌，他还有另一位老师广成子。广成子又是黄帝的老师，所以老子是黄帝的师弟。老子看起来是天帝送给人间的天使，成事之后就销声匿迹，故世间的档案馆里没有他的卷宗。东汉的《老子铭》如是说："（老子）离合于混沌之气，与三光为终始……道成化身，蝉蜕度世。"

既然老子是道教祖师，那必须得有个日子好好庆祝一下。纪念日通常是生日，可老子动不动"事了拂衣去"，世间并未有其诞生的出生证。世上本没有路，走的人多了也便成了路；老子本没有生日，说的人多了，老子也便有了出生日期。据说老子于第十八代商王阳甲朝化为清气，寄居于玄妙玉女腹中，隔了一个甲子，在武丁九年的二月十八日终于降生，这一天于是成为道教的重大节日，是老祖的"圣诞日"。

在《庄子·天运》里，孔子似乎见过老子两次，在最后一次会晤中，孔子以学生的口吻向老子老师汇报："久矣夫丘不与化为人！不与化为人，安能化人！"意思是，他很久未能与造化（自然）为友，又怎能造化（教化）他人。老子闻言，欣慰地点头道："可，丘得之矣！"

这只是庄子一厢情愿的臆想罢了，孔子从未改变。他仍然执念于朝堂，余生里，他像丧家之犬奔向朝堂或者奔走在通往朝堂的路上，孔子的传记其实完全可以用凯鲁亚克的书名《在路上》命名。老子心向流沙，孔子意在仕途，这两个中国文化史和思想史上的大人物终"道不同不相为谋"，渐行渐远，各自安好或者不安好——他们的弟子们两千多年来一直争吵不休。

五　孔子与弟子们

当老子骑着青牛西行而去，像风吹沙一样不知所终时，孔子和弟子们周游列国的足迹牢牢地烙在中国的青史上。

孔子有弟子三千，得意门生七十二贤人，个个都有特殊才能，所谓"皆异能之士也"（《史记·仲尼弟子列传》）。

颜回，字子渊，是孔子最器重的学生。颜回的脑袋形状和孔子有得一比，都不太规则，额角突起，使整张脸看起来像一弯月亮。颜回清贫，对生活的要求很低，有一碗饭、一瓢水维持最基本的生命代谢，颜回就可以一整天足不出户地幸福读书。读书满足了颜回的精神需求，然而身体却缺乏足够的营养，二十九岁时头发就全白了。（"回年二十九，发尽白。"《史记·仲尼弟子列传》）

颜回的书没有白念，他对《易经》某些方面的见识甚至超过孔子。有一次，子贡被老师派往齐国办一件差事，久久未归。孔子很着急，便拿起《易经》卜卦，得到的是鼎卦九四爻，凶兆"鼎折足"。孔子叹了口气说鼎无足，看来子贡是回不来了。颜回居然掩嘴而笑，孔子瞪了他一眼：笑什么？

颜回干脆开怀而笑，说鼎无足可为舟，子贡必将乘船归来。后来子贡果然如颜回所料平安归来。（"孔子占之，遇鼎，谓弟子曰：'占之遇鼎，无足而不来。'颜回掩口而笑。孔子曰：'回也何哂？'曰：'回谓赐必来。'孔子曰：'如何？'对曰：'卜而鼎无足，必乘舟而来矣。'赐果至。"《北堂书钞》引《韩诗外传》。

子贡的姓名是端木赐，子贡是字）这个故事的怪异之处在于把孔子和《易经》都踏了一脚。颜回的解释与卦象南辕北辙，分明是信口开河；如果承认颜回的解释，那就意味着是《易经》在信口开河，如此一来，"韦编三绝"的孔子又成什么了？这个故事的唯一受益者就是颜回，形象高大得需仰视才得见。

不要以为颜回弱不禁风，事实上，他的勇猛程度不在智力之下。有天晚上颜回和子路坐在孔子门前，为老师当护卫。突然有人，不对，是有个妖怪求见孔子。此妖双目似阳光一样明亮，身躯庞大。人高马大的子路被吓得说不出话来，站在原地动弹不得。颜回也没说话，穿好鞋子，拔出剑直扑妖怪。妖怪一点儿思想准备都没有，以为颜回是妖怪，掉头就跑。颜回紧追不舍，扯下妖怪的腰带，妖怪顿时现形，原来是一条蛇精。颜回不管那怪物是蛇还是蚯蚓，甚至是龙，上去拦腰就是一剑，将蛇精斩为两段。论体格，两三个颜回都不是子路的对手，但子路愣是被妖怪吓尿了。勇敢其实一直都与体魄无关，而是一种精神力量，管你前面是什么，我要让你知道我是什么。

听到外面的动静，孔子披衣出来，手上还拿着《易经》。看到颜回手中的剑还滴着血，孔子盛赞颜回智勇双全。颜回用妖怪的腰带擦剑，对老师说晚上可以改善伙食了，他这就去做蛇羹。

颜回年仅三十二岁就死了，孔子非常难过，对鲁哀公说自此以后，再也没有颜回那样好学的好学生了，"不幸短命死矣。今也则亡，未闻好学者也"（《论语·雍也》）。

颜回英年早逝，跟他的物质生活过于贫瘠有关，孔子每年都会收到很多充作学费的腊肉（束脩），不知道有没有接济颜回。

关于颜回的死因有另一种说法，而且与孔子直接相关。某一天，师生二人游览东山——鲁国境内的第二高峰，故孟子曰"孔子登东山而小鲁，登泰山而小天下"（《孟子·尽心上》）。孔子的眼力极佳，站在山顶上，极目东南方向，竟然看得清吴国的阊门门前的细节。他问颜回能不能看见阊门，颜回说能看见。孔子又问门外有什么，颜回眯起眼睛，凝神静气，直看得头晕目眩才说他看见一片白，白色前面一片蓝。孔子说那是一匹白马和饲料。颜回不信，再盯着那个方向看，视线却越来越模糊。颜回差人去查看，来人回报孔子所见果然属实。颜回打心眼佩服，心想老师不仅学问渊博，还是千里眼。

他们下山后不久，颜回精神委顿，连牙齿都掉了，终于虚脱而死。（"颜渊与孔子俱上鲁东山……下而颜渊发白齿落，遂以病死。"《论衡·书虚篇》）这件事的真实性不得而知，但这种死亡方式实在令人扼腕。几年前，当他们在宋国匡邑遇险时，颜回断后，掩护老师撤退。当他们见面时，孔子喜出望外，差点儿哭出来说：我以为你已经战死了。颜回笑着说：您在，我怎么敢死？（"子畏于匡，颜渊后。子曰：'吾以女为死矣。'曰：'子在，回何敢死？'"《论语·先进篇》）颜回有幸有孔子为师，孔子又何尝不是有幸有颜回这样的弟子。

颜回死后，颜回父亲请求厚葬儿子，孔子虽然很悲伤，仍然拒绝了他。孔子的想法很理性，既然颜氏家贫就不要追求死后哀荣了，颜回父亲的意思其实是请孔子厚葬颜回。孔子的学生们看不下去了，几个家境富裕的弟子集资厚葬了颜回，其中就有子路。子路佩服颜回的学问，更钦佩其勇猛，他对这个比自己年轻很多的小老弟非常尊敬，发誓要像他一样勇敢。学问归学问，而勇敢是种难得的美德。

子路在孔门弟子中的知名度仅次于颜回。子路跟其他弟子都不一样，一辈子都喜欢武艺，有人甚至开玩笑说他母亲一定是"感孕"于雷精才生下他，"尚刚好勇"。子路与孔子第一次见面时，孔子问他喜欢什么，子路昂着头，拍着腰间的佩剑说：喜欢剑，最好是长剑。（"子路初见孔子，子曰：'汝何好？'曰：'好长剑。'"《孔子家语》）

子路初进孔门时，给所有的师兄留下极深、极坏的印象。他的帽子是鸡冠造型，长剑的剑柄上挂着小猪吉祥物，打扮得像个地痞，品位还特别差，当他摇头晃脑地出现在学堂上，所有人都蒙了，只好装作没看见，继续读书。子路见众人对他这么大个的帅哥视而不见，被刺激得心里发毛，使劲摇着鸡毛、拍打着猪皮剑鞘，还嘬舌发出呼啸之声。（"戴鸡佩豚，勇猛无礼。闻诵读之声，摇鸡奋豚，扬唇吻之音，聒圣贤之耳。"《论衡·率性篇》）子路不仅不把师兄们放在眼里，连孔子都敢欺负。后来孔子谆谆诱导，子路才改了性子，不再戴鸡冠、佩豚饰，换上了儒服，并送上拜师礼。（"陵暴孔子。孔子设礼，稍诱子路，子路后儒服委质，因门人请为弟子。"《史记·仲尼弟子列传》）

子路武艺高强，便自告奋勇当老师的卫士。有次孔子带弟子们去山间游玩，中途口渴，便让子路去山涧为大家取些泉水。子路在山涧取水时，一头猛虎突然扑上来，子路情急之下，来不及展示"独孤九剑"，甚至连剑都没来得及拔出，一把揪住老虎身上摸不得的尾巴，死死不放，一人一虎像拔河似的转着圈，每一圈都是生死劫。最终子路赢了，生生将老虎尾巴拔下来，秃尾老虎连滚带爬地逃进山林。

子路将老虎尾巴藏在怀里，对着泉水整理一番衣冠，打上水，然后装得不动声色地去见孔子。他问孔子上等武士如何杀虎，孔子答取头；子路又问中等武士如何？孔子答：揪耳朵；子路最后问下等武士如何？孔子做了拔河的手势，说只剩下尾巴了。

子路觉得孔子在羞辱自己，怒不可遏，竟然认为孔子明知山涧有虎，还派他取水，分明就是让他送死。子路将怀中虎尾掏出来扔掉，然后捡起路边的石盘放在怀里，打算用石盘砸孔子。

子路问孔子上等武士如何杀人，孔子答用笔；子路又问中等武士如何？孔子答：用舌头；子路最后问下等武士如何？孔子嘿嘿一笑，说只能在怀里放个石盘了。子路被震住了，扔掉石盘，从此对孔子忠心耿耿。孔子很欣慰，说自从子路愿意当个好学生后，他的耳根清净了，再也听不到侮慢的话了。

子路以为自己勇猛无匹，瘦弱的颜回又给他上了一课，自此以后，他主动加强武士的修养，让勇气和体魄相匹配。

孔子周游列国时，一路上颠沛流离，被困陈蔡之间时，师生差点儿被活活饿死。有天夜里，孔子正在旅馆的房间里弹琴抒怀，突然有个身高与孔子相仿的大个子出现在房间，此人穿着黑衣、戴着高帽子——这让他显得更高，冲孔子哇哇大叫。孔子惊呆了，不知道他在说什么。

子贡听到动静，首先冲进来，质问黑衣人是谁，那人一句话不说，迅速拿住子贡。子路站在门口，怕黑衣人伤着孔子，不知道用了什么法子，将他引到院子里。两人大战三百回合，不分胜负。孔子在旁观战，不时喊一声"仲由加油"！可怜子路的"油"不多了，黑衣人却越战越勇，像个机器人不知疲倦。孔子注意到黑衣人的铠甲和腮帮子之间规则地翕动着，口子有巴掌那么大，就让子路伸手抓住那个部位。子路快要力竭，闻言使出"降龙十八掌"的第十五式"龙战于野"，孤注一掷地欺身而入，手探进那道口子，心想这要是卡住拔不出来就丢人丢到姥姥家了。哪知道一伸进去，黑衣人立刻瘫倒在地，就像被切断电源的机器人，而且现了形：原来是一条巨大的鳀鱼精。

孔子就此发表重要讲话：任何生物老而不死就会成为精怪，当人倒霉的时候，它们就会出现，这条鳀鱼精的到来解了我们的燃眉之急，接下来的几天，我们不愁饿肚子了，哈哈。说罢，又去弹琴。

子路将这条鳀鱼拿去炖汤，味道极其鲜美，连病得躺平的宰我都精神焕发地爬起来了。（"子路烹之，其味滋。病者兴。"《搜神记》）

经过这件事后，子路对孔子的敬佩之情如江水般滔滔不绝。后来他在卫国找到了一份工作，孔子为他高兴，临行前千叮咛万嘱咐。子路的运气很不好，在岗位上没多久，就碰到卫国内乱。子路誓死捍卫自己的老板，穿着儒服，挥舞长剑击退一拨又一拨敌人。子路突然发现帽子歪了，就做了个暂停的手势，一边整理帽带。但对方不讲武德，趁机将兵刃朝他身上招呼，将他剁成肉酱。子路死于颜回死后的第二年。孔子听闻噩耗，失声痛哭，让人把家里的肉酱都扔了，从此不再吃肉酱。（"孔子哭子路于中庭。……既哭，进使者而问故。使者曰：'醢之矣。'遂命覆醢。"《礼记·檀弓》）

子贡对子路的悲剧自然也很难过，每想起在陈蔡时子路不顾一切将他从鳀鱼精嘴里救下来，就忍不住落泪。他没想到那么一介武夫，竟然死得那么迂腐、壮烈，难怪老师哭得那么伤心，颜回去世时，也没见他如此泪流满面。

子路是武士，子贡则是个成功的商人，不过在那个时代，所有的商人都被人鄙视，有再多钱也没用。子贡怀揣万贯财宝拜孔子为师，从此不再挣钱。子贡的特长当然是挣钱，一个会挣钱的人一定脑子活、口才好，这正是子贡的"异能"。子贡的鼻子很高，高到令人惊异的程度，以至于成了异相。既然鼻子高到怪异的地步，那么他的长相应该谈不上有多俊美，但王充认为子贡长得很漂亮，如果剃去胡须，便如女子般秀气。（"子贡灭须为妇人，人不知其状。"《论衡·龙虚篇》）

孔子师生免予"陈蔡之厄"，陈侯见困不死他们，就出了最后一个难题：给孔子一颗九曲明珠，如果能把一根线穿过去，那么他就不再为难他们。

孔子虽然满腹学问，愣是拿九曲明珠没办法。孔子突然想起他进入陈国时，碰到一个采桑女。当时孔子随口说了句"南枝窈窕北枝长"，采桑女答道"夫子行陈必绝粮"。孔子没有接话，心里不停碎碎念：呸呸呸，乌鸦嘴。采桑女没有跟孔子一般见识，叮嘱道："九曲明珠穿不过，回来问我采桑娘。"

孔子这才意识到采桑女原来是先知，顾不上惭愧，急忙派子贡去探访采桑女。事实证明，孔子很会选人，换了别人去，大概只能带回一把桑葚。

子贡去桑林，没看到先知，却看到林间有三个土堆。子贡用经商的脑子转了转就解开了哑谜：桑为木，加土为杜，土有三堆，那么先知莫非叫杜三娘？子贡于是在村里打听杜三娘住在何处，还真打听到了。先知给子贡上了一堂课：论穿越九曲明珠的动态方式。课时长达一分钟，方法是这样的：在明珠的小孔外侧擦些蜂蜜，再找一只小蚂蚁，在蚁腰上系一根细线即可，如果蚂蚁吃了蜂蜜一抹嘴不干活，以烟熏之。这个法子果然管用，孔子师生得以顺利离开陈国，陈侯目送他们消失在旷野的尽头，在心中为孔子点赞：果然是圣人啦！

子路曾凭强悍的身手从鳀鱼精手中救下子贡，子贡也曾用强悍的口舌从鸟怪手中救下子路。有次他们路过郑国的宗庙，子路看到树上有只鸟与别的鸟不一样，好奇心大起，竟然爬上树捉鸟。那只鸟是社神的宠物，结果子路没抓住鸟，反倒被社神困在树上下不来。子路害怕极了，因为他不知道发生了什么，身体动弹不得，还随时都有摔下去的危险。子贡经商时走南闯北，见多识广，知道子路是被超自然力量网住了。他跪下来，抬起头，用三寸不烂之舌说了四个多小时，就像卡斯特罗在联合国演讲一样，终于说服社神放过子路，社神更有可能是怕子贡再说下去。子路从树上下来后，开始对树过敏，身强力壮的他见了树就绕着走。

子路力壮，但有个人比他更壮，他叫公良孺。公良孺的力气有多大，可以参照鲁智深，但他的神奇却是老鲁万万比不了的。孔子带着弟子们去宋国碰运气，一时还没门路见到宋景公。孔子既来之则安之，在宫殿附近的一棵大树下公开讲课，吸引了不少游手好闲的观众。宋景公的宠臣桓魋（tuí）生怕孔子抢去自己的风头，命人砍倒给孔子遮阳的大树，打算激怒孔子，然后在群殴中杀死孔子。

孔子根本不上当，依旧风度翩翩地讲课，还放话道：老天给了我这样的德行，桓魋奈我何。

公良孺却看不下去，要替老师出气。他搓了搓双掌，走到树桩面前，把桩子连根拔起，然后又若无其事栽下去，表示自己是环保人士，拔一棵树就栽一棵，有拔有栽，再拔无害。桓魋的狗腿子哪里见过这样的阵势，一个个都尿遁了。后来有人发现那根残桩竟然生出新的枝叶，比原先还要枝繁叶茂。公良孺原来是个植树大能手，身有异能也。

公良孺确实神奇，但没有最神奇，只有更神奇，澹台（复姓）灭明神奇得就像玄幻小说里的男一号。这位男一号字子羽，也有异相，就是长得极其难看，连手掌都是畸形。孔子曾因为其长相，一度拒绝收其为徒，后来想想自己也没好看到哪里去，何必五十步笑百步，就闭着眼录取了子羽。

有一次，子羽携带一枚珍贵的白玉过黄河，河伯起了歹心，派两条蛟龙去打劫。子羽用畸形的手掌拔剑跳入河中，力斩蛟龙。河伯惊呆了，他没想到世上还有如此猛人，再不敢造次，还让小妖呈上寿司。子羽瞧河伯也挺可怜，就把白玉扔进河里，说送你了，就当是小费。河伯也是有尊严的，既然抢不来，那也不能接受嗟来之物，于是像海豚一样把白玉顶上岸。如是者三。子羽见他不收白玉，干脆把玉砸了，表示他不是为玉而战，警告河伯不要以为有超自然力量就可以胡作非为，民不畏死，奈何以死惧之？当心右眼再被打瞎。说罢，扬长而去。

子羽后来也开宗立派，南下长江流域，弟子多达三百余人，名声遍及各诸侯国。孔子很欣慰，感慨万分："以貌取人，失之子羽。"（《仲尼弟子列传》）意思是他差点儿就因为长相而错过子羽。

孔子门生中"怪力乱神"不少，但最好玩的人是公冶长。公冶长的异能是听得懂鸟兽之言。

公冶长有次从卫国回鲁国，途中听到鸟儿在树上说话：清溪有人死了，同去吃肉吧。有鸟回应道：同去！同去！公冶长没往心里去，途中碰到一个老太太坐在地上哭泣，就问是怎么回事。老人说她儿子失踪数日了，公冶长便告诉她鸟儿说清溪旁发现尸体，就让她去看看。

老人见溪边尸体果然是她儿子，于是跑到里长那里喊起冤来。公冶长成为第一嫌疑人，他的辩解听起来就像笑话，当场被里长拘押起来。里长表示除非他能证明自己懂鸟语，否则他就是杀人犯。

被关押的第六日，公冶长听到两只鸟儿在窗外的树枝上交流情报，一只说是在白莲水边，有辆运粮的牛车翻了，牛角都折断了，粮食撒了一地，赶紧去吃大餐；另一只马上愉快地说：同去！同去！

公冶长赶紧告诉里长所听到的，里长派人核实，果然如此，啧啧称奇，便将公冶长无罪释放。公冶长的特异功能给自己带来很多麻烦，被数次关进监狱，每次情况都大同小异。

孔子知道公冶长是什么人，不仅不嫌弃他是"惯犯"，还把女儿嫁给了他。很有可能，公冶长凭此能力赢得了孔子女儿的芳心，孔子选择成全女儿。（"子谓公冶长：'可妻也。虽在缧绁（léi xiè，监狱）之中，非其罪也。'以其子妻之。"《论语·公冶长》）

孔子带着弟子周游列国长达十四年，腿跑不动，心也跳不动了，终于在垂暮之年回到鲁国。某日，孔子一大早就起床，挂着一根拐杖，站在门口望着曾归来的方向，轻声吟唱着，就像喃喃自语：泰山要崩塌了吧？梁木要折断了吧？哲人要凋零了吧？孔子回屋后，卧床不起，七日后离开了这个让他爱恨交加的世界。（"孔子蚤作，负手曳杖，消摇于门，歌曰：'泰山其颓乎？梁木其坏乎？哲人其萎乎？'既歌而入……寝疾七日而殁。"《礼记·檀弓》）

孔子死后多年，他的传说仍然不绝。有个鲁国人在海上迷路了，随波逐流，来到亶州，忽见孔子和他的七十二弟子在海上逍遥冲浪。此人以为眼睛花了，揉了揉眼睛，再松开手，孔子已经出现在眼前，并跟他说话，让他赶快回去给鲁侯报信，构筑城防以备敌人入侵。鲁人紧张得说不出话，孔子递给他一根拐杖后，就消失了。鲁人握着拐杖，懊恼得抽了自己一个耳光，竟然忘了要签名！孔子给的拐杖一入水就变成龙，鲁人吓得闭起眼，等睁眼时，他已经到了鲁国，拐杖和龙都消失了。鲁人向鲁侯报告自己的奇遇，鲁侯问他：你自己相信吗？鲁人说：如果我要到签名就好了。鲁侯差点儿把他送到精神病院，只是当时还没这样的场所才作罢。不久，有成千上万只燕子衔泥筑城，看到这一奇观，鲁侯才意识到那人真的不是精神病，有病的是他自己。在燕子和人的合作下，曲阜城工事坚固。齐国人来侵时，久攻不下，无功而返。

这个故事是个隐喻，孔子生前无功，死后却影响深远。他周游列国其实并非白辛苦，列国列朝都留下他的足迹，论身后之荣无人可及，老子与孔子相差一个大漠都不止。至于儒家对国家到底有什么作用那是另一个问题了，鲁国后来还是被楚国灭了，成仙、成圣的孔子还是未能荫庇故国。

六　墨子与鲁班

孔子之后，弱小的鲁国又出了个大人物——墨子。墨子姓墨名翟，跟孔子一样，祖籍宋国，移民来鲁。关于墨子的姓名乃至出身，争议很大，有人说他不姓墨，而姓翟；甚至有人认为他是印度人，墨翟是"貊狄"的音转，进而推测墨子是婆罗门；还有人认为他是阿拉伯人。这些都是"言之有理、查无实据"的说法，但公认墨子长得"黧黑"，这可能导致人们对其人种的猜测。其实"黧黑"并非漆黑，而是黑中泛黄，并不罕见，就让我们把他当作华夏子孙吧。

孔子和老子"道不同不相为谋"，墨家和儒家也分道扬镳。墨子早年曾习儒术，因为受不了儒家的繁文缛节，干脆自己开宗立派，隆重推出墨家。《墨子·非儒篇》对儒家提出尖锐的批评，比老子在子贡面前的言论有过之而无不及。墨子的中心思想是热爱和平，即"非攻"，在战国那个烽烟四起的时代，这种想法难得却不合时宜。对于那些大国来说，"非攻"还怎么让国家更大更强？所谓"以德服人"不过是孟子的臆想。墨子被大国排斥，却是小国的知心人。

墨子不仅擅长安排守城战术，还会制造守城器械，多达六十六种。墨子与其他春秋、战国时代的大咖最大的不同是，除了学者这个身份，他还是个非常出色的手艺人。他的手艺有多出色？可以跟工匠之神鲁班相媲美。

鲁班（般）叫公输般，鲁国人，故名鲁班。墨子和鲁班这两位同乡亦敌亦友。有次鲁班做了一只木鸟，可以在空中连续飞三天，这简直称得上是黑科技，现在的无人机都做不到续航三天。

墨子看着嘚瑟不已的鲁班，把木鸟拿在手里，左看看右看看，不以为然地说木鸟没有任何意义，还不如做两只车轴上的销钉来得实用。木匠的作品有用者称为巧，无用者为拙。鲁班手巧而嘴拙，无力反驳墨子，很惭愧地退下，觉得做一个会飞翔的木鸟真的很丢人。这段记载见于《墨子·鲁问篇》，看来很为墨子及其弟子津津乐道。

过了一阵子，鲁班听说墨子居然也做了只木鸟，也能在空中续航三天。（"鲁般墨子，以木为鸢而飞之，三日不集。"《淮南子·齐俗篇》）鲁班有些蒙，蒙过之后便去找墨子。他倒不是要追究墨子专利侵权，只是想弱弱地问一声：既然木鸟无意义，您老弟为什么也做了一只？

墨子耸耸肩、摊摊手、咧咧嘴，很认真地说他并不是木匠，做个木鸟只是为了换个思路而已，对于一个文人来说，思路比销钉要重要得多。鲁班又没词了，那时他觉得做人难，做木匠犹难，而做一个好木匠更是难上加难。

鲁班看着墨子的弟子有好几百人，愈发自惭形秽，他的弟子两只手都数得过来，其中有个叫泰山，看上去比泰山还要笨重，鲁班就懒得教他。泰山离开师门后，事业居然风生水起，不仅收了很多徒弟，还有许多重要作品问世。那些作品连鲁班都赞叹不已，一问作者居然是泰山。鲁班讪讪地说，是他有眼不识泰山，这个木匠一不小心就贡献了一个成语。

鲁班也想建功立业，可是鲁国不能给他提供机会，于是他南下楚国，向楚王展示他强大的攻城器械。楚王被鲁班的 PPT 震撼了，当场让国防部下单购买鲁班的器械，用于攻打宋国的都城。

鲁班很开心，又制作了一只大型木鸟，亲自坐在上面，飞到宋国都城的上空，窥视动静。["（鲁班）尝为木鸢，乘之以窥宋

城。"《渚宫旧事》]

鲁班搞得动静很大，楚国为了吓唬宋国，还搞了记者招待会。"非攻"的墨子听说后，急忙赶往楚国。让我们假设墨子是乘坐自己做的木鸢飞到楚国的，既然鲁班可以飞，墨子为什么不能？

墨子在"飞机"降落郢都后，找到鲁班，劝他放弃进攻宋国。鲁班说他的云梯已经造好，楚王也已经准备就绪，箭在弦上，不出兵是不可能的了。

墨子的口才极好，很快就说服鲁班引见楚王。楚王可没有鲁班那么好忽悠，无论墨子说什么，他死活不松口，就一句话，必将取宋。（"虽然，公输盘为我为云梯，必取宋。"《墨子·公输篇》）

墨子知道再说下去没什么用，就叫来鲁班演示攻守。两人就像下棋一样，用手中的竹片，你一手我一手地手谈起来。演示到最后，墨子手中的竹片还剩不少，而鲁班已经没有竹片了——意味着攻城的一方必输。

鲁班服了，将竹片用脚拨开，双手在背后撑着身体，以躺平的姿势对墨子说：我有办法击败你，但我不说。墨子淡淡一笑说：我知道你的法子是什么，我也不说。（"公输盘诎，而曰：'吾知所以距子矣，吾不言。'子墨子亦曰：'吾知子之所以距我，吾不言'。"《墨子·公输篇》）楚王看不下去这两人的暧昧，就问到底是怎么回事。墨子胸有成竹地说：鲁班的意思是让您杀了我，则宋城失守。楚王还没来得及高兴一秒钟，就听墨子接着说：我的三百弟子已经在宋城了，他们都知道如何守城。楚王想了想，只好放弃攻宋的战略。

鲁班尽管输了，却一点儿也不难过，他被墨子的和平思想折服了，说就算把宋国白送给他，他都不要了。墨子上前拥抱鲁班说如果他所行皆义举，他愿意把天下双手奉上。

墨子展示了强烈的自信，尽管他连一寸封地都没有，却能心怀天下，因为他想的是造福天下，而不是拥有天下。虽然墨子强烈反对儒家，孟子仍旧忍不住给墨子热情点赞：墨子有大爱，即使头和脚都磨破了，只要利于天下，也义无反顾。（"墨子兼爱，摩顶放踵利天下，为之。"《孟子·尽心上》）在救世的主动性与功能性上，老子和孔子跟墨子相比都相去甚远，尽管他喜欢编故事，尤以杜伯鬼魂射杀周宣王最为离谱。

鲁班此后再也不愿充当大国侵略小国的工具，归隐江湖，一心研究工艺。他的技艺愈发精进了，任昉所著的《述异记》里记载了一段跨越时空的传奇：鲁班做了一只木鹤，从鲁国飞到天姥山，一飞就是七百里（应该不止七百里），停在天姥山的西峰。这只木鹤一直到汉朝都在，汉武帝派人去抓木鹤，木鹤比真鹤还要灵敏，振翅飞到南峰，让汉武帝的工作人员丢尽了脸。木鹤倒也不飞走，一直就在天姥山逗留，每当下雨时，木鹤就展开双翅，作跃跃欲飞状。

这个故事听起来很神奇，但跟下面两则传说比起来，根本就不算什么了。

鲁班是个孝子，为了逗母亲开心，给母亲做了一辆车，驾车的是两匹木马，赶车的是个木人。木人扬鞭，木马奋蹄，木车飞奔，鲁班母亲坐在上面乐不可支，心里把儿子夸了一万遍。渐渐地，鲁班母亲害怕起来，因为车子停不下来。车子一直跑，跑得无影无踪，鲁班母亲就这么离奇地失踪了，其荒诞连卡夫卡都想不出来。鲁班懊恼不已，他后来才意识到，自己犯了个低级错误：忘了给车子装刹车。土允在《论衡·儒增篇》里说："鲁般巧，亡其母也。"意思是鲁班心灵手巧，巧得把母亲都弄丢了。

另一则传说更为荒诞，卡夫卡连想都不敢想。鲁班在凉州造佛塔（那时何来的佛塔？），离家里很远。鲁班很想念妻子，于是熟门熟路地造了一只木鸟。这只木鸟是升级版，貌似安装了"声控系统"，只需敲三下，木鸟就可以载鲁班从凉州飞回家探亲，第二天一早再飞回凉州上班。

过了一阵子，鲁班太太怀孕了。鲁班父亲不明就里，以为儿媳做了什么辱没家风的事。面对公公的质问，鲁班太太只得吞吞吐吐地告知鲁班是如何在夜晚"偷渡"回家的秘密。

鲁父听了儿媳的话，脸上洋溢着美滋滋的笑容。鲁班太太以为公公为即将到来的孙子高兴，却没想到公公心里惦记着会飞的木鸟。鲁父晚上一直躲在屋外，等儿子的木鸟，心想世上还有这么好玩儿的东西，怎么着也得潇洒飞一回。

鲁班晚上又飞回来，像往常一样，将木鸟停在院子里就进屋了。鲁父忙不迭地从藏身处跑出来，钻进木鸟。他不知道怎么操作，急得一通乱敲，敲了十几下后，木鸟飞起来了，飞呀飞，一直飞到吴会（今属江苏苏州）。南蛮吴会人哪里见过这玩意儿，看到天上落下一只大鸟，大鸟里还有个老头，吓得半死，以为老头是妖怪，竟然用锄头、石头把鲁父活活打死。

鲁班又做了只木鸟，四处找失踪的父亲，终于在吴会发现父亲的尸体。鲁班大怒，做了一个木仙人，遥指吴会，导致该地大旱三年。吴会人苦不堪言，找巫师卜卦。巫师说是鲁班所为，于是吴会人带着很多礼物去给鲁班赔礼道歉。鲁班本非恶人，念吴会人并非有心杀他父亲，便砍断了木仙人的一只手，于是"吴中大雨"（《酉阳杂俎续集》）。

在鲁班的诸多传说中，最不着调的是把赵州桥也算到鲁班名下，说是鲁班和妹妹鲁姜竞赛的结果，一夜间造成赵州桥。众所周知，赵州桥是隋朝建筑师李春的大手笔，与鲁班兄妹一毛钱关系都没有。民间传说的特点，很像《马太福音》所说的："凡是有的，还要赐给他，使他丰足有余；凡是没有的，连他有的也将从他那里被拿走。"鲁班有的已经够多了，把李春的还给李春吧。

七　吴国奇人

作为老牌诸侯国且根正苗红的鲁国出过不少文化史上的大人物，但奇怪的是，这个国家一天天地烂下去，而它瞧不起的南蛮三国楚、吴、越国反倒一天天好起来。几乎与孔子同一时期，吴国出了个家喻户晓的名人——伍子胥。

伍子胥原是楚国人，当他逃离楚国时，楚国成了他的敌国。他活着的全部意义就是要灭楚，为父兄报仇。伍子胥因而成为历史上最著名的复仇者，长得也最醒目，身材庞大，身高一丈，腰部居然达十围，两眼相距一尺。（"身长一丈，腰十围，眉间一尺。"《吴越春秋·王僚使公子光传》）

事情的起因是楚平王看中了太子娶的秦国美女，身为太傅的伍奢表示强烈反对，楚平王色欲熏心，将伍奢抓了，同时诱捕伍奢的两个儿子伍尚和伍子胥（伍员）。伍尚很老实，明知是陷阱，还是坦然去陪父亲赴死。满腔怒火与悲愤的伍子胥逃往吴国，楚平王在昭关设下重兵，想要截杀伍子胥。

伍子胥每天出去打听动静，看到关口的情景，他知道根本没有办法出关。明知没办法，还拼命想办法，伍子胥通宵都没睡着，早上起床时双目红肿。房东看到伍子胥时，一度认不出来，因为这位昨天还满头青丝的青壮年已经白发苍苍。这便是话本里"伍子胥一夜白头"的桥段。伍子胥看着水盆中陌生的倒影，愣了一个小时，然后大喜：既然自己都认不出来，那些兵卒又怎么认得出？第二天，满头白发的伍子胥大摇大摆地步出昭关。

据说伍子胥出关不久，就有追兵追上来，如果这是真的，那就是房东告密了，否则伍子胥的头发是白变白了。伍子胥慌不择路，在湖边看到一个渔夫驾着扁舟，赶忙求救。渔夫显然认出来人是谁，将伍子胥安全送到对岸。伍子胥将宝剑相赠，渔夫坚辞不受，说他五百石的粟米和爵位都不要，又怎么会要他的酬谢？伍子胥上岸后，又折返回来，对渔夫说：请务必不要泄露行踪。渔夫一声长叹，干脆覆舟自沉。（"既去，诚渔父曰：'掩子之盎浆，无令其露。'渔父诺。子胥行数步，顾视渔者，已覆舟自沉于江水之中矣。"《吴越春秋·王僚使公子光传》）渔夫仅仅因为伍子胥怀疑就自戕以明心迹，现在看来这种人简直匪夷所思，但那时候真的有，史籍中很多视信誉重于生命的好汉，这些好汉已经绝迹了。这个传说的可疑之处在于，渔夫是怎么认出伍子胥的？他能认出，为什么守关的士卒认不出？民间传说的一个特点是，先爽了再说，其他的暂且顾不上了，担待则个。

伍子胥进入吴地后，遇到了一个壮汉跟人打架。那汉子生得虎背熊腰，比篮球中锋还要结实。斗殴进行中，忽听得一个女子喊：别打了！"中锋"马上就停下来，像个小孩一样跟着女子回家。伍子胥觉得这个汉子很有意思，就存结交之心。［"（伍子胥）知其勇士，阴而结之，欲以为用。"《王僚使公子光传》］那个汉子便是专诸。专诸对一脸问号的伍子胥说：他只听老婆一人的话，全天下人等都不放在眼里。（"夫屈一人之下，必伸万人之上。"《王僚使公子光传》）伍子胥用贵重礼物打动了专诸老婆，专诸很高兴，便死心塌地成为伍子胥的秘密武器。

伍子胥终于来到吴国都城，在闹市开始表演，披头散发、光脚涂面，装疯卖傻向人行乞。这个带着异乡口音的"疯子"引起了路人的兴趣，围观的人越来越多，导致交通堵塞。市政官吏怕引起骚乱，前来维持秩序，其中有个官员从伍子胥的言行中看出这个身躯异常高大的"疯子"非同一般，就将他带到吴王僚面前。

伍子胥给吴王僚的第一印象非常深刻，尤其那双相隔遥远的眼睛，像是一对双胞胎从不同的角度看过来。伍子胥的口才也好得出奇，跟吴王僚聊了三天，话不重样（"王僚与语三日，辞无复者。"《王僚使公子光传》）。很有可能是伍子胥的异国口音让吴王僚听得不是很明白，才觉得"辞无复者"。

伍子胥说服了吴王僚攻打楚国，但是被吴王僚的堂兄公子光搅黄了。伍子胥的心思也同样异于常人，一般人会迁怒于公子光，同时继续做吴王僚的思想工作，但伍子胥直接抛弃吴王僚，投靠公子光。他看出公子光野心勃勃想当王，伍子胥决定顺水推舟，给吴国另立新王，新王手下的功臣才可能成为权臣。

伍子胥与公子光一拍即合，于是专诸派上用场了。公子光挑了个日子宴请吴王僚，专诸扮演大厨，为吴王僚呈上烤鱼。烤鱼肚子里藏着鱼肠剑——越国铸剑大师欧冶子制作的五把名剑之一。此剑纹路逆向，不适合佩带，臣子用它弑君，名副其实的大凶器。公子光花重金从越王元常手里买了三把宝剑，其中之一便是鱼肠剑，正是看中了其逆纹的凶名。

专诸给吴王僚分鱼时，趁其不备，掏出鱼肠剑刺出，尽管两旁的卫士用戟刺中专诸，专诸还是拼尽最后的力气，将鱼肠剑插进吴王僚的胸膛，两人同归于尽。其实从专诸行刺的过程来看，一把普通的匕首就足够了，哪里需要什么鱼肠！公子光的花花肠比鱼肠厉害多了，杀掉吴王僚后，公子光成为新吴王，是为阖闾。

阖闾登上王位后，激动的心情久久难以平息，惶恐之心也难以平息。因为吴王僚的儿子庆忌逃出去了，此人力大无穷，可以赤手抓住飞奔的牛，动作还特别敏捷，伸手能抓住飞燕，他的外形可参见夏桀和商纣。阖闾视庆忌为心腹大患，寝食难安，为安全起见，他都不敢轻易露面，成了最低调的吴王。

伍子胥急阖闾之所急，又推荐了一个人。这个人叫要离，是个市井小人物，身材也小，和专诸截然相反。阖闾觉得要离不合格，伍子胥便给他讲了要离的故事。

东海有个猛人叫菑丘䜣，明知神渊有蛟龙不能饮马，仍然故意让马夫去饮马，马果然被神渊吞没。菑丘䜣以此为由，穿着游泳衣，拔剑跳入神渊，大战三天三夜，斩杀三条蛟龙，上岸后，没事人似的去吃烧烤。雷神觉得菑丘䜣太过分了，要他认错道歉。菑丘䜣二话不说，挥剑就跟雷神干起来。打了十天十夜，菑丘䜣的左眼被打瞎，雷神才住手。神渊的主人不知道是不是河伯，河伯的左眼也是瞎的。

要离是个唯恐天下不乱的混子，在大庭广众之下呵责菑丘䜣，说他遭受了雷神的奇耻大辱，居然不想着报仇雪恨，算不上好汉。要离回去后，对门人说，晚上不要关门，窗户也不要关，菑丘䜣必来找他。

要离在睡梦中醒来，发现菑丘䜣正用剑抵在他脖子上。菑丘䜣说他该死的三个理由："辱我于人中，死罪一也；暮不闭门，死罪二也；寝不闭户，死罪三也。"（《韩诗外传》）要离跷着二郎腿，讥讽菑丘䜣有"三不肖"：仅仅因为被骂了几句，就要杀人，此为一；拔剑又不刺，此为二；先出剑再废话，此为三。说完，要离闭起眼，懒得看菑丘䜣，意思是要杀就杀，否则滚开不要妨碍他睡觉。菑丘䜣从未见过如此泼皮，一时不知道如何是好，离

262

开时说：你比我还狠，天下找不出第二个了。（"所不若者，天下惟此子耳。"《韩诗外传》）

听了伍子胥的介绍，阖闾觉得要离人狠话多，就决定面试一下。当见到要离时，阖闾觉得伍子胥是不是在恶作剧，眼前这个人瘦小得像个没长大的孩子，他去杀庆忌？庆忌一个小指头就能把他打倒。阖闾不高兴地问他来干吗？（"子何为者？"《吴越春秋·阖闾内传》）

要离的面试开场白很不一样，一上来自呈不足，"细小无力"，甚至夸张到能被风吹得前仰后合。（"迎风则僵，负风则伏。"《阖闾内传》）接着要离表忠心：只要大王有命，他定赴汤蹈火。阖闾哭笑不得，心想你能干吗？只是看在伍子胥的面子，才没有出言相讥。

要离信心满满地声称他可以杀掉庆忌。阖闾不以为然地说，庆忌之猛万夫莫当，心思缜密，言下之意是要离一点儿机会都没有。

要离提出的方案是没什么稀奇之处的苦肉计，但苦得让人不忍直视：他让阖闾砍断其右臂，再于闹市杀其妻儿并焚尸。阖闾一再问要离是否确定如此，要离眼神兴奋得要冒出火来，像机器人一样坚定地点着头。能让要离做出如此反人类决定的人，只可能是引荐人伍子胥。伍子胥就像一个地狱使者，谁沾上了都不得好死，比毒品还毒。

阖闾于是按照苦肉计，斩要离右臂、杀其妻儿。尽管庆忌很小心，还是着了要离的道儿。庆忌是个正常人，无法识别一个不正常人的不正常。庆忌将要离当作亲信，与他同舟赏江景。要离趁其不备，用戟刺穿庆忌胸膛。庆忌在这种情况下，仍然抓住要离，将他的头三次摁在江水里，然后笑着说：没想到竟有人敢加害我，真是个勇士啊。他制止了左右侍从，说不可一日死两个勇士（另一个勇士是他自己），并吩咐手下人护送要离回到吴国，以表彰他对吴国的忠心。庆忌说完便死了。

要离看着庆忌的尸体发呆，不肯下船。庆忌的侍从提醒他可以离开，要离跪倒在地，泪流满面地说他杀妻儿不仁，杀故君之子不忠，贪生不义。像他这样的人不配活在世间。说罢投江，但又被救起。

要离凄惨地笑道：我难道死不成？救他的人说他不需要死，可以享受功名利禄。要离没说话，趁乱扑到一柄剑上，把自己像串烧烤一样钉死。要离在离开人世前才恢复成常人。《阖闾内传》云："要离乃自断手足，伏剑而死。"此说过于夸张了，要离只有左手，就算能抢到一把剑，也不可能用左手砍断左手，断足之后还不疼昏过去？周围人等他醒过来再看他如何"伏剑"？

专诸和要离是历史上赫赫有名的两个刺客，他们行刺得手不是因为身手如何了不得，而是他们存必死之心的意志力。专诸牺牲自己也就罢了，要离太可怕了，他不是奇人，而是非人。活在仇恨中的伍子胥亦如是，专诸和要离都是他手中的两枚棋子，因为他们，伍子胥获得阖闾的充分信任，如愿成为一人之下的权臣。

八　伍子胥复仇记

庆忌死了，阖闾活过来了，开始抛头露面。伍子胥不断忽悠他去灭楚，阖闾答应了。没想到出兵前，出了件离奇的事。

阖闾这个人挺渣，但是很疼爱女儿滕玉。滕玉被宠得不成样子，觉得自己天下无双，一点儿委屈都受不得。有一次，一家三口吃蒸鱼，阖闾和太太吃一半，另一半给女儿。这本来再正常不过，也显示了他们对女儿的宠爱，让她一人吃双份，也不担心她长胖。哪知道滕玉当场发火，认为父亲把吃剩下的鱼给她，是奇耻大辱，不想活了。阖闾温言安慰，以为女儿只是耍公主的小性子，没想到滕玉居然说到做到，真的自杀了。["（阖闾）与夫人及女会蒸鱼，王前尝半而与女。女怒曰：'王食鱼辱我，不忘久生。'乃自杀。"《阖闾内传》]

阖闾痛苦万分，再没心思伐楚了，一门心思筹备女儿的丧礼。在西郊的阊门（就是把颜回看得虚脱的那道门）外，兴建了一座豪华的坟墓，陪葬品耗费无数，足以组建一支军队。送葬的队伍很特别，走在最前面是翩翩起舞的白鹤，后面是成千上万被征召而来的百姓。待鹤与人全部进入墓穴后，阖闾命人触动机关，封死墓门，让这些人全部给女儿陪葬。阖闾之歹毒让天下哗然，老百姓恨不得把他塞进墓里。（"乃舞白鹤与吴市中，令万民随而观之，还使男女与鹤入羡门。因发机以掩之，杀生以送死，国人非之。"《阖闾内传》）那只突兀的白鹤是怎么来的？阖闾可以买死士效忠，没听说他还能雇白鹤哭丧。《吴地记》给出了说法：

"（阖闾）女化为白鹤，舞于吴市，千百人随而观之。"原来是任性的滕玉姑娘化身为白鹤，自己给自己送行。

阖闾的暴行不仅惹恼百姓，连身边的一把宝剑都看不下去，毅然决然地从府库飞走。这把有性格、正义感爆棚的宝剑名曰湛卢。湛卢也是欧冶子的作品，他一共铸造了五把名剑，阖闾入手其三：鱼肠杀了僚；磐郢给滕玉陪葬；湛卢不辞而别。

湛卢去了哪里呢？它顺水而行，飞到楚昭王的枕边，贴着他脖子。楚昭王以为是剑客来行刺，吓得尿床，后来发现只有剑没有客，就招来宝剑鉴别师风湖子。风湖子一眼就认出这剑是湛卢，表示此剑通灵，君无道则去，"去无道以就有道"（《阖闾内传》）。楚昭王喜出望外，宣称这是天降祥瑞，从此将湛卢随身携带，睡觉时都放在枕边。

阖闾四处打听湛卢的下落，听说在楚昭王手中，勃然大怒，声称楚国人不要脸，偷了他的宝剑，还瞎嘚瑟。楚昭王当然不认账，表示宝剑是弃暗投明，他好欢喜。

阖闾一向是个狠角色，怎么受得了楚昭王实话实说的讥讽，马上让伍子胥出兵攻打楚国。伍子胥求之不得，保险起见，找了个搭档。那个搭档名叫孙武，《孙子兵法》的作者。这两个猛人联手，打得楚军睁不开眼，连取两邑。

楚昭王蒙圈了：不是说我是有道之君吗？怎么被无道之君打得连道路都没了？楚昭王一气之下不再佩带湛卢。有灵性的湛卢离开了楚国，辗转于时间的长河。据说湛卢最后的主人是岳飞，岳飞死后，湛卢不知所终。

楚昭王的日子越来越不好过，没过几年，楚国的都城郢都失守，楚昭王仓皇出逃。伍子胥杀进郢都后，干的第一件事不是清点战利品，而是跑到郊外，将楚平王从坟墓里刨出来，在遗骨上抽了三百鞭，把骨架都抽散架了。伍子胥一边抽一边骂：叫你听信谗言，杀我父兄！（"谁使汝用谗谀之口，杀我父兄，岂不冤哉！"《阖闾内传》）伍子胥完美地复仇了，可他陷在吴国出不来了，而且他将重复父亲的悲剧，真是"一入江湖深似海，从此山河无故人"。

　　吴国击败楚国是个转折点，北方的齐、晋两国都战战兢兢，邻居越国更是惶惶不可终日。这意味着吴国这个不久前还是未开化的小国，一跃成为顶级强国，伍子胥正是幕后推手。阖闾生出不可一世的骄傲来，觉得有必要把越国并过来，从此吴越一家亲，不是很好吗？省得以后找越国名家铸剑还要越王批准。

　　阖闾说干就干，亲率军队攻打越国。当时的越王是勾践，不愿束手就擒，死马当活马医，孤注一掷迎击吴军。结果出人意料，阖闾居然稀里糊涂地死于战场，死马居然是阖闾。

　　阖闾的儿子夫差即位后，为父亲雪耻，再次攻打越国。越国被打得只剩下五千残兵，勾践只得求和以求生。伍子胥强烈要求杀死勾践以绝后患，奈何夫差不是阖闾，勾践和文种君臣的卖惨勾起了他的同情心，便饶了勾践不死。

　　勾践手下另一个能臣叫范蠡，据说是西施的恋人，这个听听就可以了，除非你想写古典言情小说。范蠡是经商天才，治军也是能手。他找来一个生长于深林的年轻女子担任越国的剑术教练，这个女子姓与名皆无，名副其实的无名氏。

至于范蠡如何识得此女侠，不得而知，那显然又是一个爱情小说的题材。女子去越国军营途中，一个自称袁公的白发老者拦在车前，叫板女子可敢与他比试。女子与老人战了三个回合，就夺走老人手中的竹棒。老人一声长啸，显出原形，原来是一只猿，袁公者，猿也。女子的剑法正是猿公所授。金庸的小说《越女剑》就是以此情节为背景。

勾践卧薪尝胆复仇之际，夫差还自己作死，到处惹是生非，居然去攻打遥远的齐国。夫差是被孔子的弟子子贡忽悠瘸了。因为齐国攻打鲁国，鲁国哪里是齐国对手。于是子贡跑到吴国跟夫差说，只要吴国击败齐国，吴国将成为老大。

夫差热血沸腾，不顾伍子胥的谏言：先灭越再顾其他。但夫差认为越国是囊中之物，应该是先败他国再取越国。伍子胥无法阻止夫差出兵齐国，便预言吴国的朝堂将成为废墟，意思是吴国将要亡国。

吴国真的击败了齐国，还迫使齐国和亲，夫差更觉得自己太伟大了，入主中原都不是个事。此时夫差看伍子胥就有些碍眼了，妨碍他从一个胜利走向另一个胜利。伍子胥的父亲伍奢当年也曾因为奸臣的谗言而见罪于楚平王，伍子胥也碰到同样的情况，被人诬陷与齐国暗中勾结，才阻止伐齐。

夫差于是赐死伍子胥。伍子胥自杀前留下遗言：在他坟前种上梓树，好给将来有需要的人当棺材；将他的双眼挖出，悬挂在东门，好让他看见越人杀进吴国。（"乃告其舍人曰：'必树吾墓

上以梓，令可以为器，而抉吾眼悬吴东门之上，以观越寇之入吴也。'乃自刭死。"《史记·伍子胥列传》）

伍子胥的遗言形同诅咒，那棵梓树显然是"贴心"地为夫差准备的，夫差气得发狂，令人砍下伍子胥的头颅放在城门上，再将残肢扔进江里，恶毒地咒骂：日月烤你的肉，大风吹你的眼，烈日烧你的骨头，鱼鳖吃你的肉，你的尸骨变成灰，你还看什么看？（"日月炙汝肉，飘风飘汝眼，炎光烧汝骨，鱼鳖食汝肉，汝骨变形灰，有何所见？"《吴越春秋·夫差内传》）

夫差是否真的如此恶毒？不一定。杜光庭在《录异记》里提供了另一说法。伍子胥临终前，嘱咐儿子将其头颅悬挂在城门，他要见证越人攻陷吴都；投其尸身入江，他早晚乘着江潮，目睹吴国的败亡。自此以后，钱塘潮澎湃汹涌达数百尺，声势浩大，百里外都听得见，如果观众运气好或者不好的话，还能看见伍子胥乘坐白马白车，傲立于潮头之上。（"自是海门山，潮头汹涌高数百尺，越钱塘……到暮再来，其声震怒，雷奔电激，闻百余里。时有见子胥乘素车白马，在潮头之中。"）原来著名的钱塘潮居然跟伍子胥有关，也就是说，没有伍子胥就没有钱塘潮，别说钱塘潮跟伍子胥的脾气还挺般配。

伍子胥死后十年，吴国兵败如山倒。当越军兵临吴都时，越军产生幻觉，但见城门上的伍子胥头颅大如车轮，目如闪电，须发呈现静电反应的炸裂状，十里外都看得见。越军吓瘫了，不敢前行。夜晚时分，电闪雷鸣，暴风骤雨，飞沙走石，疾如箭矢，很多越兵离奇地被射死。文种和范蠡非常恐惧，赤裸身体，向伍子胥的大好头颅跪拜。剧情至此，都还合情合理，接下来就跑偏了。

伍子胥在深夜时给文种和范蠡托梦，说此前他制造的种种不便，只是不忍吴国灭亡，现在他已经知道越国胜利一切都是天意，终究已注定，他甘当马前卒，带领越军从东门入城。("吾心又不忍，故为风雨以还汝军。然越之伐吴，自是天也，吾安能止哉？越如欲入，更从东门，我当为汝开道，贯城以通汝路。"《吴越春秋·勾践伐吴外传》) 敢情伍子胥还是带鬼子进村的"鬼"。夫差见大势已去，用帷幔掩面自刎，死前说他无颜在地下面对伍子胥。

楚、吴之难都与伍子胥有关，或直接或间接。如果伍子胥当初没有怂恿并协助阖闾除掉吴王僚，吴国的结局是否会不一样？至少不会更差。伍奢对儿子很了解，当伍子胥逃亡后，他对楚平王说：楚国将陷入血雨腥风。当伍子胥打算复仇时，结果只是时间问题，他的愤怒将如钱塘潮吞没一切。

九　铸剑传奇

吴越有一项"高科技"是任何一个国家都没有的，那就是铸剑之术。越国的欧冶子是当时的铸剑大师，他的同学干将是吴国人，两人铸剑水平难分伯仲。("干将者，吴人也，与欧冶子同师，俱能为剑。"《吴越春秋·阖闾内传》) 他们愣是把铸剑这门手艺弄成了玄学。

传说中的名剑几乎都与他们有关，欧冶子的鱼肠、湛卢等自不待言，哥俩合作铸了三把剑，分别是龙渊、泰（太）阿和工布，它们经常出现在仙侠小说和文人的诗词中。龙渊在唐代时为了避唐高祖李渊的讳，被更名为"龙泉"。李白有诗曰："宁知草间人，腰下有龙泉。"其实龙渊在唐朝时早就消失了，据说晋代时有人在地基里挖出龙渊和泰阿，可它们一面世就跃入湖中化龙飞走了。

阖闾是个剑痴，不满足于从越国进口的三口宝剑，下诏干将为他度身打造两把剑。干将的妻子莫邪也是同道中人，夫妻俩接诏后，多次召开小组研讨会，甚至在枕边都不忘商讨技术细节。

剑的原材料极为讲究，比核武器还要挑剔。首先要采集名山的精铁，铸剑时必须在阴阳交会的瞬间才可以点火。好不容易开炉了，烧了半天，铁矿石居然不能熔化。干将傻眼了，哪怕技术比挖掘机还强，对原矿石也束手无策。

关键时刻莫邪提出解决方案：需要有人投身炉内才能熔化矿石。干将醍醐灌顶，想起师傅当年为了铸剑，夫妻俩双双投入炉内才炼出名剑。莫邪于是聪明地用自己的头发和指甲代替自己的肉身投入炉内，然后再让三百童男童女拉动风箱，终于熔化了矿石，铸出最著名的雌雄双剑，并以两口子的名字命名：干将和莫邪。在《吴地记》里，莫邪没有投机取巧，而是自己投身炉内才熔化矿石。（"莫邪闻语，入炉内，铁汁遂出。"）此说与后面的故事相抵触，不予采信。

剑是造出来了，新问题又出现了：献剑之日很可能便是剑师的死期，因为君王不愿他们再被别国聘请，铸造"大规模杀伤性武器"。干将藏起雄剑，告诉妻子，万一他遭不测，将来让孩子用雄剑为他复仇。阖闾试了试干将献上的雌剑，轻松将牛马劈成两半，削铁如泥，还能将石头劈成碎片。（"夫吴干之剑，肉试则断牛马，金试则截盘匦，薄之柱上而击之，则折为三，质之石上而击之，则碎为百。"《战国策·赵策三》）阖闾见宝剑如此好用，就忘了要雄剑，也没有杀干将。在这个版本里，没有杀戮，大家都高兴收场。

阖闾有了莫邪剑还不满足，发出悬赏令：谁能做出最锋利的吴钩，赏金一百两。吴钩在兵器中也很有名，是一种弧度比较大的弯刀，李白显然对吴钩很熟悉："赵客缦胡缨，吴钩霜雪明。"吴钩发轫于吴国，擅长制造这种武器的人很多。悬赏令发出后，很多工匠都把作品送往指定地点，等待评奖结果。

有个人渣为了造出最锋利的钩，居然杀了两个儿子，用他们的血润刃，术语叫作"衅金"。《吴越春秋·阖闾内传》载："吴作钩者甚众，而有人贪王之重赏也，杀其二子，以血衅金，遂成二钩，献于阖闾，诣门而求赏。"

别人都在家等结果，此人等不及，急吼吼地跑到官府要求面见吴王，声称他的钩保证最销魂。官员不敢怠慢，便将他带到阖闾面前。

阖闾指着堆积如山的钩问那个最渣的工匠，何以见得他的作品最佳。渣人人狠话不多，念着两个儿子的名字，只见两柄吴钩从一堆钩里脱颖而出，飞到渣人的怀抱里。阖闾眼珠子都快掉出来了，没想到还有这种操作，当场赏了渣人百两黄金。阖闾将这两柄钩视若珍宝，一左一右挂在腰间，看上去像是卖钩的。事实证明，这对钩并未给阖闾带来好运，不久后他死在与越军的交战前线。

干将、莫邪的传说在《搜神记》里有另一个版本，精彩至极，鲁迅先生都爱不释手，并以此为素材，写下《故事新编》里的《铸剑》。

干将、莫邪在这个版本里为楚王铸剑，花了三年时间才铸成雌雄双剑。因为工期远远超过合同规定，楚王早就暴跳如雷。当时莫邪怀孕了，干将献剑前对太太说他此去必死，他把雄剑藏在南山的石松里，如果生了儿子，让他将来取剑找楚王复仇。楚王见只有雌剑，怒不可遏，当场斩杀干将。

莫邪真的生了儿子。这个孩子有个特征像伍子胥——双眉间的距离达一尺，所以外号就叫眉间尺。他的性格也像伍子胥，坚韧、果决，为了复仇可以做任何事。他的复仇比伍子胥要正义得多，后者陷太多无辜的百姓于其个人的血海深仇之中。

眉间尺长大后，和母亲一起去南山挖出干将剑，日思夜想的都是如何杀楚王为父报仇。眉间尺还是少年，也没学什么独孤九剑，要杀楚王谈何容易。更糟糕的是，"王梦见一儿，眉间广尺，言欲报仇"（《搜神记》）。楚王命真大，居然梦中得预警，于是画像悬赏千金取眉间尺人头。少年的特征太过明显，悬赏一出来，他便只能逃进深山躲起来。

少年成天愁眉不展，眉头皱得只剩下半尺。这一天，少年坐在一棵松树下，想到无法为父亲报仇，绝望与悲伤让他呜咽起来，他没上过学，只会用象声词表达情绪。

有个林间过客听到少年的悲鸣，便上前问：你青春年少，本该鲜衣怒马，何故哭得如此悲戚？（"子年少，何哭之甚悲邪！"《搜神记》）此人无名无姓，外貌、穿着打扮一概不知，就像从虚无中走出来的幻影，从他后来的作为来看，我们姑且称之为大侠吧。

少年大概感觉大侠值得信赖，再加上没有社会经验，就和盘托出说他是干将、莫邪的儿子，楚王杀了父亲，他要报仇。大侠心生悲悯，说他知道这件事，他愿意帮忙，但有个条件。

少年闻言展眉，那个瞬间眉间距离足有两尺，表示只要能够杀死楚王，任何条件都可以接受。大侠说要取得楚王信任必须要用少年的人头和宝剑，然后他再伺机刺杀楚王，替少年报仇。

少年没有问大侠如何杀楚王，只说了两个字：幸甚！然后割下头颅，还用双手捧着头和剑交给大侠，身体僵立着。大侠为少年的血性动容，许诺道：我绝不辜负你！少年闻言，身体才软软地倒下。（"即自刎，双手捧头及剑奉之，立僵。客曰：'不负子也。'于是尸乃仆。"《搜神记》）这短短的二十来字胜过千言万语，他们之间的那种信任撼人心魄。鲁迅先生在《铸剑》里为大侠穿上黑色的衣服，称其为"黑衣人"。少年问他是否出于对孤儿寡母的同情，黑衣人说："仗义，同情，那些东西，先前曾经干净过，现在却都成了放鬼债的资本。我心里全没有你所谓的那些。我只不过要给你报仇！"

大侠带着少年的头颅去见楚王。楚王非常高兴，本来昏昏欲睡，一下子精神抖擞起来。他已经很多个晚上没有睡安稳了，脑子都有些痴呆了。因为有些痴呆，大侠说什么他都信。大侠取得了完全信任，楚王甚至都没有搜查他藏在衣服里的干将剑。

大侠说那是勇士的头颅，需用大汤锅（汤镬）煮才行。楚王毫不迟疑，马上安排人支起汤锅，他也不问问为什么要煮一颗头，难道不煮一煮，梦中的眉间尺便会复活？头在锅里煮了三天三夜依然不烂，在沸腾的汤水中跳跃着，双目圆睁，很是愤怒，好像嫌弃楚王太小气，没加辣椒和花椒。

大侠接着忽悠楚王，只有他亲自去汤锅边视察，头才能煮烂。（"此儿头不烂，愿王自往临视之，是必烂也。"《搜神记》）楚王也没问他的目光是否有微波炉的功效，依言去了汤锅旁边。说时迟那时快，大侠抽出藏在衣服里的干将剑，挥剑斩下楚王的头。楚王的头像一粒硕大的花椒掉进锅里。

大侠接下来的举措出人意料，他挥剑斩下自己的头颅，也落入锅中。楚王的身边肯定有很多侍从，大侠能斩杀楚王，说明他的身手非常厉害，而且手中的干将剑是天下第一利剑，再说楚王猝死，现场肯定一片混乱，大侠是有生机的。可他根本就没想过要活下去，当少年砍下头颅托付自己，他就决定去陪少年死，无论复仇成功与否，只有这样才是"不负子也"。

锅中的三个头都煮烂了，分不出谁是谁。楚人便将锅中的汤肉平均分成三份安葬，统称"三王墓"。

《搜神记》里的《三王墓》是一篇极其出色的短篇小说，不仅情节跌宕起伏、情绪饱满，还形成一个完美的闭环：干将因干将剑被楚王诛杀，楚王最后又被干将剑诛杀，杀人者终究还是会被杀，因为天下有眉间尺这样的赤子，有大侠那样以命相诺的汉子。

十 因为爱情

阖闾的大女儿滕玉娇蛮任性，因为半条鱼就不愿苟活，她在变相证明自己的生命不如半条鱼，死后化身白鹤，还害得成千上万的人为自己殉葬。阖闾的小女儿叫紫玉，脾气甚至比姐姐更大。这姐俩若是执掌天下，估计能把天下人气死。她俩的脾气肯定遗传自父亲，不过阖闾生气的时候不是杀自己，而是杀别人，他就是气不过堂弟吴王僚挡了他的道，便杀之并代之。

当时紫玉年方十八，容貌才学俱佳，喜欢上了一个会道术的十九岁少年韩重（重字也作众、终），和他暗通款曲。两人过从甚密，紫玉的名声因此败坏，但她并不在乎，因为她要嫁给韩郎为妻。阖闾很在乎，扬言要捉拿小流氓。紫玉赶紧示警，韩重便以去齐鲁游学的借口，逃离吴国，以躲避毒手，他知道那位准岳父有多毒。离家前，韩重托付父母为他求亲。

阖闾嫌韩氏门第太低，非常恼怒，坚决不答应这门亲事，他没有杀死韩重父母已经算是难得的仁慈了。紫玉与父亲数次交涉不过，竟活活气死。她也被葬在阊门外，和姐姐滕玉做邻居。

三年后，韩重回来后，得知心上人已经死了，心碎了一地。

他带上祭品去紫玉墓上祭奠，诉说着三年来的相思以及对阴阳相隔的悲痛。韩重正哭得脑子缺氧，就见紫玉的魂魄从墓中走到面前，唱着一支极其悲伤的歌，最后唱道："身远心近，何当暂忘？"（《搜神记》）意思是他们心灵相通而肉体相隔，相思何时是个头？

韩重更悲痛了，脑子缺氧也更严重。当紫玉邀请他去墓里喝杯茶时，韩重大口呼吸着空气，脑子"满氧复活"，表示生死殊途，他不敢接受邀请。

紫玉伤心地说他难道害怕变成鬼的她会伤害他吗？她只是想到一别后再见无期，只是想把一片诚心奉上，以后她踏踏实实做鬼，他踏踏实实地做人，从此两不相欠。

韩重又被说得脑子缺氧，就跟着紫玉进了墓。韩重在墓里待了三天三夜，和紫玉行了夫妻之礼。临别时，紫玉送给韩重一颗硕大的明珠，说她的名声早已败坏，愿望也无法达成，愿他多保重，有空可以去看看她的父王，代她问个好。韩重答应了，出墓后就去见阖闾，把跟紫玉相见的经过一一陈述。

阖闾认为韩重编鬼话骗他，气得脑子缺氧。韩重为了让他相信，便出示了那颗明珠。阖闾更缺氧了，差点儿脑梗，指责韩重不但是小流氓，还是盗墓贼，当场下令拿下韩重。可能在盛怒之下，阖闾口齿不清，侍从们没听清，韩重趁机逃走。

韩重又回到紫玉墓前，把前因后果讲了一遍。紫玉让他不要担心，她当天就进宫找父王谈谈。

阖闾正在梳洗，突然看到紫玉站在眼前，惊得把水盆都打翻了，镇定下来后，见女儿还站在原地，以为她复活了，高兴得手足无措。紫玉就把事情经过讲了一遍，希望他不要再为难韩重。

紫玉母亲听到动静从内室走出来，颤巍巍地走向女儿，伸臂抱住她。紫玉没有说话，在母亲的怀抱中化作一股青烟消失了，就像从未出现过。

紫玉魂去而言犹在耳，阖闾永远都忘不了女儿最后说的话："昔诸生韩重来求玉，大王不许，玉名毁，义绝，自致身亡。"（《搜神记》）她生前名誉毁了、情义断了，韩重是她留在世上的最后念想。阖闾脾气再暴，看在女儿面子上，也不忍心拿韩重撒气。

求道的韩重离开了伤心的故国，定居齐国，后来辗转去了宋国，并在那里成仙飞升。洪兴祖《补注》引《列仙传》称，韩重在宋国担任宋王的保健医生，工作非常尽责，经常冒着"提前成仙"的危险攀缘崇山峻岭采药。有一次，他采到极其珍贵的仙药。他很有职业操守，没有自食仙药，而是小心翼翼地呈给宋王。哪知道宋王竟然不肯服用，可能药的味道或者外形古怪，宋王难以下咽；要不就是有人在宋王面前故意诋毁韩重。韩重于是自己服了药，药效上来后，韩重像气球一样缓缓飞升。（"齐人韩终为王采药，王不可服，终自服之，遂得仙也。"《列仙传》）韩重修道而成仙，屈原很羡慕他："奇傅说之托辰星兮，羡韩众之得一。"（《远游》）屈夫子对傅说死后灵魂依附星宿表示惊讶，但对韩重则只有羡慕，"得一"是得道之意。韩重飞升时，一定想起了墓中的紫玉。他成仙，她为鬼，仙鬼之间的距离超过人鬼殊途。长生的韩重拯救不了永死的紫玉，他只能发出李商隐式的叹息：此情可待成追忆，只是当时已惘然。

韩重和紫玉的遗憾被另一对恋人弥补了。这对恋人是萧史和弄玉。萧史早就得道了，但没有像韩重那样迫不及待地飞升，而是一直在人间进修，相貌看起来就像"永远的二十五岁"。（"萧史，不知得道年代，貌如二十许人。"《仙传拾遗》，引自《太平广记》）弄玉是秦穆公的女儿。

萧史在人间游手好闲，啥都不需要干，餐风饮露就管饱，但他没有选择躺平，而是经常采取站姿——吹箫。他吹箫的水平跟师旷不相上下，能让白鹤和孔雀都聚集到他周围翩翩起舞。但是尚比不上舜的乐官夔，他吹奏《韶乐》时，连祖先的亡灵和凤凰都站在观众席聆听。箫这门艺术看来呈退化趋势，现在会吹箫的人不少，但吹起来麻雀没被吓走就算好的了。别指望白鹤来捧场了，白鹤都成濒危动物了，不亦悲乎？

弄玉虽然没有得道，却同样可以游手好闲，虽然餐风饮露不管饱，但锦衣玉食对于她就像风和露一样唾手可得，她也没有躺平，因为她也喜欢吹箫。普通人痴迷于什么，通常意味着他精于此道，但弄玉偏偏好而不精，秦穆公每次听到女儿的箫声面部肌肉都失控地抽搐。但他是个好父亲，比阖闾好一万倍，他没有想过让女儿改学别的乐器，而是为女儿请了一位老师。这位老师便是萧史。

二十五岁（其实可能二百五十岁都不止）的萧史和少女弄玉初次见面后，双方都给彼此留下了深刻的印象，一个箫吹得极好，一个箫吹得极差，这个不重要，关键是他们还有另一层印象：男的帅，女的美。萧史在那个瞬间明白了人间值得的意思，弄玉则明白了一个道理：如果一个箫吹得好的人不是帅哥，简直伤天害理。他们既不伤天更不害理，男未婚女未嫁，金风玉露碰撞出箫声一片。

为了更好地教与学，两人干脆结婚了，从此天天切磋箫艺，一帮一、一对红。弄玉对箫艺的追求很高，想要用箫声引来凤凰，那是连萧史都没达到的水平。在爱情力量的鼓舞和驱使下，萧史开始攀登从未抵达的境界，他在教弄玉的同时，自己也在学习，就像在游泳中学习游泳。

箫声引凤的超高技艺早就失传了，萧史只好用最笨的方法：以箫声模拟凤凰的鸣叫，让凤凰以为同类在召唤，从而取得同样的效果，相当于拿死凤凰当活凤凰医。经过数年不懈的努力和坚持，他们真的成功了，吹出的箫声似凤凰鸣叫，于是一只又一只凤凰飞来围观两只"人形凤凰"。["（萧史）日教弄玉作凤鸣。居数年，吹似凤声，凤凰来止其屋。"《列仙传》]

凤凰属于顶级祥瑞，周朝取代商之前，便有很多凤凰出现在周原，秦穆公对此肯定耳熟能详。秦穆公高兴极了，尽管秦国当时并不富裕，他还是心甘情愿在山里为女儿、女婿建了一栋别墅，取名凤台，希望有更多的凤凰来此定居。凤台成了名副其实的凤巢，同时也是萧史和弄玉的爱巢，夫妻俩待在里面乐此不倦，很少出来，除非是秦穆公来看凤凰。又过了几年，夫妇二人再也低调不下去，乘凤凰飞走，飞进神话。为了纪念远走高飞的女儿，秦穆公令人在宫中建了凤女祠，不时能听见箫声从中传出。"公为作凤台，夫妇止其上不下。数年，一旦皆随凤凰飞去。故秦人为作凤女祠于雍宫中，时有箫声而已。"（《列仙传》）

　　秦国虽为一方诸侯，但在秦穆公之前，一直被当作乡巴佬。秦穆公对于秦国有里程碑的意义，被周襄王封为"西伯"。周文王姬昌当年也曾是西伯，也曾见过凤凰。姬昌经历过的，秦穆公托女儿的福也经历了，而这一切始于一场箫声相随的爱情。

第十章　秦时明月

一　李冰父子传奇

秦穆公为秦国打下了强国的根基，三百年后的战国末年，到秦昭王时代，秦国成为独一档的超级强国，让其他六雄噤若寒蝉，变成"六熊"。

秦昭王早就不把周王放在眼里，如果他想取周朝而代之，那只是分分钟的事。他的目标不是在洛邑苟延残喘、召之即来挥之即去的周王，而是击败所有诸侯国，让天下姓秦。这意味着有很多仗要打，为了筹备充足的粮草，秦昭王派李冰前往蜀国任郡守，兴水利，促生产，让蜀国成为秦的粮仓。

众所周知，李冰是古代著名水利工程专家，都江堰就是其大手笔，正是因为他成功控制水患，才让成都平原变成万顷良田，既造福了当地百姓，也为秦源源不断地提供粮草。没有李冰，秦灭六国的时间将会大大推迟，甚至能否战胜六国都是问题。

在神话里，李冰治水靠的不是智慧，而是匪夷所思的神通。李冰来蜀国之前，江水泛滥成灾。因为江神好色成性，每年都要百姓献上美女两名，否则就生气，一生气就兴风作浪，然后洪灾就暴发了。江神的行径极其恶劣，滔滔江水永不休都洗不白。

到了献祭日，李冰告诉百姓，他们无须献出女儿，他将把自己的两个女儿嫁给江神。李冰在祭坛上斟了两杯酒，端起一杯先干了，然后请江神露出尊容，和他这个准老丈人干一杯。（"江君大神，当见尊颜，相为敬酒。"《太平御览》）李冰的请求不仅合情合理，而且合礼合节，但江神竟然不予回应，神座上的酒杯纹丝不动。

书生李冰怒发冲冠，拔剑在手，大喊既然江神瞧不起我，那我就打你！（"厉声曰：'江君相轻，当相伐耳！'"《太平御览》）只见李冰身影一闪，人就不见了。观众惊诧莫名，怀疑郡守大人是否用了比乾坤大挪移更厉害的量子纠缠。就在众人面面相觑的时候，岸上突然莫名其妙地出现两只青牛，角对角斗得苦大仇深。二牛角斗水平不相上下，打了好久都不分胜负。其中一头牛急了，说起人话：脸朝南，腰间系着白带的是我。（"南向要中正白，是我绶也。"《太平御览》）李冰的属下听出那是自家长官的声音，于是拿起武器群殴另外一头没有记号的牛。那头牛双角不敌群众的千手以及另外的双角，愣是被活活打死，那头牛当然就是江神。从此风平浪静，水患不再，洼地变良田。这个传说令人困惑的地方在于，双方为什么变成牛"相伐"？为了把群众培养成斗牛士吗？李大人不是拔剑而起吗，剑去了哪里？

在另外一个传说里，李冰没有假装要把两个女儿献给江神，而是直接跳进江里化为牛身与江神"相伐"，江神不甘示弱，化为龙。龙牛相斗，吃亏的肯定是牛。李冰首战败北，上岸后他像裁判一样把属下招来开了个战术研讨会，他预测江神也将变成牛，他将在身上系上白带为记号，到时候大家射那头没记号的牛就好。（"吾前者为牛，今江神亦必为牛矣，我以大白练自束以辨，汝当杀其无记者。"《成都记》，引自《太平广记》）于是乎，可怜的江神又被射死了，水患遂平。这个传说就更令人困惑了，江神的龙造型明明战胜了牛，他为什么要扬短避长，退化成牛跟李冰死磕，还真的被磕死了？

不管怎样，天生异禀的李冰愣是凭一身神通和与队友的合作，杀死了愚蠢的江神。现在灌县古城有旅游景点"斗犀台"，据说正是李大人斩江神的地方。李大人有如此神通，比杀人魔王白起强一万倍，秦昭王却让他来蜀国种田，这不是浪费人才嘛。

李冰与江神的传说还有其他版本，在这个版本里，主角不是李冰，而是其二儿子。这个二小子在民间的名气比他爹大多了，因为他就是神话里二郎神的原型。二郎喜欢鲜衣怒马，他有七个狐朋狗友，号称"梅山七圣"，名头很响亮。据说二郎壮实得连老虎都害怕，比武松强得不是一星半点儿。他之所以和"梅山七圣"成为好友，是因为后者被其勇猛折服，他们见到他的时候，他的肩膀上扛着一只死老虎。

李冰声称把两个女儿献给江神，其实其中一个女儿是二郎乔装的。二郎见江神现身后，马上提剑跳下水。江神吓得摔了一跤，因为他从未见过一个如此魁梧的女娇娥。二郎的好友"梅山七圣"也跳入江，八打一，江神寡不敌众，愣是被活活打死了。（"二郎奉父命而斩蛟，其友七人助之，世传梅山七圣。"《灌志文征·李公父子治水记》）

蜀人为了感谢二郎，建二郎庙以表达不能忘却的纪念，二郎也因此进入神话，成为二郎神。朱熹百忙中还关注了二郎，《朱子语类》中说："蜀中灌口二郎庙，当初是李冰因开离堆有功，立庙。今来现许多灵怪，乃是他第二儿子出来。"

一个江神分别被父子杀死两次以上，真是挺倒霉，就当制服江神是李冰父子共同的功劳吧。据《水经注·江水》载，李冰在江中立石人，与江神约法三章（江神不是死了吗），旱时水位不能低于石人足部，水位高时不得高过石人肩部。江神怕再死一遍，只得答应下来。

正是因为李冰父子，成都平原从此再无水患亦无旱灾，从那时起，蜀地才被称为"天府之国"。蜀人在江边修了一座庙，叫崇德庙，后来又改称为二王庙，李冰父子是名副其实的无冕之王。百姓的心里有杆秤，真的有恩于他们的人是不会被忘记的，无需公权手段。每年春夏之交，百姓络绎不绝自四方而来，为两位李王献上香火，渐渐地，庙周围形成庙会，又为百姓带来新的福利。

蜀人对李冰的敬爱还不止于祭祀，他们喜欢称呼自己的儿子为"冰儿"，希望他们能够长得像李冰大老爷一样健壮。

二 易水寒

秦昭王死后的第八年，嬴政即位，六国连"熊"都做不成，一个个都成了病猫，被惹急了，充其量挠一爪，能把秦国的发型给抓乱一点儿就算战绩辉煌。

嬴政当初也是苦人儿，幼年时在赵国做人质，贫寒与恐惧是他的童年记忆。心理学认为，童年的经历对一个人成人后的性格形成影响很大，斯言信也，嬴政后来的所作所为明显体现了其报复性人格。

当时在赵国做人质的还有燕国的太子丹，他与嬴政年龄相仿，又同病相怜，两个小伙伴很自然相依取暖，成为好友。

十几年后，燕国又把太子丹送往秦国做人质。太子丹来秦国前，还抱着侥幸心理，自己和秦王政是总角之交，在秦国的待遇肯定比其余五国好。哪知道，昔日的小伙伴不再拿他当伙伴看，处处居高临下，生怕"人质丹"不知道他已经是最强国大秦之王，"人质丹"没资格和秦王政套交情。不堪忍受精神虐待的"人质丹"选择逃回国做太子丹。（"及政立为秦王，而丹质于秦。秦王之遇燕太子丹不善，故丹怨而亡归。"《史记·刺客列传》）太子丹实在不是个负责任的储君，人质危机完全可能演变成亡国之祸。太子丹一想到曾经受过的羞辱，气得睡不着觉，做梦都想杀秦王泄愤。可他连觉都睡不踏实，梦也短促，短得来不及杀死仇人。

太子丹的门客写了本《燕丹子》，往主子脸上贴金，透露太子丹不是逃回国，而是正大光明回国的，而且是在上苍的护佑之下。

太子丹当面向秦王表示他想回家看看，秦王不准，促狭地说要回去也可以，除非乌鸦白头、马生出角来才可以。（"令乌头白，马生角，乃可许也。"）太子丹绝望地闭上眼睛仰天长叹，心中愤恨不已。太子丹一直不愿睁开眼睛，他怕自己忍不住要打小政子，那么被打死的人将是他小丹子。太子丹正胡思乱想，就听见秦王声音沙哑并且颤抖地说：你可以回去了。

太子丹睁开眼，以为自己出现幻听，怔怔地望着秦王，没说话。太子丹的随从在一旁小声而兴奋地说：主公，树上的那只乌鸦真的白头了，马厩里的那匹马真的长角了！白头乌鸦因为白了头空悲切而不好意思，已经飞走了，那匹生角的马不安地跺着四蹄，似乎想把角跺掉。太子丹心花怒放，急忙躬身作揖向秦王道谢。

太子丹就这样在上天的帮衬下，踏上了回乡之旅。王充还嫌不过瘾，除了"乌头白，马生角"，又加了三款："使日再中，天雨粟……厨门木象生肉足。"（《论衡·感虚篇》），即一天太阳两次出现在正中（即两个中午），天上下的不是小雨而是金黄的小米，厨房门上的木象生出肉足。王充的补充不太有诚意，"天雨粟"明显抄自《淮南子》。

秦王不甘心让太子丹顺利回国，在渭水的桥上设置感应机关，一旦太子丹过桥，则桥毁人亡。上天继续保佑太子丹，当他踏上桥时，两头蛟龙托住桥梁，机关生生被憋坏了。（"燕太子丹质于秦，见遣，而为机桥于渭，将杀之，蛟龙夹举，机不得发。"《博

物志》，引自《太平御览》）

太子丹回国后，一门心思钻研刺杀秦王的技术。燕国军力跟秦国相比，完全是以卵击石，唯一的办法是出其不意地行刺。太子丹物色了二十多个刺客，但田光认为那些刺客都是吃货，不堪大用，他隆重推荐了荆轲。

太子丹于是派老师和田光去礼聘荆轲。荆轲当时正在睡觉，田光和太子老师也不吵醒荆轲，只是在他两个耳朵里分别吐了口唾沫。荆轲醒来时，发现耳朵湿漉漉的：出口入耳，必有大事。于是便去见田光，田光将他介绍给太子丹。

太子丹拿荆轲当爷爷供着，一供就是三年，然后才提出刺杀秦王的打算。荆轲已经没有回头路了，他所享受的那些光是利息就还不起。

荆轲于是开始筹备刺杀方案，具体过程很有戏剧性，因为没有神话色彩，此处从略，详见《史记·刺客列传》。

荆轲出行那日，太子丹和门客戴着白帽、穿着白衣在易水边为荆轲饯行，双方都明白，此一去再见无期。荆轲挥别时，昂首向天，唱道："风萧萧兮易水寒，壮士一去兮不复还！探虎穴兮入蛟宫，仰天呼气兮成白虹。"就在这时，天生异象，只见一道白虹朝太阳射去，看来白虹是荆轲的气息。（"荆轲为燕太子谋刺秦王，白虹贯日。"《论衡·感虚篇》）太子丹看见了白虹，但他什么都没说。

秦王听说荆轲献燕国地图，马上和颜悦色地在朝堂接见荆轲。荆轲把地图一点一点地展开，匕首出现了。那把匕首非凡物，是名家徐夫人锻造，刃口淬毒，比氰化钾还毒。徐夫人是男的，李白曾作诗曰："我有一匕首，买自徐夫人。"买匕首的不是李白，而是荆轲或者太子丹。李白爱做梦，反正不用上税，还声称他的腰间有把龙泉剑呢。

荆轲抓起"徐夫人"，准备向秦王刺去。秦王腰间有把名唤"鹿卢"的宝剑，但是情急之下拔不出来，因为剑太长了。秦王只得做可怜状，说他愿意死在他手下，只是临死前想听一曲琴声。

荆轲当时很紧张，脑子颇缺氧，就答应了秦王的要求。秦王便招来女琴师奏乐。该琴师不仅是琴师，还是女巫。她用琴曲告诉秦王如何逃生："罗縠单衣，可掣而绝；八尺屏风，可超而越；鹿卢之剑，可负而拔。"（《燕丹子》）意思是衣衫一扯就裂了，八尺屏风可以越过去，鹿卢长剑负在背上就可以拔出来。于是秦王奋力扯断袖子，并跳过八尺屏风，逃离荆轲。（"奋袖超屏风走之。"《史记·刺客列传》）嬴政居然需要琴师告诉他才知道用力挣断袖子，这样的智商实在堪忧。他的身手又好得不可思议，居然能越过八尺的屏风，如此弹簧人一般的体质被荆轲拿捏得死死的，也是奇哉怪哉。再说他有如此一级运动员的身手，还需要琴师提醒才知道跳高？

荆轲见煮熟的鸭子飞走了，绝望地掷出徐夫人牌匕首，匕首偏出，砸在铜柱上。这把匕首质量真的非常好，插进铜柱，火花四溅。秦王见荆轲手中没了武器，狞笑着走上前，用好不容易拔出来的剑斩断荆轲双手。其实他根本无须多此一举把腰间的剑调整到背部再拔出来（"负而拔之"），正常情形下，他一定是将剑鞘摘下握在手中，拔出剑、扔掉鞘。荆轲凄然地说自己太大意了，被傻小子（竖子）骗了，只可惜他无法为燕国报仇雪恨。（"吾坐轻易，为竖子所欺，燕国之不报，我事之不立哉！"《燕丹子》）话刚说完，秦王的手下一拥而上。荆轲死于乱刀之下。秦王的手下简直是节奏大师，等秦王和荆轲的"戏份"表演完毕之后，才跳出来收尾，生怕抢了戏。

荆轲是知名度最高的刺客，因为他蹭了秦始皇的流量，也是最失败的刺客。其失败的原因很简单，他的身手太差了，肯定远远不如专诸。他的搭档武阳更是个怂包，见了秦王大殿的阵势，吓得腿发抖，在整个过程中，他都是一个捂着眼睛的看客，被人砍死都不知道。如果他从旁抱住嬴政，结果可能大不一样。荆轲空有一身豪气，却没有金刚钻，徐夫人匕首也没用。如果荆轲和武阳换成专诸和要离，事必成。

最可恶的还是太子丹。荆轲渡易水时，他看见白虹射向太阳，但白虹半途而止，并未贯日，意味着功败垂成，他仍然没有叫回荆轲和武阳。噩耗传来时，他竟然像个先知恬不知耻地说：早知如此。（"荆轲发后，太子见虹贯日而不彻，曰：'吾事不成矣。'后荆轲死，事不立，曰：'吾知之矣。'"《烈士传》，引自《太平御览》）

这个粗糙的利己主义者一定想不到自己的命运有多悲惨。秦王因为荆轲行刺，对燕国采取特别军事行动，燕国毫无还手之力。太子丹的父亲燕王问秦王有没有转圜的余地，秦王说献上太子丹的人头他就撤军。于是燕王高效地杀死太子丹，将人头献给秦王。

秦王哈哈大笑，将太子丹的人头踢到一边，下令继续进攻。燕国乃亡。

太子丹死不足惜，燕国却被他害得猝死。他的门客再怎么给他洗白都没用，司马光在《资治通鉴》里如是评价："燕丹不胜一朝之忿以犯虎狼之秦，轻虑浅谋，挑怨速祸，使召公之庙不祀忽诸，罪孰大焉！而论者或谓之贤，岂不过哉！"这段话直白的解释是：太子丹是个冲动的蠢货。只是可惜了荆轲，如果时光可以倒流，他一定会在易水边转身，对太子丹说：欠你的钱我会打工还你的。

三　秦始皇求仙记

荆轲的行刺让嬴政加快了灭六国的节奏，六国不除，荆轲们还会出现，如果每次都让女琴师弹琴告知逃生之术，还挺丢脸的。

嬴政虽然遇刺时逃生技能一塌糊涂，但灭六国却像砍瓜切菜一样，一统天下后，他给自己起了个尊号曰"始皇帝"，意思是自他开始，二世、三世乃至 X 世，无穷无尽，想得真美真丰满，如果这万世江山都由自己来打理，那就更美了。要达到一人万世的神仙境界，首先要成为神仙。

秦始皇求仙是认真的，四处打听如何得到长生不死药。经过调研，秦始皇的注意力集中在蓬莱、瀛洲和方丈三座仙山上面，据说三仙山上的鸟兽全身洁白无瑕；宫阙的建筑材料都是黄金、白银；仙人无所事事地四处游荡着，路边的野花都可能是不死药，秦始皇倒是想采，就是采不到。

举国上下都知道秦始皇想要什么，于是催生出一个奇特的产业链——仙人中介。有个叫李少君的人声称他认识仙人安期生，在海上冲浪时结识的。（"少君言上曰：'……臣尝游海上，见安期生。'"《史记·封禅书》）李中介告诉秦始皇，安仙人实在不同凡响，吃的枣比一般人吃的瓜还大。伟大的秦始皇顿时变成吃瓜群众，双眼发直地看着李中介的 PPT 演示。李中介是个做推销的天才，告诉"吃瓜皇"，安仙人是个性情中仙，瞧谁顺眼就见谁，否则隐而不见。（"合则见人，不合则隐。"《史记·封禅书》）这个叫李少君的中介到汉武帝时又出现了，不知道是同名异人还是同一个人穿越了。李中介把退路都想好了，秦始皇见不到安神仙，那是他没有眼缘。李白"吹"得比李少君还要离谱："我昔东海上，劳山餐紫霞。亲见安期公，食枣大如瓜。"（《寄王屋山人孟大融》）但为什么一个被质疑是骗子，一个不是呢？因为李中介是奔利益而去，而李白只是过嘴瘾，所以他是浪漫主义诗人，再说那首诗是写给道士的，要是写成杜甫的曲风，孟道士会不高兴的。

不知道是不是经过李中介的引见，秦始皇东游时真的在东海海滨见到了安期生。安期生并没有什么仙风道骨，只是个卖药的糟老头子，当地人表示他至少已经活了千年。如果他真是个卖仙药的仙人，那他的生意该好成什么样？何苦在海边风餐露宿，混得像个赤脚医生。这个卖药翁很有可能是按照李中介写的剧本在演，不过他的口才极好，和秦始皇聊了三天三夜。秦始皇想到有活万世的可能，一点儿都不觉得累，他那时的心情喝汽水都会醉。

秦始皇越听越高兴，赏了安期生数以千万计的珍宝。卖药翁把钱财不知道放在何处，悄然离去，给秦始皇留了张便条和一双红玉鞋为答谢，便条上写着：过几年，来蓬莱山找俺。["（安期生）卖药于东海边，时人皆言千岁翁。秦始皇东游，请见，与语三日三夜，赐金璧度数千万，出，于阜乡亭皆置去。留书以赤玉舄一双为报，曰：'后数年，求我与蓬莱山。'"《列仙传》] 这个留言多少显得缺乏诚意，"数年"是几年？敢如此忽悠秦始皇，必须给他点赞。

秦始皇被安老头的留言搞得神魂颠倒，又有无数个三天三夜睡不着。他不仅不知道数年是几年，也不知道蓬莱的定位。可怜秦始皇急得像无头苍蝇，李中介活不见人死不见尸，看样子是跑路了。

更让秦始皇挠心抓肝的是，不死草竟然在他眼皮底下出现，但他就是连根毛都碰不到。有很多百姓屈死在秦始皇的狩猎行宫里，他们或死于高强度的施工，或被当作活靶子射死，尸体就七零八落地横在道旁。有种状若乌鸦的鸟，不知道从何处飞来，把嘴里衔着的草放在死人脸上，死人马上就活了过来。猎场管理员以为诈尸，差点儿吓死。秦始皇听说了这件奇事，就派人请教无所不知的鬼谷先生，得知那草叫不死草，生于东海的神山上，每一株可以让一人起死回生。（"昔秦始皇大苑中，多枉死者，横道，有鸟如乌状，衔此草覆死人面，当时皆起坐而自活……鬼谷先生云：'此草是东海祖洲上不死之草……一株可活一人。'"《十洲记》）秦始皇赶紧让人收集不死草，但一根富余的都没有，而且那种鸟儿再未出现。这个小故事成心挤兑秦始皇——不死草谁都给，就是不给你。

不死草既然得不到，那就去拜访安期生所在的蓬莱仙山吧。可惜安神仙没有留下蓬莱的方位，只能在东海上捞针了。谁去捞针呢？秦始皇周围有不少方士，谁都想领这份肥差。最终是徐福的意向书获得青睐。徐福动身前，提出带五百童男童女随行，秦始皇准了。也有说是三千童男童女，考虑那时的造船技术，不太可能造出"泰坦尼克号"大小的船只。五百童男童女意味着五百个家庭被拆散了，但在始皇帝的长生大计里，五百、三千算什么？有必要的话三万都不在话下。在他眼里，百姓尽如韭菜，被割是他们的宿命。

徐福离开后，秦始皇就掰着手指和脚趾数算徐福归来的日子，手指和脚趾被磨出茧了，徐福仍然没有归来。秦始皇临死前，才意识到他竟然也是韭菜，被徐福收割了。

徐福去哪了？有很多说法，其中一种能把秦始皇气活：徐福居然成仙了。在近千年后的唐朝开元年间，有个士人身患半身枯黑的怪病，出海寻仙方。此人在登洲海滨扬帆，漫无目的地随风而行。很明显，他是抱着碰运气的心理，万一不成功，葬身鱼腹也没什么大不了，生不如死的命失去也罢。船在海上漂了十余日，来到一个小岛，只见数百人如拜见皇帝一样叩拜坐在床上的白须老者。有个在水边洗药的妇人告诉士人，老者便是秦始皇时的徐福。徐福给了士人些黑药丸，一个疗程之后，体内排出数升黑水，枯黑病便痊愈了。（"唐开元中，有士人患半身枯黑……求仙方……岸侧有妇人洗药，指中心床坐须鬣白者曰：'秦始皇时徐福也。'遂登岸，求其医理，徐君以黑药数丸令食，食讫，痢黑汁数升，其疾乃愈。"《仙传拾遗》，引自《太平广记》）

秦始皇派人为他求长生不老药，可他没想到或者不敢想的是，求到仙药的人干吗不自己成仙？成仙后他们还用得着回去吗？求不到药的人也犯不着回去找死。秦始皇派出的求仙使者们都像肉包子打狗，一去不返。秦始皇不可能有勇气亲自出海求仙，他担心一旦在大海上迷途，大好皇帝宝座就丢了。对他来说，当不成皇帝，活着干吗？他儿子胡亥跟他完全相反，只要活着，不当皇帝也行，结果两头都没保住。

仙人未必都在海上的仙山上，也有可能就在秦始皇治下的滚滚红尘里。妫州有个学生叫王次仲，家离学校最远，但总是第一个到。一个人一天早到不难，难的是天天早到，何况还是孩子，哪有这样的意志力？老师怀疑王同学没有回家，放学后就让学生悄悄跟着一探究竟，发现他确实回到了家中。爱思考的同学们后来发现新的疑点：王同学进教室时手上拿着三尺长的木棍，但进教室后，同学们怎么都找不到那根棍子，找了好多年，一直等到王同学长大成人还是不明所以。王同学不仅行踪莫测，学问也高深莫测，能把古篆转换成通行的隶书，比繁、简体的转换要厉害得多。秦始皇听说了，召他为朝廷服务，王同学理都不理。秦始皇大怒，下令把他抓来。王同学半途中化成鸟从囚车中飞出。押解的官员吓坏了，跪在地上说，他们无法回去交差，请同情则个，否则他们必死无疑。飞在空中的王同学瞧他们确实可怜，就拔下两根羽毛给他们，然后就消失不见了。秦始皇懊悔得肠子都"枯黑"了，只是当时已惘然。（"始皇素好神仙之道，闻其变化，颇有悔恨。"《仙传拾遗》，引自《太平广记》）

秦始皇错过王同学，接下来又错过骊山神女。他在某种机缘下，结识了神女，一开始双方还好，神女为他奏琴。如果秦始皇处理得好，那就是一段类似周穆王和西王母的佳话。没想到，秦始皇"皇帝病"发作，竟然拿神女当宫女使唤。神女虽然是神仙，脾气还是很火爆，朝秦始皇吐了口唾沫就消失不见。秦始皇脸上马上生了疮，又红又肿，又痛又痒。秦始皇那时想的不是什么长生之术了，只求脸上的"痔疮"赶紧消失，否则他在朝堂哪还有颜面。秦始皇向神女求饶，终于获得谅解，脸上的难堪才消解。

王次仲和骊山神女的神话明显是挖苦秦始皇，长生就摆在你面前你也不懂得珍惜。

秦始皇在位的三十六年，有颗流星坠落，有人在陨石上刻字"始皇帝死而地分"。秦始皇怒不可遏，下令彻查刻字的人，没查出来，便将陨石周边的百姓尽数处死。秦始皇为了心理安慰，让博士创作《仙真人诗》四处传唱，希望以此抵消晦气。这年的某个秋夜，有个神秘人拦住秦始皇的使者，没头没脑地说："今年祖龙死。"（《史记·秦始皇本纪》）

秦始皇听了使者的汇报，沉默了很长时间，才说山野鬼怪不过知道一年内的事罢了。（"山鬼固不过知一岁事也。"《史记·秦始皇本纪》）无论他信还是不信，追求成仙的秦始皇在年内死亡，死后还跟臭鱼烂虾放在一起，真是莫大的讽刺。

四　孟姜女永垂不朽

如果要给秦始皇作幅画，背景里一定有逶迤、连绵不绝的长城。长城其实并非秦始皇的原创，北方的燕、赵早就构筑了长城以抵御胡人。秦始皇灭六国后，不惜耗费极其巨大的人力、物力将各国既有的长城连接在一起，形成了名副其实的长城——The Great Wall。

据说秦始皇修长城的动机与方士卢生有关。卢生是求仙者之一，自海上归来。他之所以敢回来，是因为他从仙山上抄得鬼神的启示：灭秦朝的是胡。（"燕人卢生使入海还，以鬼神事，因奏录图书。曰：'亡秦者胡也。'"《史记·秦始皇本纪》）秦始皇做噩梦都想不到"胡"原来是指儿子胡亥，以为是指北方的胡人，于是派蒙恬率兵三十万，北上进攻胡人。蒙恬此后一直到死，都驻守在边境。蒙恬打仗时是将军，不打仗时就当包工头，修筑亭障以隔绝胡人，那便是长城的雏形。除蒙恬驻守之地外，整个北方边塞都掀起了轰轰烈烈的造城运动。

修建长城的一个大问题是容易塌方，有个土方子是把活人填进墙里镇地基，考古学家在一处夏商遗址的地基里发现一具儿童的骸骨，显然以活人奠基是上古的滥觞。但以活人为祭的残忍做法，在战国时期基本绝迹，只有一个国家依然遵循"古风"，这个国家就是秦国。监工的官员不知道根据什么计算原理，核定每里填一个活人，那么一万里就要一万条人命。唐代和尚贯休严重关注此事，作诗控诉："秦之无道兮四海枯，筑长城兮遮北胡。筑人筑土一万里，杞梁贞妇啼呜呜。"

消息传出，工地上人心惶惶，生怕自己将"与长城共枕"，谁都没心思上班，工程陷入瘫痪状态。监工们吓坏了，如果耽误了工期，他们将会成为填充材料。这时，工地上忽然流传两句莫名其妙的歌谣："苏州有个万喜良，一人能抵万民亡。"

歌谣很蹊跷，不知道是谁编的，监工们如获至宝，只要抓到这个"万人迷"，一人顶万人，民工们也就不会害怕得无心工作。当务之急是找到这个活宝。

苏州居然真有个叫万喜良的书生，听说自己成了"网红"，吓得半死，怕被人发现，只得像丧家之犬离开家乡四处躲藏。有天，他为了躲避官府的追捕，稀里糊涂地钻进一个庄园。

庄园的主人姓孟，他有个养女叫孟姜女。孟姜女的出身非常离奇。孟氏家丁在院子里栽种了一棵冬瓜，瓜蔓攀到隔壁姜姓人家的屋顶，并在那里结下一个硕大的冬瓜。瓜不仅大，还特别招人疼的样子，孟、姜两家都理直气壮地声称冬瓜的主权属于自己。两家人都比较理性，商议的结果是双方平分冬瓜。就在刀搁在瓜上时，瓜里面竟然传来婴儿的啼哭声，众人都吓傻了。冷静下来后，孟氏家丁小心翼翼地剖开瓜，赫然发现瓜里窝着一个白生生的女婴。两家人达成协议，共同抚养这个瓜娃，取名"孟姜女"。

当万喜良潜入孟氏庄园时，孟姜女已经在无忧无虑中长成一个十八岁的漂亮姑娘。孟姜女当时正在后花园兴高采烈地追蝴蝶，在池塘边脚下打了个滑。孟姜女虽漂亮，但平衡能力不太漂亮，一个趔趄落入水中。糟糕的是，她还不会游泳。躲在暗处的万喜良眼看孟姜女扑腾得毫无章法，就快要扑腾不了了，只得跳进池塘施以援手。

孟氏听见动静，带领家人赶了过来，就见一个陌生男子抱着女儿，两人都湿漉漉的。男女授受不亲，何况"授受"成这样。孟氏想来想去，只有一个法子可以挽回女儿的名声：让他俩成亲。万、孟在扑腾中一见钟情，两全其美。

两个新人过着甜蜜的新婚生活，没过几天，就有人发现"网红"的行踪，官府随即派人捉拿万喜良。万喜良这次未能躲过去，被官差抓个正着。

万喜良知道此去凶多吉少，临行前告诉妻子好好地活着，不要等他，如果碰到如意郎君，只管追求幸福。孟姜女看着丈夫的背影，哭得昏了过去。

半年时间过去了，转眼入冬，万喜良音信全无。有天夜里，孟姜女做了梦，梦见万喜良进门来，跺着脚喊：好冷啊，我要冻死了。孟姜女醒来后，决定去给丈夫送温暖的棉衣。尽管孟、姜都反对女儿远行，终究拗不过，只得执手相看泪眼，目送女儿北上。

孟姜女不知道具体地址，只知道朝北走。有一天来到河边，河水汹涌，河上没有桥，她也不会游泳。孟姜女绝望地坐在地上，拍打着地面，然后就是见证奇迹的时刻：河水突然分开，露出干涸的河床。孟姜女一边擦眼泪，一边走过河床。她过河的神奇和摩西过红海如出一辙。

孟姜女终于来到边塞，可是长城的工地太大了，到哪里才能找到丈夫呢？就在孟姜女六神无主之际，有只乌鸦贴心地为她指路，将她带到万喜良的工段。

孟姜女在民工中一通人脸扫描，没有找到丈夫，就去问工头。工头说确实有万喜良这个人，奈何他身体太差，死于劳累与寒冷，尸体被填进了城墙。孟姜女一听暖男丈夫已经成了冰冷的尸体，顿时两眼发黑，倒在地上不省人事。

在好心的民工帮助下，孟姜女醒了过来。想到再也见不到丈夫，她放声大哭，哭得日月无光，飞沙走石。也不知道她哭了多久，忽然轰隆隆的声音滚滚而来，随之传来民工惊恐的呼喊：塌方了，塌方了！巍峨的长城生生被孟姜女哭倒，塌方四十里，填在墙里的骸骨暴露出来。

孟姜女在泪光中，一一去看那些骸骨，可是怎么也无法辨认出哪一具是丈夫的尸身。孟姜女向上天祈祷，然后咬破手指，将血滴在尸骨上。如果血渗透进骨头里，那就是丈夫的骨骸。她将血滴在多具骨骸上，血都在骨头上滑下，后来血终于在一具骨架上像水落入土壤般融入骨中。孟姜女俯身将那具骸骨小心翼翼地收好，放进包袱里。就在她准备离开时，秦始皇在簇拥下来到现场。

秦始皇在巡视长城工程进度时，听说塌方四十里，很生气，当官员声称是被一个女子的哭声震倒的，秦始皇气得笑出来，心想什么样的智商能编出如此弱智的理由？他决定过来核实，好让那些无能的官员被砍头前不觉得冤枉。

当秦始皇见到孟姜女时，忘记了他来这里干什么，更想不起要追究监工们的责任，因为孟姜女的美貌让他惊喜万分。他无视孟姜女怀抱着丈夫的尸骨，皮笑肉不笑地"求婚"——让孟氏做他的皇妃。

孟姜女到底是冬瓜里长出来的，控制情绪的能力远超常人。孟姜女做出高兴的样子，说她很愿意做皇妃，但希望秦始皇满足她的三个条件。身为霸道总裁，秦始皇爽快地答应下来，并表示就是三十个条件也行。

孟姜女的第一个条件是，在长城外的鸭绿江上造一座桥，要和天上的彩虹一样好看。秦始皇回答造桥没问题，只要能用人力物力解决的问题都不是问题。第二个条件是，秦始皇要造一座长宽各十里的大坟安葬暖男万喜良，秦始皇也依了。

第三个条件与人力物力无关，而是精神诉求：秦始皇披麻戴孝给万喜良哭坟。秦始皇思考了好几个小时，差点儿把脑子都"烤"熟了，只有孟姜女的美丽容颜浮现在眼前。于是"力比多"战胜理性与尊严，秦始皇缓缓地点头同意。他点头的幅度不大，孟姜女让他重新点头，他又点了两次。

秦始皇确实财大气粗，不差钱更不缺人，仅仅几个月时间，彩虹桥和正方形的坟茔就都竣工了。于是秦始皇喜滋滋地披麻戴孝过桥来到万喜良的墓边三鞠躬之后，便向孟大美女提亲。

孟姜女一言不发，快步直奔彩虹桥而去，秦始皇追上去。在慢镜头中，一个跑一个追。孟姜女跑到桥头停下来，指着秦始皇的鼻子骂：长城就算挡住胡人，也挡不住冤死在工地上的冤魂，他们的怨气和活人的怒气将掀翻你的宝座，你的万世江山很快就要灭亡。

　　秦始皇还来不及答辩，孟姜女已经纵身从彩虹桥上跳入鸭绿江滚滚的江水中。秦始皇望着滔滔江水，撕扯着身上的麻衣。

　　孟姜女不会游泳，半年前差点儿淹死在自己后院的池塘里，但跳江后，她却并没有被淹死。龙王像万喜良一样暖，把她接到龙宫好生款待。一段时间后，龙王把孟姜女送往天庭。

　　孟姜女从此成了不死的仙女，而秦朝两世而斩。